VON...BIS 1

Geschichtsbuch für Realschulen

Herausgegeben von: Norbert Simianer

Autoren: Elke Eberle
Bernhard Heckel
Christel Kletzin
Norbert Simianer

Best.-Nr. 024966 7

Schöningh

Bildquellenverzeichnis

Abtei Sankt Hildegard, Rüdesheim am Rhein: S. 162 o., S. 164 u., S. 165; Alinari, Florenz: S. 117; American School of Classical Studies, Athen: S. 75 l.o. und u. (Marie und Craig Mauzy); Archiv für Kunst und Geschichte, Berlin: S. 8 (1 Abb.), S. 17 M.r., S. 46 r., S. 112, S. 120 Abb. 5, S. 125 u. und S. 144 Abb. 1 (British Library), S. 138, S. 141, S. 150 M.l., S. 169 Bild 1, S. 186 o., S. 190 Abb. d, S. 192 r., S. 193 u., S. 204 Abb. 5 und 9, S. 205 M.; Arenok, Paris: S. 40 und S. 44 Abb. 4 (P. Landmann); Ashmolean Museum, Oxford: S. 62 (Griffith Institute), S. 77 Abb. 1 und 2; Aventinum Verlag: S. 29 o.r. (K. Sklenár); Badisches Generallandesarchiv, Karlsruhe: S. 147 o., S. 168 Abb. 7; Bavaria, Paris: S. 122 o.M. und S. 190 Abb. a und S. 204 Abb. 7 und S. 205 r. (Giraudon); Bayerische Staatsbibliothek, München: S. 123 M.r., S. 146 M.u., S. 149 u.l., S. 151 o.r., S. 190 Abb. b, S. 193 r.; Bavaria: S. 188 u.; C. Bevilacqua, Mailand: S. 82 r., S. 83; Biblioteca Apostolica Vaticana: S. 136, S. 158 l.; Bibliothèque Nationale, Paris: S. 116, S. 120 Abb. 3; Bibliothèque Royale de Belgique, Brüssel: S. 149 o. und u., S. 168 Abb. 8, S. 202; Bildarchiv Preußischer Kulturbesitz, Berlin: Umschl. l. und S. 27 r., S. 70 Abb. 6, S. 77 Abb. 3, S. 78, S. 80 o.l. und o.M., S. 86 Abb. 2, 4 und 6, S. 100 Abb. a, S. 122 M.r., S. 134, S. 140, S. 144 Abb. 5, S. 155 u.l., S. 157, S. 158 o.M., S. 185 l., S. 190 Abb. c und g; Bridgeman Art Library, London: S. 194 Abb. b; British Library, London: S. 155 u.r.; British Museum, London: S. 70 Abb. 7; Cesa, Marburg: S. 114 u., S. 120 Abb. 4; Hans-Joachim Cornelissen, Monte Estoril: S. 31; Deutsches Postmuseum, Frankfurt: S. 50 o.; Domkapitel Aachen: S. 122 l. und S. 128 (Kopf/Anne Münchow); dpa-Bildarchiv: S. 171 o.r. (picture alliance); dpa – Fotoreport: S. 118 (B2800 epa Vuk Brankovic), S. 171 M. (Patrick Seeger); Elke Eberle, Neuhausen: S. 8 u.l., S. 9 u.M., S. 13 u.l., S. 15 (2 Abb.), S. 16 o.l., S. 22 u.l. und o.r.; Ekdotike Athenaion S.A., Athen: S. 77 Abb. 4, S. 82 l.; Joachim Feist, Pliezhausen: S. 29 Abb. g; Dr. Gerhard Fink, Nürnberg: S. 54 o.; Forschungsinstitut für Alpine Vorzeit der Universität Innsbruck: S. 41 u.r.; FOTOFINDER: S. 171 2.v.u.l. (Karsten Kramer); Foto Marburg: S. 70 Abb. 3; Germanisches Nationalmuseum, Nürnberg: S. 196; Giunti Gruppo Editoriale, Florenz: S. 92 o.r. (Mark Bergin); Hachette Jeunesse, Paris: S. 123 u.r., S. 179 u., André Held, Bari: S. 80 u.r.; H. Holzbauer / H. Zuber (Hg.) u.a., bsv-Geschichte 1 N, Bayerischer Schulbuchverlag / München 2/1992, S. 137 o.: S. 101 o. (Detlev Richter); Michael Jeiter, Aachen: S. 171 u.r.; Kaufmann Grafikdesign, Miesbach: S. 162 u.l. und r., S. 168 Abb. 6; Michael Keller, München: S. 174 u.; Keystone Pressedienst, Hamburg: S. 68; Koninklijke Brill NV, Leiden: S. 65 u.l. (Gillian Vogelsang-Eastwood); Kunsthistorisches Museum, Wien: S. 52; Landesamt für Archäologie, Dresden: S. 26 M.u. und S. 29 M.l. und S. 44 Abb. 2 (U. Wohmann); Landschaftsverband Westfalen: S. 16 o.r.; Lauros-Giraudon, Paris: S. 122 o.r., S. 131 o.l., S. 144 Abb. 2; Limesmuseum Aalen: S. 91 u.,S. 94, S. 104 Abb. 1 und 3; Louvre, Paris: S. 126, S. 144 Abb. 8; David Macauly, Wo die Pyramiden stehen, © 1974/1997 Artemis & Winkler Verlag, Düsseldorf/Zürich: S. 57 r. (3 Abb.), S. 64 Abb. 3; Marshall Edition, London: S. 76 o.; L. v. Matt, Buochs/CH: S. 111 u.; mediacolors, Mainz: S. 100 Abb. c, S. 104 Abb. 7, S. 171 u.l. (Mathyschok); Middelhauve Verlags GmbH AG: S. 150 u.l.; Musée Condé, Chantilly: S. 146 o.l. und r., S. 155 M., S. 168 Abb. 1, Umschl. r., S. 153; Musées Royaux d'Art et d'Histoire, Brüssel: S. 80 u.M.; Museum für Vor- und Frühgeschichte, Berlin: S. 34 kl. Abb.; National Museum of Denmark: S. 26 u.l.; Neanderthal-Museum, Mettmann: S. 27 l.; Niedersächsische Landeszentrale für politische Bildung: S. 16 2.v.l.; Österreichische Nationalbibliothek, Wien: S. 150 o.l., S. 169 Bild 2; Axel Poignant Archive: S. 42 l.; Polnisches Nationalmuseum, Warschau: S. 154 u.; Roemer- und Pelizaeus Museum, Hildesheim: S. 60 (P.W. Windszus), S. 61; Römisch-Germanisches Zentralmuseum, Mainz: S. 29 Abb. j (Forschungsinstitut für Vor- und Frühgeschichte / Forschungsbereich Altsteinzeit), S. 41 Abb. a–g (Christin Beeck) und Abb. h, S. 92 o.l.; Scala, Florenz: S. 17 o.r., S. 75 r., S. 86 Abb. 7, S. 100 Abb. b, S. 156, S. 168 Abb. 5; Schatzkammer Wien: S. 133, S. 144 Abb. 6; Günter Schlottmann, Paderborn: S. 11 (3 Abb.); Jürg E. Schneider und Anita Siegfried, Auf der Gasse und hinter dem Ofen, Eine Stadt im Spätmittelalter © 1995 Verlag Sauerländer, Aarau, Frankfurt am Main und Salzburg: S. 188 o. und S. 204 Abb. 2 (Jörg Müller); Norbert Simianer, Ostfildern: S. 3, S. 8 o.l. und S. 10 und S. 24 (Schloss Nymphenburg/Naturkundemuseum), S. 8 (4 Abb.), S. 9 (6 Abb.), S. 10 o.r. und S. 22 o.l. und S. 23 und S. 25 u. und S. 30 o. (Gloria Bilderdienst, Waldshut), S. 12, S. 13 o.r., S. 14 (4 Abb.) und S. 22 u.r. (Schreiber Verlag, Esslingen), S. 14 (2 Abb.), S. 15 (4 Abb.), S. 16 (3 Abb), S. 17 (4 Abb.), S. 18, S. 21, S. 22 (2 Abb.), S. 19, S. 26 o.r., S. 28, S. 29 Abb. e, S. 29 Abb. i (Museum Laichingen), S. 30 u. und S. 45 o. (Naturkundemuseum Stuttgart), S. 33, S. 34 o., S. 35, S. 37, S. 38, S. 39, S. 43, S. 44 Abb. 1, 3, 5, 7 und 8, S. 45 u., S. 49 u., S. 51 (2 Abb.), S. 52 o.r., S. 53 r. und S. 58 und S. 59 Abb. 2, 4 und kl. Abb. und S. 64 Abb. 1 und 6 (Ägyptisches Museum Kairo), S. 56 und S. 57 (Hintergr.), S. 59 o.r., S. 59 Abb. 3 und 2 kl. Abb. (Roemer- und Pelizaeus Museum, Hildesheim), S. 63, S. 67 o.l., S. 77 o.l., S. 79, S. 84, S. 85, S. 86 Abb. 3, S. 90 und S. 104 Abb. 6 und S. 105 l. (Limesmuseum Aalen), S. 93, S. 94 (3 Abb.), S. 95 o., S. 97 (3 Abb.), S. 102, S. 103, S. 104 Abb. 2, 4 und 8–10, S. 105 r., S. 106, S. 109 o.r. und u., S. 113, S. 114 o.r., S. 119, S. 122 (1 Abb.), S. 124 (Württembergische Landesbibliothek, Stuttgart), S. 129 o.r., S. 135 r., S. 139 o. und S. 144 Abb. 7 (Deutsches Archäologisches Institut, Rom), S. 141 o., S. 142 (Bildarchiv Preußischer Kulturbesitz), S. 143, S. 146 u.r., S. 149 o.r und M., S. 155 o.r., S. 163 o., S. 164 o., S. 166, S. 167, S. 169 u.l., S. 170 o., S. 170 u. und S. 171 o.l. (Tessloff Verlag), S. 173, S. 174 o., S. 175 (3 Abb.), S. 178, S. 181 r., S. 182, S. 183, S. 185 2.v.r., S. 189, S. 190 Abb. f, S. 191 o., S. 194 Abb. c, g und h, S. 195 r., S. 198, S. 199 r., S. 199 l. (Musée Condé, Chantilly), S. 200, S. 201 o.r., S. 203, S. 204 Abb. 1 und 8, S. 205 l.; Simon & Schuster Children's Publishing Division, New York: S. 175 u.l., S. 177; Staatliche Münzsammlung, München: S. 111 o., S. 120 Abb. 1; Staatliche Museen zu Berlin – Preußischer Kulturbesitz / Antikensammlung, Berlin: S. 77 Abb. 6 (Ingrid Geske); Stadtbibliothek Nürnberg: S. 123 M.l.; Stadt Bozen: S. 176; Stadt Hildesheim / Presse- und Informationsamt: S. 195; Bernd Tacke, Lahr: S. 101 u.l.; Universitätsbibliothek Heidelberg: S. 123 u.l., S. 131 o.r., S. 179 o., S. 180, S. 181 u., S. 185 2.v.l.; Karlheinz Walter, Rüdesheim: S. 162 M.l. und r.; Weldon Owen Pty Limited, Australien: S. 42 r.; Württembergisches Landesmuseum Stuttgart: S. 26 u.r. und S. 29 Abb. c (Frankenstein, Zwietasch); weitere: Verlagsarchiv Schöningh.

Sollte trotz aller Bemühungen um korrekte Urheberrechtsangaben ein Irrtum unterlaufen sein, bitten wir darum, sich mit dem Verlag in Verbindung zu setzen, damit wir eventuell notwendige Korrekturen vornehmen können.

Umschlag: Yvonne Junge-Illies, Berlin

Website
www.schoeningh.de

E-Mail
info@schoeningh.de

Druck: westermann druck GmbH, Braunschweig

Druck 5 4 3 2 1 Jahr 08 07 06 05 04

ISBN 3-14-024966-7

Dieses Werk folgt der reformierten Rechtschreibung und Zeichensetzung. Ausnahmen bilden Texte, bei denen künstlerische, philologische oder lizenzrechtliche Gründe einer Änderung entgegenstehen.

Ein neues Fach, ein neues Buch – und mit ihm eine spannende Reise in die Vergangenheit

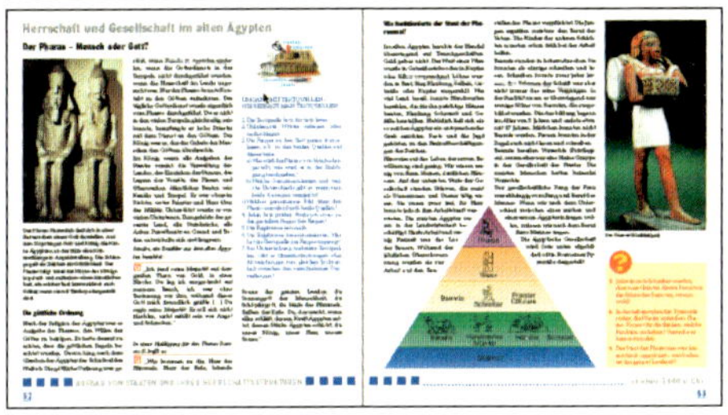

Durch den klaren und übersichtlichen Aufbau des Buches könnt ihr euch leicht zurechtfinden. Verschiedene Elemente wechseln sich ab und wiederholen sich:

Jedes große Kapitel beginnt mit einer Doppelseite, der so genannten **Aufmacherseite**. Sie enthält Anregungen für erste Gespräche und Fragen zum neuen Thema.

Das **Doppelseitenprinzip** setzt sich fort. Das bedeutet, dass immer zwei gegenüberliegende Seiten ein Thema behandeln. Sie enthalten Sachtexte, erzählende Texte, Quellen, Bilder, Karten und Grafiken. Außerdem bekommt ihr dazu Fragen, Arbeitsvorschläge und Anregungen, die euch bei der Arbeit helfen.
Eine **Info-Leiste** am unteren Rand der Doppelseiten zeigt den übergeordneten Themenbereich und hilft euch bei der zeitlichen Orientierung.

Für jedes Fach und auch für das Lernen allgemein gibt es bestimmte Methoden und Arbeitsweisen, die nötig sind, um den Unterrichtsstoff zu verstehen, ihn zu behalten und einzuordnen. Methoden im Fach Geschichte sind z.B. das Erschließen und Begreifen von Texten (auch aus alter Zeit) oder das Erklären von Karten, Bildern und Karikaturen. Wichtig sind aber auch allgemeine Fähigkeiten und Fertigkeiten, wie z.B. die Arbeit im Team oder das Vortragen und Präsentieren von Arbeitsergebnissen. Deshalb taucht immer wieder das Element **FRAGEN-FORSCHEN-BEGREIFEN-LERNEN** auf, das eine Methode einführt, erläutert und Tipps dazu gibt.

Unter der Überschrift **Ausblicke, Einblicke** gibt es jeweils am Ende eines Kapitels einen Text im modernen Zeitungsstil zu einem interessanten Thema oder Ereignis, das in engem Zusammenhang mit dem Kapitel steht. Ziel ist es, kritische Fragestellungen oder Diskussionen einzuleiten.
Wer einmal schnell die Kapitelinhalte wiederholen will, kann die Zusammenfassungen auf der Seite **Überblick** lesen, denn die wesentlichen Informationen werden hier kurz zusammengefasst.
Das Element **„... darüber hinaus“** gibt außerdem Hinweise auf nützliche und interessante Links im Internet.

Am Ende jedes größeren Kapitels findet ihr einen **Lernzirkel** mit Materialien, die der Wiederholung und Vertiefung dienen oder einfach auch mal Spaß machen. Jeder Lernzirkel wird mit einer Lernkartei und einem Bildmemory eingeleitet. Mithilfe dieser Elemente könnt ihr euch selbst eine **Lernkartei** anlegen.

Und wer einmal einen wichtigen Begriff sucht, der kann im **Register** am Ende des Bandes nachschlagen.

Und jetzt wünschen wir euch viel Spaß und Erfolg für den Geschichtsunterricht mit diesem Buch.

Inhaltsverzeichnis

Zeit
Zeiträume
Lebenszeit
Geschichte

Die Zeit läuft immer weiter …

?

1. Zwei Antworten des Dino sind richtig, eine ist falsch. Warum?

Die Sache mit der Zeitmaschine

Svenja kommt total gehetzt vom Sporttraining zum Abendessen und sagt vor sich hin:

1

„Ich wünschte, ich hätte eine Zeitmaschine, die unendlich viel Zeit produziert. Und zwar dann, wenn ich möchte.“

Ihr kleiner Bruder Nils, aus ihrer Sicht eben erst den Windeln entwachsen, muss mit seinem gebrochenen Bein im Gips gerade die meiste Zeit zu Hause bleiben, er hat sie gehört:

2

„Ich hätte auch gerne eine Zeitmaschine. Aber eine, mit der man in der Zeit herumreisen kann. Dann könnte ich jede Menge erleben und müsste nicht immer allein hier herumsitzen und mich langweilen.“

Und auch die Mutter mischt sich ein:

3

„Mir kommt es so vor, als verginge die Zeit jeden Tag ein bisschen schneller, mein Tag heute war wieder total verplant und das geht die ganze Woche so weiter.“

Jetzt erklärt Vater die Sache mit der Zeit ganz genau:

4

„Zum Glück gibt es die Uhr – die tickt überall gleich schnell! Diese sehr genaue Stundenmessung gibt es übrigens noch gar nicht so lange. Mit Räderuhren konnte man im 14. Jahrhundert Minuten und Stunden messen. Ganz früher wurde die Zeit mithilfe der Sonne und des Mondes in Abschnitte eingeteilt. Die Menschen entdeckten schon sehr früh, dass Sonne und Mond ihre Bahnen sehr regelmäßig ziehen, diese beiden bildeten die Grundlage für genauere Messungen. Mit der Einführung eines Kalenders war es dann auch möglich geworden, Ereignisse, die in der Vergangenheit stattgefunden haben, festzuhalten. Unsere Zeitrechnung beginnt mit dem Jahr 1 nach Christi Geburt, die Zeit davor wird mit der Zeit vor Christi Geburt bezeichnet. Andere Völker haben diesen Zeitpunkt ganz anders gesetzt.“

5

Mit einem Blick auf die Uhr:

„Oh – schon Zeit zum Abendessen. Aber immer eins ums andere. Übrigens nennt man etwas chronologisch, wenn Dinge entsprechend ihrer zeitlichen Abfolge geordnet werden.“

?

1. Obwohl die Zeit auf der ganzen Welt immer gleich schnell läuft, empfinden wir sie unterschiedlich lang. Wann vergeht für dich Zeit schnell und wann langsam?
2. Kennst du Sprichwörter zur Zeit oder zur Uhr?
3. Gibt es verschiedene Uhren?
4. Was bedeutet der Begriff „innere Uhr“?
5. Leben gab es auf der Erde schon vor Milliarden von Jahren. Meinst du, es gab einen „Anfang“ der Zeit?
6. Kennst du die Abkürzungen n. Chr. und v. Chr.?
7. Was versteht man unter dem Stichwort „chronologisch“?

Geschichte ist überall

1911

1970

1936

1975

1941

1985

1954

LOBE DEN HERRN, MEINE SEELE UND VERGISS NICHT, WAS ER DIR GUTES GETAN HAT.
Ps. 103.2

Theodor
geboren 24. April 1907
gestorben 26. April 1987

Herr, neige Dein Ohr unseren Bitten, durch die wir in Demut Dein Erbarmen anrufen, und laß die Seele Deines Dieners Theodor, den Du aus dieser Welt ziehen hießest, im Lande des Friedens und Lichtes wohnen und Dein Angesicht schauen. Verleihe ihm die Gemeinschaft mit Deinen Auserwählten, damit er auch für uns bitte, die wir seiner liebend gedenken. Amen.

Herr, gib ihm die ewige Ruhe, und das ewige Licht leuchte ihm, Herr, laß ihn ruhen in Frieden. Amen.

1987

BILDER, WIE SIE JEDE FAMILIE ZU HAUSE HAT, SPIEGELN DAS SCHICKSAL UND LEBEN EINES MENSCHEN.

1. Was können wir aus den Bildern über das Leben oder die Geschichte eines Mannes erfahren?

   a) Über sein ganz persönliches Umfeld:
   - Wie alt wurde er?
   - Was hatte er wohl für einen Beruf?
   - War er verheiratet?
   - Hatte er Kinder?
   - Hatte er Enkelkinder?

   b) Über sein Schicksal als Bürger eines Landes:
   - Welche Zeiten erlebte er (die Jahreszahlen helfen dabei, die Ereignisse der Geschichte zu finden)?
   - Welches besondere Schicksal traf ihn, wie viele andere auch?

2. Wie könnte ein Bericht über das Leben dieses Mannes aussehen?
3. Es bleiben Fragen offen. Wo und von wem könnte man noch mehr über sein Leben erfahren?

Erinnerst du dich noch an deinen ersten Schultag? Jeder von uns hat eine eigene Lebensgeschichte, auch wenn er noch nicht alt ist. Manche Ereignisse und Erlebnisse sind ganz persönlicher Art und prägen den Menschen. Schon ein Umzug in eine andere Stadt kann das eigene Leben und damit die Lebensgeschichte komplett verändern. Andere Ereignisse prägen das Leben vieler Menschen gleichzeitig. Dazu gehören Überflutungen oder Kriege und damit verbunden der Verlust der Heimat und die Suche nach einem neuen Zuhause. Aber auch bedeutende Ereignisse wie der Fall der Mauer in Berlin, als fast über Nacht eine Grenze fiel und aus dem geteilten Deutschland mit zwei unabhängigen Staaten ein vereintes Deutschland wurde. Solche Begebenheiten können lange zurückliegen oder erst vor kurzem passiert sein, und dennoch haben sie noch immer Einfluss auf das aktuelle Leben.

Was bisher alles in meinem Leben geschehen ist …

?

1. Schreibe stichwortartig mehrere Ereignisse aus deiner Vergangenheit auf, an die du dich erinnern kannst, wenn möglich mit Jahreszahl. Ordne sie. Gibt es auch welche, die dein Leben grundlegend verändert haben? **Dann schreibe den Grund dazu.**
2. Berühmte Menschen schreiben oft ihre Lebensgeschichte auf. Man nennt solch eine Geschichte Biografie.
   Wie sieht denn deine Biografie bis heute aus?
   Schreibe auf, was du über dein Leben berichten würdest. Die Notizen von Aufgabe 1 helfen dir dabei, z.B.: Wann bist du geboren, wann in die Schule gekommen? Hast du Geschwister und Hobbys? Seid ihr umgezogen? Wo warst du mit deinen Eltern schon im Urlaub? Usw.
3. Menschen pflegen Traditionen. Was versteht man wohl unter Tradition? Gibt es Traditionen in deinem Lebensumfeld?
4. Wo fühlst du dich zu Hause und warum ist das so?

Schwäbisch-alemannische Fasnet: großer Kehraus am „Schmotzigen Donnerstag“

Geschichte vor der eigenen Haustüre!

Anja und Lukas stehen vor dem Schulgebäude und warten auf ihre Freunde.
Anja: „Kannst du dir vorstellen, dass mein Vater auch schon hier zur Schule gegangen ist – vor fast 30 Jahren! Er sagt immer: Damals war alles noch ganz anders!“
Lukas: „Typisch Eltern! Meine Oma hat mir erzählt, dass unser Ort bald 850 Jahre alt wird, ganz schön alt, was?“
Anja: „Woher weiß man, dass der Ort so alt ist?“
Lukas: „Es gibt eine ganz alte Urkunde! Ich finde es interessant zu erfahren, wie es früher war. Meine Oma erzählt immer Geschichten von früher, wie sie mit dem Milchlaster die Milch bei den Bauern eingesammelt hat und so was. Mein Opa sagt dann manchmal: Das war doch alles ganz anders und dann streiten sie sich ein bisschen. Solche riesigen Milchkannen stehen übrigens noch bei ihr in der Garage, der Lastwagen aber leider nicht mehr.“
Anja: „Ob es wohl in unserem Ort noch Gebäude gibt, die 850 Jahre alt sind?“
Lukas: „Eigentlich wäre es ganz schön spannend, etwas über die Geschichte unseres Ortes herauszufinden. Nur wo könnten wir da anfangen?“
Anja: „Vielleicht kann uns meine Oma da weiterhelfen. Bei den Feiern vor 50 Jahren ist sie als junge Frau beim Festumzug mitgelaufen. Da habe ich kürzlich Fotos und Zeitungsausschnitte gesehen. Beim nächsten Festumzug würde ich gerne mitlaufen, dann könnte ich meinen Enkeln auch mal davon erzählen.“
Lukas: „Und soviel ich weiß, gibt es ein Heimatbuch und wir könnten auch im Rathaus nachfragen und mal im Internet schauen.“
Anja: „Das wird sicher spannend!“

TIPPS UND TRICKS:
WAS? … WANN? … WIE? … WO? …

- Wann wurde etwas gebaut? Wann fand die Einweihung statt? Wo stehen die ältesten Gebäude? Wie haben sich die Gebäude im Laufe der Zeit verändert?
- Welche besonderen Ereignisse aus dem Leben der Gemeinde gibt es zu berichten?
- Wie hießen die Bürgermeister?
- Welche Vereine gibt es? Welcher ist der älteste Verein im Ort?
- Waren die Straßennamen schon immer dieselben wie heute?
- Wie sah der Ort vor 20/50/100 usw. Jahren aus?
- Gibt es alte Bilder oder Postkarten?
- Was wissen die alten Bewohner noch zu berichten?
- Gibt es ein Kriegerdenkmal?
- Wann wurde die Schule gebaut? Wurden Anbauten an der Schule errichtet?
- Welche Feste werden regelmäßig in der Gemeinde gefeiert? Wann finden diese Feste statt? Seit wann werden diese Feste gefeiert und warum?
- Wie hat die Gemeinde die beiden Weltkriege überstanden?
- Wie groß ist die Einwohnerzahl und wie hat sie sich verändert?
- Wie sah es in der Gemeinde nach dem Zweiten Weltkrieg aus?
- Welche Bedeutung hat die Gemeinde für die Region?
- Gibt es ein Heimatmuseum? Was gibt es im Heimatmuseum zu erkunden?
- Gibt es ein Gemeindearchiv? Darf ich da als Schüler hingehen und wer hilft mir, meine Fragen zu beantworten?

„Erzähle mir die Vergangenheit …

Ohne Geschichte keinen Fortschritt – ohne Fortschritt keine Geschichte?

Die Geschichte des Fortschritts wird immer rasanter: Immer schneller ersetzen neue Erfindungen Vorhergehendes. Noch vor wenigen Jahrzehnten war es die beliebteste Freizeitbeschäftigung der Deutschen, fernzusehen, allerdings aus dem Fenster – es gab damals nämlich noch keine TV-Geräte. Viele Dinge, die uns selbstverständlich geworden sind, gibt es noch gar nicht so lange. Die meisten Fahrzeuge sahen komplett anders aus als heute. In immer kürzeren Abständen gibt es heute neue technische Entwicklungen, die Hightech-Geräte werden immer schneller und besser. Der Stand des technischen Fortschritts ist auch ein Gradmesser für die Entwicklung der Geschichte. Wo setzen die Menschen Schwerpunkte, was ist ihnen wichtig? Das sind zentrale Fragen.
Doch die Grundlage für jede moderne

… und ich erzähle dir die Zukunft“

technische Entwicklung ist, dass der Mensch vor tausenden von Jahren gelernt hat, Werkzeuge gezielt einzusetzen, sich Gedanken zu machen und Lösungen für Probleme zu erarbeiten. Ein gutes Beispiel ist hier die Erfindung des Rades. So wurde der technische Fortschritt die Grundlage für eine geschichtliche Entwicklung. Dadurch, dass der Mensch aber auch fähig war, aus seinen Fehlern zu lernen und verschiedene Dinge immer besser zu machen, ist Geschichte gleichzeitig auch die Grundlage für technischen Fortschritt.

?

1. Betrachte und vergleiche die Bilder. Gestern und heute – was sagen deine Eltern und Großeltern dazu?
2. Kannst du erklären, was die Überschrift bedeutet?

Auf Spurensuche in der Geschichte – Informationsquellen

Geschichtsforscher nutzen Quellen

Es gibt verschiedenste Quellen, aus denen ein Geschichtsforscher Schlüsse ziehen kann. Es gibt so genannte schriftliche Quellen, zum Beispiel Briefe, Urkunden, Reden oder Gesetzestexte. Solche Quellen gibt es erst seit ungefähr 5 000 Jahren. Aus ihnen lassen sich viele Informationen darüber gewinnen, was die Menschen früher gedacht haben und was ihnen wichtig war.

Auch Kunstwerke können als Quelle für Informationen genutzt werden, denn auch sie erzählen indirekt manches über Menschen und wie sie gelebt haben. Bilder gibt es auf allen möglichen Bildträgern – die älteste Zeichnung eines Menschen ist älter als 30 000 Jahre. Sie wurde in einer Höhle in Südfrankreich gefunden.

Erhaltene historische Gebäude lassen ebenso wie archäologische Ausgrabungen Rückschlüsse auf das Leben der Menschen in vergangenen Zeiten zu. Bei solchen Ausgrabungen werden jedoch nicht nur Gebäude gefunden, sondern auch Knochenreste, Werkzeuge, Waffen, Geschirr, Schmuck und viele andere Überreste.

Filme, Videos, Fotografien und das Internet sind heute wichtige Informationsquellen geworden.

Die Forscher ordnen die Quellen in der Abfolge ihrer Entstehung, also chronologisch. Die Einteilung in Epochen erleichtert die Übersicht und Zuordnung der geschichtlichen Ereignisse.

Bei allen Quellen ist es wichtig, sie mit anderen Quellen zu vergleichen, um ein möglichst genaues Bild zu bekommen. Besonders bei schriftlichen Quellen müssen Zeitreisende genau vergleichen und in ihre Überlegungen mit einbeziehen, mit welcher Absicht und in welchem Zusammenhang ein Text wohl geschrieben wurde.

?

1. Die berühmten W-Fragen: Neben den Fragen **wer, wo, was, wie, warum** spielt in der Geschichte das **WANN** eine entscheidende Rolle.
2. Woher Historiker ihre Informationen gewinnen, zeigen die Bilder. Ordne die Begriffe zu: a) Denkmäler und Baudenkmäler, b) Überreste, c) Zeitungen, Zeitschriften und Dokumente aller Art, d) Zeitzeugen, e) Tonträger, Filme und Fotos f) Rundfunk und Fernsehen g) historische Karten. Wir nennen diese Informationsträger in der Geschichtswissenschaft **QUELLEN.**

Ur- und Frühgeschichte

Hochkulturen

1. Historiker bezeichnen bestimmte Zeitabschnitte der Geschichte mit einen Fachbegriff, den du im Buchstabenrätsel findest.
2. Die Bezeichnungen der Epochen unter den Bildern sind falsch gesetzt. Wie lauten sie richtig?
3. Wir haben schon viel über Geschichte erfahren, aber noch nicht genau beschrieben, was Geschichte eigentlich ist. Versucht zusammen eine eigene Beschreibung (Definition) zu formulieren. Der folgende Text soll euch dabei helfen.

Mittelalter

Antike

Neuzeit

Was ist eigentlich Geschichte?

Geschichte hat mit Geschehen zu tun, mit Menschen und Lebensweisen.
Das, was heute passiert, ist morgen Geschichte und prägt die Zukunft. Das Wissen von dem, was in der Vergangenheit geschehen ist, kann dazu dienen, unsere Gegenwart besser zu verstehen. Jeder Mensch hat eine eigene Lebensgeschichte, seine eigenen Erfahrungen. Manche Dinge kann man beeinflussen, andere nicht. Im Vergleich zur Geschichte der Menschheit ist das Leben eines einzelnen Menschen kurz, im Vergleich zur Geschichte der Erde ist wiederum die Geschichte der Menschheit sehr kurz.
Die Historiker teilen die Geschichte in Zeitabschnitte (Epochen) ein. Dieses Buch beinhaltet Themen aus folgenden Epochen: Ur- und Frühgeschichte, Hochkulturen, Antike und Mittelalter.

Wie man gemeinsam eine Reise durch die Zeit macht ...

EIN PROJEKT ORGANISIEREN, UM GESCHICHTE SICHTBAR UND BEGREIFBAR ZU MACHEN. DIE FRAGEN LAUTEN:

- WO STEHEN WIR?
- WAS WISSEN WIR?
- WAS WOLLEN WIR ERFAHREN?

1. Eine Vorbereitungsgruppe von 4–5 Schülerinnen und Schülern übernimmt die Organisation der Durchführung. Der Lehrer ist Berater.

2. Jeder von euch überlegt sich, über welche geschichtlichen Ereignisse sie/er etwas weiß. Denkt dabei auch an Erfindungen, Entdeckungen, technische Entwicklungen und historisch bedeutsame Begebenheiten.

3. Wählt ein Ereignis aus. Notiert euer Wissen und zwar so, dass ihr später mithilfe der Notizen darüber erzählen könnt. Wenn ihr zusätzliche Informationen benötigt, fragt um Rat. Schreibt die dazugehörenden Jahreszahlen groß auf ein DIN A4 Blatt. Zusätzlich muss jeder zu seinem Ereignis ein oder mehrere Bilder finden, kopieren oder mitbringen.

4. Die Schülerinnen und Schüler, die am meisten notiert haben, bilden nun eine zweite Gruppe, sie sind die „Erzähler". Die Mitglieder der dritten Gruppe sind „Reporter" und „Zuhörer".

Die **Ereignisfelder** kann man in verschiedenen Farben als rechteckige Felder auf die Linie zeichnen.

Die Vorbereitungsgruppe muss sich schon einige Zeit vor dem Projekt mit dem Lehrer treffen und alles besprechen.
Sie muss dafür sorgen, dass das notwendige Material vorhanden ist und die Arbeitsmöglichkeiten gegeben sind.
Material: farbige Kreide, DIN A4 Papier, Schere, dicker Faserschreiber,
Arbeitsmöglichkeiten: Klassenzimmer, Computerraum mit Drucker, Kopiermöglichkeit.

Die Notizen sollten so sauber geschrieben sein, dass sie auch von Dritten gelesen werden können. Bilder kann man auch aus dem Internet runterladen und ausdrucken ...

5. Die Erzählergruppe geht auf den Schulhof/Flur und malt mit Kreide eine lange, gerade Linie. Auf ihr werden in entsprechenden Abständen Standorte (wir nennen sie **Ereignisfelder**) eingezeichnet. Dazu müsst ihr die Ereignisse erst in ihrer zeitlich richtigen Abfolge, das heißt chronologisch, ordnen. Lasst zwischen den Standorten genügend Platz frei und achtet auf die Abstände. Manche Begebenheiten liegen dicht beieinander, andere weit auseinander.

4. Die Reporter und Zuhörer setzen sich in dieser Zeit zusammen und überlegen, welche allgemeinen Fragen sie den Erzählern stellen könnten.

5. Sobald die Vorbereitungen beendet sind, stellt sich jeder Erzähler zu seinem Ereignisfeld und wartet, bis die Reporter kommen. Nun kann er/sie berichten. Die Reporter können ergänzend Fragen stellen.

6. Wenn die Fragerunde abgeschlossen ist, legen die Erzähler ihre Bilder und Notizen auf das Ereignisfeld und verlassen ihren Standort.

7. Betrachtet nun gemeinsam die Dokumentation. Gibt es Möglichkeiten für eine ähnliche Darstellungsweise im Klassenzimmer?

ALT- UND JUNGSTEINZEIT

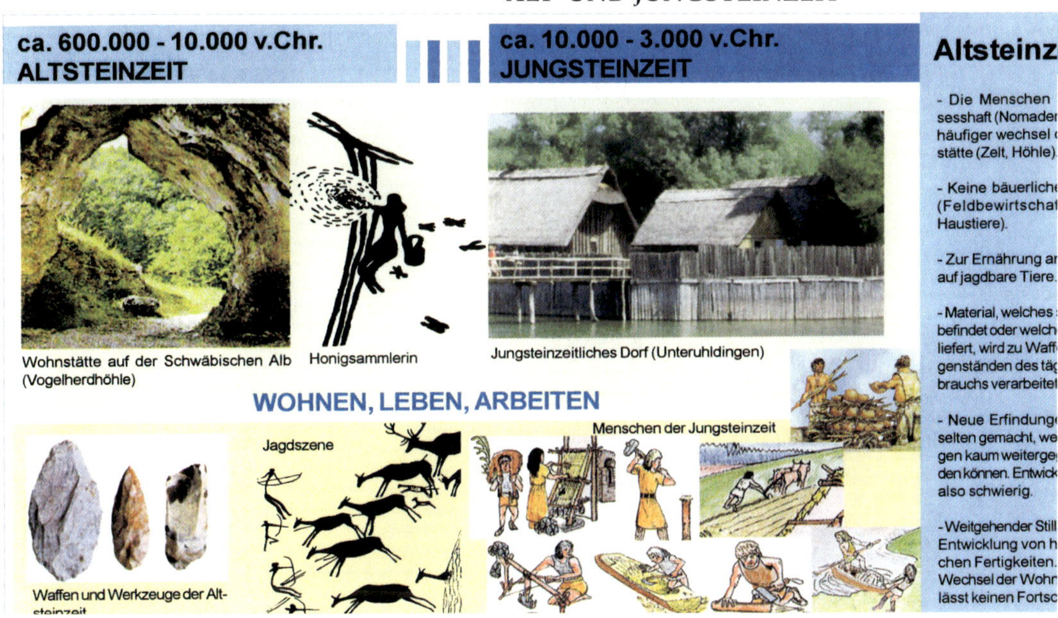

?

Wie man eine solche Zeitreise zu einem bestimmten Themenbereich im Klassenzimmer dokumentieren kann, seht ihr hier. Im Fach Geschichte gibt es dafür den Begriff Geschichtsfries. Die blaue Linie mit den Jahreszahlen auf manchen Seiten des Buches kann man als Zeitleiste bezeichnen. Mit ihrer Hilfe hat man immer eine Zeitvorstellung.

Ausblicke, Einblicke ...

Zufällig entdeckt: Vielleicht weltweit einzigartiges Sauriergrab

Eislingen/Fils – 10.000 Quadratmeter großer Fischsaurierfriedhof mit faszinierender Artenvielfalt

Sie sind stumme Zeugen einer längst vergangenen Zeit, ihr Alter wird auf runde 180 Millionen Jahre geschätzt. Auf dem Friedhof der „Ur-Echsen" in Eislingen im Kreis Göppingen, rund 50 Kilometer von Stuttgart entfernt, wurden bei Grabungen in den Jahren 2002 und 2003 bisher 17 so genannte Ichthyosaurier (Fischechsen) gefunden. Noch nie seien aber, so Forscher der Universität Tübingen, ähnlich viele gut erhaltene Knochen auf so engem Raum gefunden worden. Zudem könnten sich unter den Funden auch Knochen eines bisher unbekannten Sauriers befinden.

Die Eislinger Funde sind etwas jünger als ihre berühmten Artgenossen aus Holzmaden. Die Funde stammen aus einer Gesteinsschicht, die sich vor etwa 180 Millionen Jahren am Grunde des Jurameers gebildet hatte. Fischsaurier sehen zwar aus wie Fische, sind aber tatsächlich Echsen, denn sie atmeten wie Reptilien. Ihre Körperform ähnelt der eines heutigen Thunfisches, durch ihre extreme Stromlinienform konnten sie Geschwindigkeiten von bis zu 40 Kilometern in der Stunde erreichen. Entdeckt wurden neben vielen anderen Saurierknochen, Haien, Muscheln, Mikroorganismen, Ammoniten und Krokodilen in Eislingen das besonders gut erhaltene Skelett eines Schmalflossers (Stenopterygius) und das einzigartige, vollständige Skelett eines sechs Meter langen Schnittzahnsauriers (Temnodontosaurus), er gehört mit bis zu 15 Metern Länge zu den gewaltigsten Räubern seiner Zeit.

Ausgangspunkt für die Grabungen an der Bundesstraße waren Entdeckungen eines Hobbysammlers. Er hatte Halswirbelknochen eines Ichthyosauriers gefunden und den Göppinger Kreisarchäologen Dr. Reinhard Rademacher benachrichtigt. Bemerkenswert ist die Anzahl der Funde, vermutet wird deshalb, dass die treibenden Kadaver von einer natürlichen Barriere aufgehalten wurden, vielleicht von abgesunkenen Baumstämmen. Nach den Ausgrabungen beginnt nun die eigentliche Arbeit der Forscher, die Fundstücke müssen zunächst präpariert und dann ausgewertet werden. Und vielleicht bestätigt sich auch auf diese Weise die Vermutung, dass die ebenfalls gefundenen Schädelreste und Schulterüberbleibsel zu einer bis jetzt noch unbekannten Sauriergattung gehören.

Immer wieder gelingt es Wissenschaftlern in detektivischer Forschungsarbeit ein weiteres Geheimnis der Erd- und Menschheitsgeschichte zu erhellen. Längst sind jedoch nicht alle Einzelheiten geklärt und immer wieder lassen neue, sensationelle Funde neue Verknüpfungen mit Bekanntem, neue Schlüsse und Erkenntnisse zu. Und manchmal liegen solche Funde nicht in der Wüste von Arizona, auf einem Gletscher im Ötztal oder in Südaustralien, sondern fast vor unserer Haustüre. Wie groß der Saurierfriedhof in Eislingen tatsächlich ist und welche Tiere dort begraben liegen, bleibt bis auf weiteres ein Geheimnis: Aufgrund der hohen Kosten wurden die Grabungen zunächst eingestellt. Doch sicher ist sich Hans-Ulrich Pfretzschner von der Universität Tübingen: „Das Feld ist mindestens 10 000 Quadratmeter groß, vielleicht auch größer. Das ist eine einzigartige Sensation."

Wissenschaftler bei Ausgrabungsarbeiten

Überblick ...

Jeder hat seine Geschichte

Man nennt die Geschichte eines Menschen Biografie. Jeder Mensch hat eine ganz besondere Lebensgeschichte, die von verschiedenen Ereignissen geprägt wird.

Geschichte und ihre Bedeutung

Geschichte hat mit Geschehen zu tun. Manche Ereignisse liegen schon sehr lange zurück, andere liegen in der jüngeren Vergangenheit. Nicht selten prägen historische Ereignisse unser Leben, auch wenn wir uns dessen nicht immer bewusst sind. Geschichtliche Ereignisse sind die Grundlagen für unsere Gegenwart und Zukunft. Menschen haben die besondere Fähigkeit zu lernen, zum Beispiel indem sie einfach etwas ausprobieren. Sie lernen aus der Erfahrung, aber auch aus der Geschichte.

Zeit

Wer, wo, was, warum – und wann? Überall auf der Welt laufen die Uhren gleich schnell. Und doch hat man den Eindruck, dass manchmal die Zeit schneller und ein anderes Mal fast unendlich langsam vergeht. Die Einführung eines Kalenders ermöglichte es, Ereignisse, die in der Vergangenheit stattgefunden haben, genau festzuhalten. Unsere Zeitrechnung beginnt mit Christi Geburt, die Zeit davor wird mit „vor Christi Geburt" (v. Chr.) bezeichnet. In der Geschichtsforschung spielt das Wann neben den Fragen nach dem Wie und Warum eine entscheidende Rolle.

Epochen

Verschiedene Zeitabschnitte haben charakteristische Besonderheiten, andere lassen sich zeitlich genau eingrenzen. Solche bedeutenden Zeitabschnitte werden von Historikern „Epochen" genannt. Als Epochen werden z.B. bezeichnet: Ur- und Frühgeschichte, Antike, Mittelalter, Neuzeit, Neueste Zeit, Moderne.

Geschichtsfries, Zeitleiste, Chronologie

Auf einem Geschichtsfries werden in chronologischer, d.h. zeitlich richtiger Abfolge die geschichtlichen Ereignisse mit den entsprechenden Zahlen, Bildern und Texten anschaulich dokumentiert. Eine Zeitleiste ist einfacher angelegt als ein Geschichtsfries. Auf ihr findet man in chronologischer Folge die wichtigsten Jahreszahlen mit einem kurzen Stichwort oder einer knappen Erläuterung zum entsprechenden Ereignis oder zu Personen.

Quellen

Um etwas über eine bestimmte Zeit zu erfahren, nutzen Geschichtsforscher verschiedene Quellen. Das können alte Schriften wie Urkunden, Landkarten mit historischen Sachverhalten oder Briefe ebenso sein, wie Kunst- oder Bauwerke. Archäologische Ausgrabungen helfen, vergangene Zeiten zu entdecken und besser zu verstehen. Besonders aussagekräftig sind Zeitzeugenberichte, der Fachbegriff dafür lautet „oral history". Heute sind auch Zeitungen, das Radio, Fernsehen und natürlich das Internet wichtige Informationsquellen.

Traditionen

Traditionen sind Sitten, Bräuche, Lebenserfahrungen und Übereinkünfte (Konventionen), die von Generation zu Generation weitergegeben werden. So verbinden sie die Generationen miteinander und zugleich die Vergangenheit mit der Zukunft und stiften damit Beständigkeit. Es gibt verschiedenste Formen von Traditionen. Sie sind teilweise regional sehr unterschiedlich; die schwäbisch-alemannische Fasnet hat zum Beispiel schon eine sehr lange Tradition.

Quellenkritik

Um sich ein genaues Bild von einem in der Vergangenheit liegenden Ereignis machen zu können, ist es wichtig, verschiedene Quellen zu befragen und auch zu fragen, welche Absicht hinter einer Aussage steht.

www.erdgeschichte.de/

www.neusob.de/krs/ue_ries/erdgesch.htm

www.schwaebischalb.de | deutsch/7schluessel/geologie2.htm

www.dinosaurier.org/

http://sneaker.cfg-hockenheim.de/referate/inhalt/geologie/katastrophen.html

www.schatzsucher.de/Foren/links.php?action=viewlinks&catid=18

Lernzirkel

Station 1: Lernkartei

Fertige diese Karteikarten an und erkläre die Begriffe auf der Rückseite.

- Quellen
- Tradition
- Überreste
- Epochen
- Geschichtsfries/Zeitleiste
- Quellenkritik
- Ohne Geschichte keine Zukunft
- Lebenszeit
- Chronologie
- Geschichte = ?
- Dokumente

Station 2: Bildmemory

Erinnere dich an die Zusammenhänge und Ereignisse, bei denen diese Bilder eine Rolle spielten.

Station 3: Lücken füllen

Vergleichen wir die Geschichte (1) mit der Geschichte (2), dann stellen wir fest, dass die (3) im Vergleich zur (4) nur wenige „Sekunden" auf der Erde sind. Trotzdem hat jeder einzelne von uns eine eigene (5). Ohne die (6) und das (7) aus der Geschichte gibt es keinen (8). Das Wissen über (9) ist wichtig für die (10) und (11) der Zukunft. Die (12) schöpfen ihr Wissen über die Vergangenheit aus verschiedenen (13), die sie (14) nennen. Dazu gehören Überreste, Gegenstände, Dokumente jeder Art, Zeitungen und Zeitschriften, Plakate, Gebäude, Denkmäler und für die neueste Zeit auch Tonbandaufnahmen, Rundfunk- und Fernsehsendungen, Filme und Videos und natürlich auch die Menschen, die als (15) befragt werden können. (16) und auch (17) sind immer auch kritisch zu sehen, weil sie oft nur einen kleinen Ausschnitt des ganzen Geschehens wiedergeben. Erst die (18), die (19) und der kritische Vergleich der Informationen ermöglicht ein genaueres Bild der Geschichte. Was ist Geschichte eigentlich? … Geschichte ist (20), also Vergangenheit. Geschichte erfasst alle (21) bis hin zur ganz privaten Geschichte. Eigentlich sollten die Menschen aus den (22) der Geschichte lernen, dies geschieht zwar oft, aber nicht immer.

DIESE WÖRTER SIND AN DER RICHTIGEN STELLE EINZUSETZEN:

Zeitzeugen, Vielzahl, der Erde, der Menschen, Erdgeschichte, Menschen, private Geschichte, Wissen, Erfahrungen, Fortschritt, Gestaltung, Vergangenes, Informationsträgern, Quellen, Zeitzeugen, Quellen, Verschiedenheit, Geschehenes, Lebensbereiche, Erfahrungen, Entscheidungen, Historiker

Station 4: Überlegen, entscheiden

WAS IST DAS?

1. Sonnenuntergang am Meer
2. Kämpfe auf dem Meer im Feuerschein der sinkenden Schiffe.
3. Die Erde vor Millionen von Jahren als glühender Stern mit Meteoriteneinschlägen.
4. Die vergrößerte Oberfläche eines rotgefärbten Blattes im Herbst.

Leben in der Frühzeit

Afrika – die Wiege der Menschheit

Die ersten planmäßig hergestellten Werkzeuge sind etwa 2,5 Millionen Jahre alt. Als sicher gilt, dass damals bereits menschenähnliche Wesen gelebt haben. Es gibt von ihnen keine Fotos, keine Bauwerke, keine Gemälde, Zeichnungen oder andere Kunstwerke. Einige wenige Knochen und Schädelfunde und deren Fundorte dienen den Forschern als Untersuchungsmaterial.
Viele hunderttausend Jahre, rund 90% der Menschheitsgeschichte insgesamt, lebten die Menschen als Jäger und Sammler in Horden. Seit Beginn des Ackerbaus, der Viehzucht und der langsamen Entwicklung von Handwerk und Technik sind erst etwa 10 000 Jahre vergangen – also im Verhältnis wenig Zeit für eine Vielzahl an neuen Veränderungen.

Vorläufer des Menschen

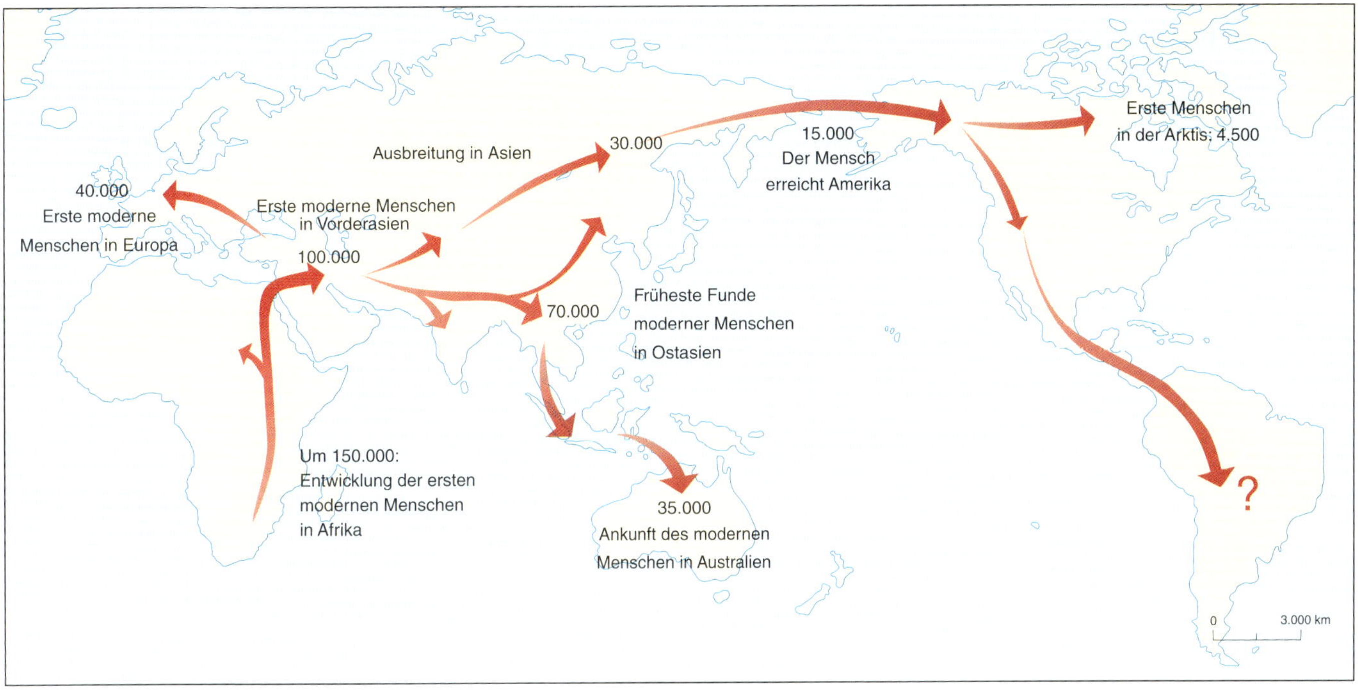

Besiedlung der Erde durch den modernen Menschen

Im Laufe der Jahrtausende wechselten verschiedene Menschenformen einander ab. Nicht immer wurden die älteren Formen verdrängt, manchmal lebten sie auch nebeneinander.

Dass die Menschen vom Affen abstammen, stimmt eigentlich so nicht. Vor ca. sieben Millionen Jahren führte eine Entwicklung in Ostafrika zum Auftreten von ersten menschenähnlichen Lebewesen. Ihre Heimat waren die Savannen (Graslandschaften). Man erkennt die verschiedenen Menschenformen an Form und Größe des Schädels. Im Laufe ihrer Entwicklung lernten sie aufrecht zu gehen und Werkzeuge herzustellen und zu gebrauchen. Dabei veränderte sich ihr Körperbau. Diese Lebewesen können wir als unsere Vorfahren bezeichnen.

Es waren keine Affen mehr, die sich im Schutz der Wälder aufhielten.

Er lebte vor ca. zwei Millionen Jahren in Australien und war bereits ein echtes menschliches Wesen. Er tötete seine Beutetiere mit selbstgefertigten Waffen.

?

Die Karte zeigt, wie man sich die Ausbreitung des modernen Menschen vorstellt. Entscheidend war vor allem das Klima.

1. Beschreibe anhand der Pfeile, auf welchem Weg sich die Menschen auf die verschiedenen Kontinente verteilt haben.
2. Versuche Genaueres über die Funde und Fundstätten zu erfahren.
3. Jetzt kannst du die Aussage „Afrika – die Wiege der Menschheit“ sicher erklären.

Jäger und Sammler in der Altsteinzeit

Wie haben die Menschen damals gelebt?

Wie die Menschen der Altsteinzeit in einer Höhle gehaust haben, wissen wir nicht genau. Aufgrund der Funde und dem, was die Wissenschaftler erforscht haben, kann man jedoch annehmen, dass es so gewesen ist:

Weit oben am Berghang liegt der Eingang der Höhle im Schatten eines Felsvorsprunges. Um zum inneren Teil der Höhle zu gelangen, durchquert man eine Art Vorhalle. Das Tageslicht reicht gerade aus, um den Weg zu erkennen. Immer wieder ändert der Gang seine Richtung. Rauch beißt einem in die Nase, denn die Menschen kannten bereits das Feuer. Eine letzte Biegung und der Besucher steht in einer großen Höhle, die nur spärlich durch ein Bündel glimmenden Kiespans erhellt wird. Der Blick fällt auf einige Felsstücke, die den Höhlenbewohnern als Ablage und Sitzgelegenheiten dienen. An den Rändern liegen Bärenfelle. Sie dienen als Schlafstätte. Wenn sich das Auge an die Dunkelheit gewöhnt hat, sieht der Besucher Jagdbögen, lederne Pfeilköcher, Steinbeile und Speere. In einer der Nischen liegen Feuersteine. Zerschlägt man sie, dann sind die Kanten oft messerscharf. Einige Steine sind an der Schnittfläche gezackt und erinnern an ein Sägemesser. Manche Steine haben die Form eines Beiles, sind mit Lederriemen oder Baststreifen an Holzstielen befestigt. Schüsselförmige Töpfe aus rohem Lehm enthalten ausgelassenes Fett, getrocknete Beeren, Haselnüsse, Kräuter, Wurzeln, wilde Möhren, Pilze und vieles mehr. Aber nicht nur Steine wissen die Höhlenmenschen zu nutzen. Große Knochen spitzen sie dolchartig zu. Kleine Knochen werden mit einer Öse versehen und zum Nähen gebraucht. Als Garn dienen Tiersehnen.

Ein Gang führt weiter in das Berginnere und endet in einer kleinen Grotte. Klares Wasser tropft von der Decke und sammelt sich am Boden zu einem kleinen See. Hier holen die Menschen Wasser. Vor allem im Winter, wenn Schneemassen ein Verlassen der Höhle verhindern. An einer anderen Stelle gelangt man an einen tiefen Abgrund auf dessen Grund zerbrochene und ausgebrauchte Gerätschaften, Reste von Mahlzeiten und vieles mehr liegen – die Abfallgrube der Höhlenbewohner.

Solchen Abfallgruben verdanken wir oft, dass wir heute etwas über das Leben der Höhlenmenschen wissen. Nirgendwo in der Höhle fand sich eine Spur von Metallgegenständen, nur Knochen, Hölzer und Steine waren die Werkstoffe der Höhlenmenschen.

①

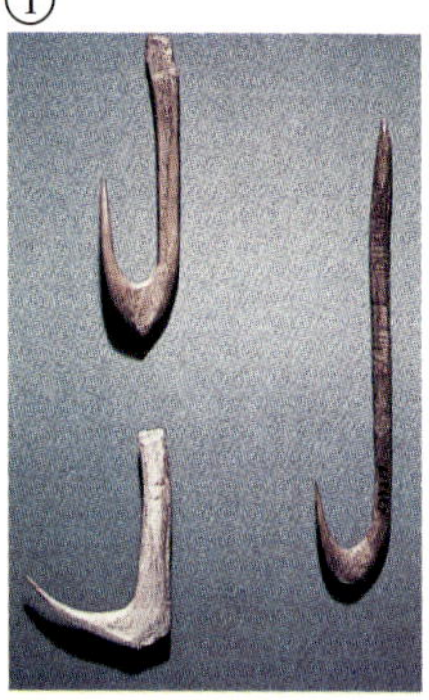

②

③

① Angelhaken aus Knochen
② Ein Faustkeil, fein bearbeitet. Die typische Form dieses Werkzeugs ist gut erkennbar.
③ Parallel entwickelt sich eine andere Technik: Die Steinwerkzeuge (hier die Klinge eines Messers) werden aus langen Abschlägen vom ursprünglichen Stein gefertigt.

ICH HABE SCHON EINIGES ERFAHREN. DESHALB KANN ICH VERMUTEN:

1. Die ersten Menschen waren ziemlich dumm.
   - stimmt
   - stimmt nicht

   Begründung: …
2. Sie jagten wilde Tiere.
   - stimmt
   - stimmt nicht

   Begründung: …
3. Die Menschen lebten in Höhlen.
   - stimmt
   - stimmt nicht

   Begründung: …
4. Die Menschen der Altsteinzeit haben nur ganz einfache Werkzeuge benutzt.
   - stimmt
   - stimmt nicht

   Begründung: …
5. Die Menschen der Altsteinzeit haben in Familien gelebt.
   - stimmt
   - stimmt nicht

   Begründung: …
6. Kannst du dir denken, wo die Menschen wohnten, wenn sie keine Höhlen fanden?

1. Betrachte das Bild genau und beschreibe die Lage der Höhle, das Aussehen der Menschen und die Tätigkeiten und Gegenstände. (Beachte die Zahlen im Bild.)
2. Nach welchen Bedingungen suchten die Menschen ihre Wohnstätten wohl aus?
3. Warum sind die Menschen schlanker als viele Menschen heute?

Ich bin der NEANDERTALER

Geburtsjahr: zwischen 100 000 und 30.000 v. Chr.
Wohnort: Neandertal bei Düsseldorf
Behausung/Wohnung:
Ist dir bereits bekannt – oder?
Zeitalter: Kennst du auch!
Beruf: Jäger und Sammler
Werkzeuge: z.B. Faustkeil, Speerspitze, Steinmesser, Steinbohrer, Harpune aus Knochen
Nahrungsmittel:
Fleisch, Fisch und Waldfrüchte

Der Cromagnon-Mensch

Die Neandertaler überstanden schlimme Kälteperioden, trotzdem verschwanden sie vor etwa 36 000 Jahren ohne weitere Spuren zu hinterlassen.
Handwerker entdeckten 1868 bei Cromagnon in Frankreich Skelette und Gebrauchsgegenstände von Menschen (etwa 28 000 Jahre alt).
Vergleiche von Steinwerkzeug geben Hinweise darauf, dass die Neandertaler keineswegs plötzlich weg waren oder gar von den Cromagnons vernichtet wurden. Vermutlich verdrängte der Cromagnon-Mensch den Neandertaler dank der vielen kleinen Vorteile, die eine überlegene Kultur bietet. Die Wissenschaftler haben noch keine eindeutige Antwort auf diese Frage.
Die Cromagnons sind identisch mit dem modernen Menschen: groß, muskulös, allerdings etwas kräftiger. Sie sind heute noch berühmt durch die Höhlenmalereien z.B. in Lascaux (Frankreich) und in Altamira (Spanien). In der Wissenschaft werden sie als Homo sapiens sapiens bezeichnet.

Cromangnon-Mensch, etwa 30 000 v. Chr.

Funde geben Auskunft

Was die Wissenschaftler vermutet haben und auch beweisen können!

ARBEITEN WIE GESCHICHTSFORSCHER HEISST:

1. Etwas vermuten, eine Behauptung aufstellen. Eine Schlussfolgerung ziehen aus bereits vorhandenen Informationen.
2. Möglichst viele neue Funde untersuchen, beschreiben, vergleichen und zuordnen.
3. Die gewonnenen Informationen auswerten: Weitere Schlussfolgerungen ziehen, Rekonstruktionen versuchen bzw. anfertigen.
4. Erforschtes und erworbenes Wissen in einen Gesamtzusammenhang bringen, ordnen und anderen zugänglich machen (Bücher, Zeitschriften, Rundfunk, Museen, Fernsehen, Video, DVD, usw.).

a) Die Menschen konnten zwar nicht lesen und schreiben, vermutlich war auch ihre Sprechfähigkeit noch nicht weit entwickelt, aber waren sie deshalb auch dumm? Immerhin waren sie geschickt genug, sich in einer lebensfeindlichen Umgebung zu behaupten. Kleine Kunstwerke, z.B. Tierbilder oder Grabbeigaben, machen deutlich, dass diese Menschen schon über den reinen Alltagstrott hinausdachten.

b) Die Menschen hatten keine festen Wohnplätze, da sie im Wechsel der Jahreszeiten den Wildtieren hinterherzogen. Sie lebten also als Nomaden. Nur selten dürften sie das Glück gehabt haben, in Höhlen oder unter Felsübersprüngen zu lagern. Meistens errichteten sie Zelte aus Ästen und Zweigen. Dieses Gerüst bedeckten sie mit Tierhäuten. Am Boden beschwerten große Steine diese Häute. So konnte der Wind die Zelte nicht so leicht zerstören.

c) Frauen waren wohl weitgehend als Sammlerinnen tätig. Honig, Beeren, Kräuter und Kleintiere sicherten wahrscheinlich oft das Überleben der Horde.
Es ist anzunehmen, dass sie alle drei bis vier Jahre ein Kind geboren haben und es während der langen Wanderungen trugen.

d) Die Werkzeuge bestanden aus Stein, Knochen oder Holz. Da sich überwiegend Geräte aus Stein erhalten haben, sprechen wir von der Steinzeit. Typisches Werkzeug war der Faustkeil.

e) In der kleinen Familie hätten die Menschen nicht überleben können. Die Jagd auf größere Tiere konnte nur mit mehreren Männern erfolgreich durchgeführt werden, die Versorgung der kleinen Kinder und der Alten und Kranken klappte in einer größeren Gruppe viel besser. Man lebte deshalb in einer Horde von mindestens 15 bis 20 Personen.

f) Viele Tierknochen, die gefunden wurden, deuten auf überwiegende Ernährung durch Jagdtiere hin. Sehr häufig waren es Knochen von Rentieren, aber auch Knochen anderer Tierarten waren dabei. Reste von Holzkohle und Aschenhaufen in den Feuerstellen von Höhlen weisen darauf hin, dass das Fleisch der Tiere gebraten wurde.

?

1. Die Beweise befinden sich auf der Folgeseite. Überprüfe, ob die Wissenschaftler Recht haben. Ordne die Beweise zu.

A

B

C

D

E

F

G

H

I

J

K

Die Fundstücke, Rekonstruktionen bzw. die Dokumente sind auf einem Tisch ausgelegt. Jedes Teil hat einen Archivbuchstaben. Die dazugehörenden Texte wurden geschrieben, müssen aber noch zugeordnet werden.

1. Typische Behausung der Altsteinzeit, wenn die Menschen nicht in einer Höhle wohnten (Rekonstruktion nach Funden in Gönnersdorf, Rheinland).
2. Wohnstätte der Altsteinzeit, die Vogelherdhöhle in Lontal beim Dorf Stetten auf der Schwäbischen Alb.
3. Skelett eines Mannes, der mit einer Kette aus Elfenbeinperlen bestattet wurde (Sungir, Russland).
4. Darstellung eines Wisents (Felsenzeichnung aus Niaux, Frankreich).
5. Honigsammlerin (Felszeichnung, Spanien).
6. Harpunenspitze (Knochen).
7. Faustkeil aus Stein.
8. Jäger greifen ein Hirschrudel an (Felszeichnung, Spanien).
9. Wildpferd (Elfenbeinschnitzerei aus der Vogelherdhöhle, ca. 5 cm lang).
10. Knochen eines Mammuts.
11. Klinge eines Steinmessers.

Großwildjäger in der Altsteinzeit

Im Lexikon steht:

Ein Mammut konnte vier Meter groß werden und wog ca. vier Tonnen. Die äußere Speckschicht betrug oft zehn cm; darüber befand sich ein dunkles Fell mit struppigen, langen Haaren. Bei ausgewachsenen Exemplaren waren die Stoßzähne drei Meter lang und wogen jeweils ca. 200 kg.
Da die Mammutherden ständig zwischen Sommer- und Winterweiden hin und her zogen, legten sie jährlich bis zu 3 000 km zurück. Ein Mammut musste fast ununterbrochen fressen, um sich am Leben zu erhalten. Im Magen eines gut erhaltenen Tieres, das man in der tiefgefrorenen Erde Sibiriens fand, hat man 15 kg Moose und Jungtriebe von Bäumen gefunden.

Die Verwertung eines Mammuts

Fell: Zelte, Kleidung, Schuhe, Lederriemen, Fellbeutel

Sehnen, Nerven, Därme: Schnüre, Nähgarn

Stoßzähne: Stechwaffen, Wurfwaffen, Baumaterial für den Hüttenbau, Elfenbeinschnitzereien.
Backenzähne: Reibbrett für die Hautverarbeitung.

Bevorzugtes Fleisch: Rüssel, Zunge, Schinken, Fettbuckel auf dem Rücken, Bauchwand, Knochenmark, Gehirn, Herz, Leber.

Wenn wir ein typisches Handwerkszeug der Altsteinzeit nennen müssen, denken wir an den Faustkeil.
Das typische Tier für die kalten Perioden der Altsteinzeit ist das Mammut. Noch vor 10 000 Jahren haben die letzten Exemplare in Sibirien gelebt, bevor diese Tierart ausgestorben ist.

Magen und Darm (aufgeblasen und getrocknet): Behälter

Wie hat man sich die Jagd vorzustellen?

Das Leben der Steinzeitmenschen war sehr gefährlich. Besonders mutig mussten die Jäger sein, wenn sie Tiere, wie z.B. ein Mammut, erlegen wollten. Zwei Jagdarten sind durch Funde nachgewiesen worden:

1. Die Jagd mit einem Speer

An einem kleinen See bei Verden (Niedersachsen) hat man das fast vollständige Skelett eines etwa 45 Jahre alten Elefanten gefunden, der ca. fünf Meter hoch und fünf Tonnen schwer war. Zwischen den Rippen steckte ein zweieinhalb Meter langer Eibenholzspeer mit einer feuergehärteten Spitze. In der näheren Umgebung lagen Steingeräte wie Faustkeile und Schaber. Die Wissenschaftler haben den Fundort ausgiebig untersucht und den Sachverhalt rekonstruiert. Danach hatten vor über 10 000 Jahren Elefantenjäger eine Herde beobachtet und so lange verfolgt, bis sie nah genug an einen der Dickhäuter herangekommen waren. Einem der Jäger muss es gelungen sein, seinen Holzspeer schräg von vorne in die Brust des Tieres zu stoßen. Es war aber nur verwundet und schleppte sich bis zu einem Tümpel, wo es mitsamt der tief im Körper steckenden Waffe einsank und verblutete. Die Jäger verfolgten ihre Beute. Sie griffen sich Steine, die verstreut umherlagen, und fertigten an Ort und Stelle einfache Werkzeuge an, um mit ihrer Hilfe die aus dem Wasser herausragenden Teile abzulösen.

Bei dieser Jagdmethode muss es sehr wichtig gewesen sein, dass der Speer das Beutetier schwer verletzte, also tief in den Körper eindrang oder etwa das Herz traf. Ging der Stoß daneben, drohte dem Jäger der Tod. Mehrere Zeichnungen und Bilder aus der Altsteinzeit zeigen Einzeltiere, die Menschen anspringen oder angreifen.

2. Die Jagd mit Hilfe von Fallgruben

Diese Fangart dürfte vor allem in der Nähe von Wasserstellen angewandt worden sein. Die Steinzeitmenschen konnten davon ausgehen, dass die Tiere mit einiger Regelmäßigkeit zur Tränke gingen. An schmalen Zugängen oder hinter Felsvorsprüngen haben sie deshalb Gruben ausgehoben und mit Sträuchern abgedeckt. Die ganze Horde hat Lärm gemacht und vielleicht auch Feuer eingesetzt, um Tiere in die Falle zu treiben.

?

1. Versetze dich in die Rolle eines Jägers. Was würde er über die Jagd berichten?
   (Wichtig: Nutze die Angaben des Textes, entscheide dich für eine der beiden Jagdmethoden.)

   Beispiel für einen Anfang:
   Schon seit langer Zeit hatten wir nichts mehr zu essen. Beeren, Wurzeln und andere Vorräte waren verspeist, also blieb uns nur noch ...
2. Nutze die Texte und Bilder dieser Seiten für einen Bericht über das Mammut. Teile deine Ausführungen in zwei Bereiche:
   a) Gestalt und Aussehen
   b) Nutzen für die Menschen.

Ackerbauern und Viehzüchter in der Jungsteinzeit

Wie kam es zu den Veränderungen der Lebensweise?

Der Wechsel der Lebensweise erfolgte wegen starker Klimaveränderungen. Vor etwa 12 000 Jahren endete die letzte Eiszeit und es wurde langsam wärmer. Das Mammut starb aus, andere Pflanzen wuchsen, viele Bäume bildeten nach und nach große Wälder. In Mittel- und Nordeuropa verzögerte sich die Entwicklung, weil die dicken Eismassen erst langsam abschmolzen.
Damals war das dichtbewaldete Flachland von Nordeuropa von Jäger-Fischer-Stämmen bevölkert. Viele ihrer Lagerplätze sind in Dänemark gefunden worden. Sie hatten die Gewohnheit im Sommer an Seen und Mooren zu siedeln. Im Gegensatz zu den Altsteinzeitmenschen siedelten sie schon in Häusern. Wie ein solches Dorf ausgesehen hat, zeigt die Abbildung auf der nächsten Seite.
Im Vorderen Orient stiegen die Temperaturen schneller an. Hier reagierten die Menschen als erste auf die neuen Umweltbedingungen. Sie begannen zu säen, zu ernten und die wilden Tiere zu zähmen. Es entstanden große Siedlungen wie Jericho oder Catal Hüyük (Türkei) mit mehreren tausend Einwohnern. In Mitteleuropa dauerte es noch 3 000 Jahre, bis sich Ackerbau und Viehzucht durchsetzten. Diese landwirtschaftliche Revolution (neolithische Revolution) brachte dramatische Veränderungen für die Lebensweise der Menschen.

Welche Rolle spielten Frauen bei dieser Entwicklung?

Helga Wingert eine Historikerin und Journalistin versucht eine Antwort:

„Der planmäßige Anbau fand zwar nicht von heute auf morgen statt, die Umstellung ging jedoch in relativ kurzer Zeit vor sich. Das Wissen um die Pflanzen war vorhanden, die Frauen hatten es im wahrsten Sinne des Wortes angesammelt. Sie konnten Genießbares und Giftiges auseinander halten, wussten um die Heilkraft von Kräutern und hatten Orte ausfindig gemacht, wo sie reiche Ernte halten konnten.
Die Frauen hatten gelernt, dass man der Natur nachhelfen kann, indem man sät und pflanzt, um sicher zu gehen, dass im nächsten Jahr an dieser Stelle das wächst, was man braucht, und sie setzten ihr Wissen in die Tat um. Die ersten Felder waren kleine Gärten, durch Hecken oder Zäune vor Tieren geschützt. Ab 5 800 v. Chr. verschwinden Wandbilder, die Jagdszenen zeigen. Auch dies zeigt die Entwicklung von den Jägern zu einer neuen produzierenden Gesellschaft.
Dass die Frauen zur Zeit der frühen Landwirtschaft ein im Vergleich zu späteren Kulturen emanzipiertes Leben führten, verrieten Ausgrabungen in Catal Hüyük. Die Frauen der Stadt trugen fransenbesetzte Miniröcke, die locker um die Hüften schwangen oder Stoffstreifen, am Saum mit kleinen Kupferzylindern beschwert, dazu Blusen aus Leopardenfell. Sie gingen sorgsam geschminkt, kein Schleier verbarg ihr Gesicht, kein Kopftuch das Haar. Sie machen auf den Wandgemälden einen selbstbewussten Eindruck, ob gertenschlank, ob üppig oder fett."

(Text gekürzt: H. Wingert, Spuren in die Vergangenheit, Umschau Buchverlag Breidenstein, Frankfurt/M. 1994, S. 154ff.)

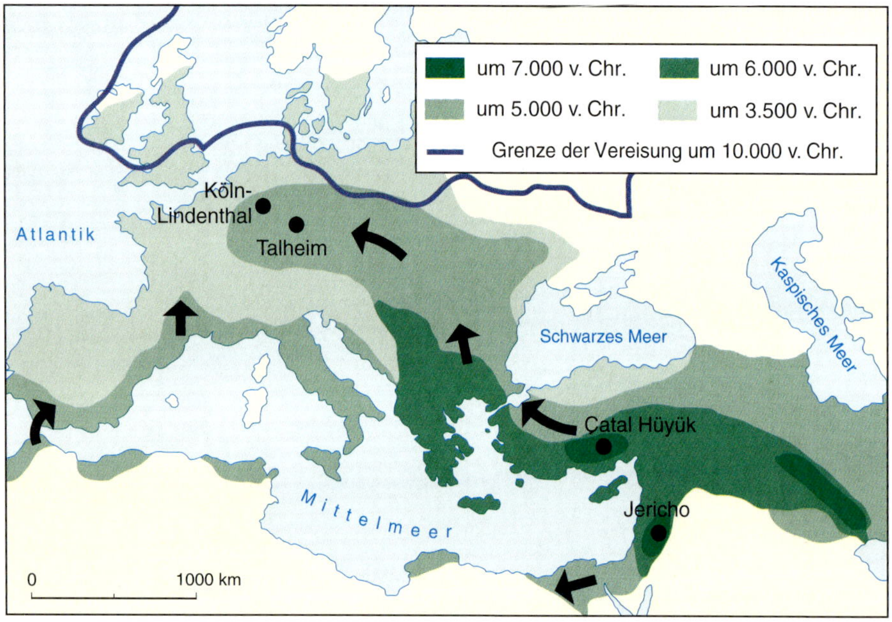

Die Karte zeigt, wie sich der Ackerbau ausgebreitet hat.

Modell einer jungsteinzeitlichen Siedlung

Begegnung mit zwei Kulturen – eine mögliche Geschichte?

Aus dem, was inzwischen erforscht ist, können wir Rückschlüsse ziehen und Vermutungen anstellen. Die Begegnung der Kulturen könnte sich so abgespielt haben:

Stunden sind Anno und Ark schon auf der Suche. Wochenlang ist ihre Horde bereits ohne Fleisch. Voll Hoffnung sind die beiden auf der Jagd um Herden zu folgen und aufzulauern. Anno gerät plötzlich in Aufregung. Sollte er sich getäuscht haben? Nein, da – auf einer Lichtung sind Menschen. Aber so etwas hat er noch nie zuvor gesehen. Sie wohnen nicht in Höhlen, sondern in Behausungen aus Holz und Schilf. Über zehn davon sind zu erkennen. Sie sind von einem Zaun umgeben. Neugierig nähern sich die beiden. Man hat die Fremden bereits gesehen. Die Freunde glauben einfach nicht was sie sehen: Die Menschen sind anders gekleidet. Ziegen, Rinder und Pferde bewegen sich zwischen ihnen und laufen nicht weg. Anno und Ark wollen schon zu ihren Speeren greifen, aber die Bewohner des Dorfes haben die beiden inzwischen unauffällig umzingelt. Gemeinsam nähern sie sich den vielen Tieren, die auch jetzt nicht weglaufen. Weiter hinten sehen sie das kniehohe, gelbe Gras mit den Körnern, nach dem sie oft tagelang suchen mussten. Es wächst schön geordnet, ein Halm neben dem anderen.
Auf einem Platz zwischen den Häusern staunen sie über die Werkzeuge dieser Menschen: einen glatt geschliffen Stein, an dem ein Stiel befestigt ist, zum Ernten des Korns haben die Frauen sichelförmige Steinklingen und mit einer Art hölzernen Astgabel wird der Boden aufgeritzt. Um Löcher in Steine zu bohren, benutzen die Menschen ein unbekanntes Gerät. Frauen sind selten bei der Feldarbeit zu sehen. Sie mahlen das Korn, kochen, fertigen Werkzeuge und stellen mit einem für Anno und Ark unerklärlichen Gegenstand Kleidungsstücke her. Langsam verstehen die Freunde, warum die Menschen nicht mehr den wilden Tieren hinterherziehen müssen.
In den Häusern leben Mensch und Tier zusammen. Es gibt einen besonderen Raum mit Herdstelle und Rauchabzug. Diesen Leuten geht es wirklich gut, denken sich Anno und Ark. Vielleicht haben sie einiges gesehen, worüber sie später ihrer Horde berichten …
Es kann aber auch ganz anders gewesen sein.

?

1. Warum fiel den Frauen eine bedeutende Rolle beim Ackerbau zu (siehe Text linke Seite)?
2. Formuliere Fragen zur Geschichte von Anno und Ark.
3. Wie könnte denn die Geschichte mit Arno und Ark noch verlaufen sein, wenn sie für die beiden nicht so gut ausgegangen wäre?

Siedlungen der Jungsteinzeit

Im Jahre 1930 stießen Archäologen in Köln-Lindenthal auf merkwürdige Verfärbungen im Boden. Ganz vorsichtig und gleichmäßig trugen sie die obere Bodenschicht ab. Dabei entdeckten sie dunkle, runde Flecken auf der Erde. Aus größerem Abstand konnten sie erkennen, dass diese Verfärbungen nicht zufällig angeordnet waren. Sie untersuchten die Flecken genauer. Überall fanden sie drei verschiedene Bodensubstanzen. Kein Zweifel, an diesen Stellen hatten früher einmal Holzpfosten gestanden. Das Holz war zwar verrottet, aber die Spuren hatten sich erhalten. Als die Forscher in unmittelbarer Nähe auch noch Lehmbrocken fanden, die Abdrücke geflochtener Weidenruten aufwiesen, waren sie sich einig: Hier musste einmal ein Haus gestanden haben! Mit einer Grundkonstruktion aus Holzstämmen und festen Wänden aus Flechtwerk und Lehm.
Umfangreiche Grabungen in den nächsten Jahren ergaben genauere Ergebnisse. Um 5 500 vor Christus haben in Lindenthal etwa 100 Menschen gelebt. Sie bewohnten zehn Häuser der gleichen Bauart, von denen einige bis zu 36 Meter lang und acht Meter breit waren. Die gesamte Siedlung war von einem Zaun umgeben.

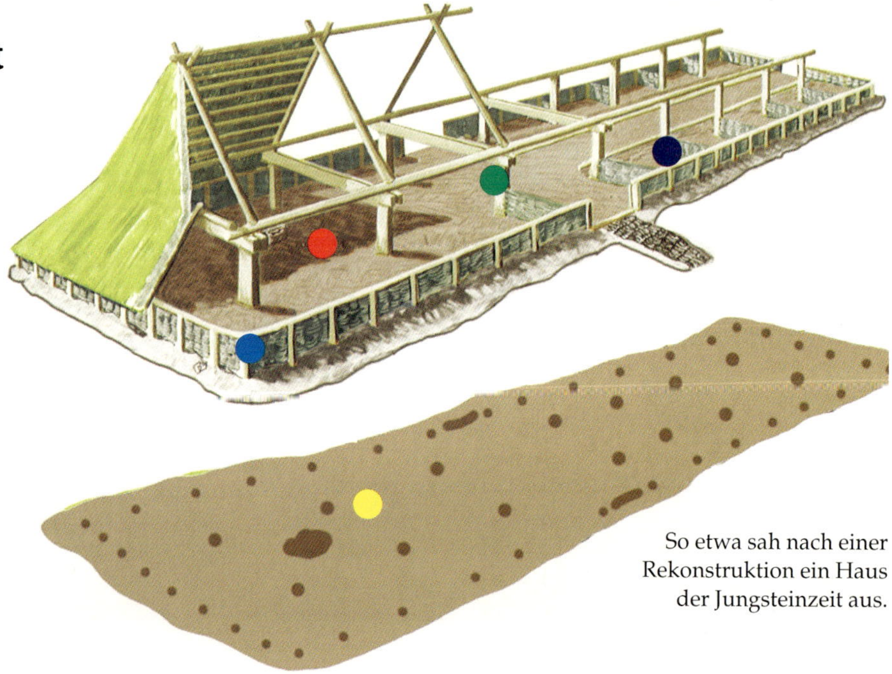

So etwa sah nach einer Rekonstruktion ein Haus der Jungsteinzeit aus.

- (gelb) Archäologen untersuchten die Flecken genauer. Sie hatten keinen Zweifel, dass hier einmal Holzpfosten waren.
- (blau) Als man Lehmbrocken fand, die Abdrücke geflochtener Weidenruten zeigten, war klar, dass hier einmal ein Haus gestanden hatte.
- (rot) Die Feuerstelle konnte durch Untersuchen der Bodenproben nachgewiesen werden.
- (grün) Man erkannte schnell, dass dieses Haus einmal eine Grundkonstruktion aus Holzstämmen hatte, die mit festen Wänden aus Flechtwerk und Lehm verbunden waren.
- (dunkelblau) Mensch und Tier lebten unter einem Dach. Die abgeteilten Räume waren Ställe.

Folgende Funde wurden gemacht:
Pflanzenreste: Getreide wie Hirse, Gerste, Emmer und Dinkel; Erbsen, Linsen, Flachs.
Knochen: Hund, Ziege, Schaf, Schwein, Rind, Reh, Wildschwein, Elch und Bär.
Geräte: Grabstöcke, Sicheln mit Schneiden aus Feuerstein, Holzpflock, Pfeile und Bogen, Speere mit Steinspitzen, geschliffene Steinbeile, Bohrapparate, Webstühle, im Feuer gehärtete Tonscherben, Getreidemühlen.

Rekonstruktion von Pfahlbauten bei Unteruhldingen am Bodensee. Wahrscheinlich standen die Pfahlbauten ursprünglich nicht im Wasser, wohl aber die Häuser auf Pfählen. Die Pfahlroste sollten wohl gegen die Feuchtigkeit schützen.

Dörfer statt Höhlen

Im Bodensee ließen Wissenschaftler vor dem Dorf Sipplingen, 90 Meter vom Ufer entfernt, 1929 einen großen Holzkasten einrammen (Länge 22 Meter). Als der Kasten leergepumpt war, untersuchte man den Seegrund. Dabei kamen in zwei Schichten Fußböden von Gebäuden zutage.
Man fand waagrechte Holzschwellen, eine Lage Rund- und Spalthölzer und eine graugrüne Lehmschicht. Dazwischen steckten senkrechte Pfähle.
Durch den Lehmbelag zogen sich zwei 15–20 cm breite Querstreifen, die nicht aus Lehm, sondern aus einer torfartigen Verfallsschicht bestanden. Diese Querstreifen darf man als erkennbares Merkmal von Querwänden ansehen. Lehmreste mit verschiedenen Abdrücken stammten von Außenwänden und ließen erkennen, dass diese aus lehmbeworfenem Flechtwerk bestanden hatten, das zwischen Wandpfosten eingezogen worden war.
Nach Vergleichen mit anderen Fundstätten gaben die Ausgräber den einzelnen Räumen nähere Bezeichnungen. Man entschloss sich, die Häuser zu rekonstruieren.

Die Menschen im jungsteinzeitlichen Dorf hatten sich organisiert. Die Dorfgemeinschaft plante alles, was von gemeinsamem Interesse war. Die nächst kleinere Einheit war wahrscheinlich die Familie (Sippe).
Manches Dorf der Jungsteinzeit war nachweisbar jahrzehntelang bewohnt. Zahlreiche Funde weisen auf die Ernährungsgewohnheiten der Bewohner hin. Beispielsweise fand man Körner verschiedener Weizen- und Gerstearten, möglicherweise auch Hirsereste. Flachs war bereits bekannt. Der Leinsamen des Flachses diente als Zusatz im Brot.
In den Gärten wuchsen Erbsen, Mohn, Äpfel, Pflaumen, Ackersalat, Möhren und Petersilie. Auch aus dem Wald, damals vor allem Eichenmischwald, kam ein Teil der Nahrung: Eicheln, Nüsse, Hagebutten und Beeren.

ICH HABE SCHON EINIGES ERFAHREN. DESHALB KANN ICH VERMUTEN, DASS …

1. … durch Zuwanderung und Begegnung der Kulturen eine Entwicklung vom Jäger und Sammler zum Bauern und Viehzüchter stattgefunden hat und sich dadurch das Leben der Menschen stark veränderte.
   Begründung: …
2. … Archäologen heute in der Lage sind das Aussehen und die Funktionen von Behausungen zu rekonstruieren.
   Begründung: …
3. … sich das Leben der Menschen in der Jungsteinzeit gegenüber der Altsteinzeit völlig verändert hat.
   Begründung: ...
4. … die Siedlungen der Menschen der jeweiligen Landschaft angepasst waren.
   Begründung: …
5. Betrachte das Bild mit den Pfahlbauten von Unteruhldingen. Man vermutet, dass das jungsteinzeitliche Dorf ursprünglich nicht im Wasser stand. Warum haben die Menschen die Häuser trotzdem auf Pfähle gebaut?

Leben und Arbeit der Menschen

1. Die Texte und Bilder geben dir wichtige Informationen zum Leben in der Jungsteinzeit.
2. Versuche, in einer Tabelle die Fortschritte und Probleme von Altsteinzeit und Jungsteinzeit gegenüberzustellen. Die Grafik hilft dir dabei.
3. Hinter jeder auf der nächsten Seite gezeigten Tätigkeit verbirgt sich ein Beruf, den wir auch heute noch kennen. Welcher?
4. Hättest du lieber als Jäger/Sammlerin in der Altsteinzeit oder als Ackerbauer und Viehzüchter in der Jungsteinzeit gelebt?

Hier siehst du, welche Fläche notwendig ist, um zehn Menschen zu ernähren: rot = durch Jagen und Sammeln (ca. 30 qkm), grün = durch Ackerbau und Viehzucht (= 1,5 qkm).

Lebensweise

Die auffälligste Veränderung betrifft das Zusammenleben: Man lebte oft über viele Jahre hinweg an der gleichen Stelle, die Menschen waren sesshaft. Wahrscheinlich lebten sie nicht mehr als Horde, sondern in Gruppen von nahen Verwandten zusammen (Großfamilie?).

Produktion von Nahrung

Die Menschen hatten gelernt, wilde Tiere zu zähmen und Haustiere zu züchten. Sie haben Felder angelegt, Getreide ausgesät und Monate später geerntet. Dieses Verhalten ist völlig neu in der Weltgeschichte. Einige Wissenschaftler meinen sogar, dass erst diese produzierende Wirtschaftsweise den Menschen vom Tier unterscheidet. Die Menschen der Jungsteinzeit waren nicht mehr darauf angewiesen, Beutetiere zu erlegen oder essbare Pflanzen zu finden. Sie konnten Haustiere schlachten oder auf Getreidevorräte zurückgreifen. Dadurch wurden sie unabhängiger von der Natur.

Gesundheit

Die Nahrungsgrundlage war nicht immer stabil. Zwei Missernten reichten aus, um die bäuerliche Gemeinschaft in eine Krise zu stürzen. Neben dem Hunger dürfte auch die mangelnde Hygiene die Lebenserwartung gesenkt haben. Gute Ernten jedoch erlaubten die Pflege kranker Dorfbewohner. Insgesamt sorgte die Entwicklung für einen Bevölkerungsanstieg

Arbeitszeiten

Man musste regelmäßig arbeiten. Aussaat und Ernte verlangten eine klare Folge von Arbeitsschritten. Das Vieh musste auf die Weiden gebracht und dort beaufsichtigt werden. Auch im Hause fielen bei der Lagerung und Verarbeitung der Lebensmittel, bei der Herstellung von Werkzeugen usw. Arbeiten an. Die ersten Bauern und Viehzüchter hatten nur wenig Freizeit.

Konflikte

Lange hat man gerätselt, warum Zäune oder Mauern die ersten Siedlungen umgaben. Heute weiß man, dass die ersten Ackerbauern und Viehzüchter nicht immer friedlich lebten.
Im Frühjahr 1983 machten Archäologen in Talheim (Kreis Heilbronn) einen grausigen Fund. Sie fanden die Knochen von 34 Menschen, die etwa 5000 v. Chr. in einem Massengrab verscharrt worden waren. Die Archäologen halten es für wahrscheinlich, dass die Talheimer Opfer eines Überfalles geworden sind. Alle zeigten schwere Verletzungen am Schädeldach; sie waren erschlagen worden.
In den Jahren zuvor muss es mehrere Missernten gegeben haben, denn Knochenuntersuchungen verrieten Eisen- und Vitaminmangel sowie Wachstumsverzögerungen bei den Kindern. Die Bewohner einer benachbarten Siedlung, so die Vermutung der Wissenschaftler, haben die Siedlung bei Talheim überfallen.

Umwelt

Wenn Menschen Natur bearbeiten, verändern sie auch ihre Umgebung. Felder und Viehweiden brauchen Platz; deshalb wurden in vielen Teilen der Welt Bäume gefällt. Kurzfristig konnte man auf den Flächen gut wirtschaften, dann aber stellten sich Schäden ein. Der Grundwasserspiegel sank, die Böden trockneten aus. Oder das Vieh zerstörte den Pflanzenwuchs. An den Orten, an denen die ersten jungsteinzeitlichen Siedlungen entstanden, kann man heute kaum noch Ackerbau betreiben. Die Böden sind steinig.

1

5

8

2

6
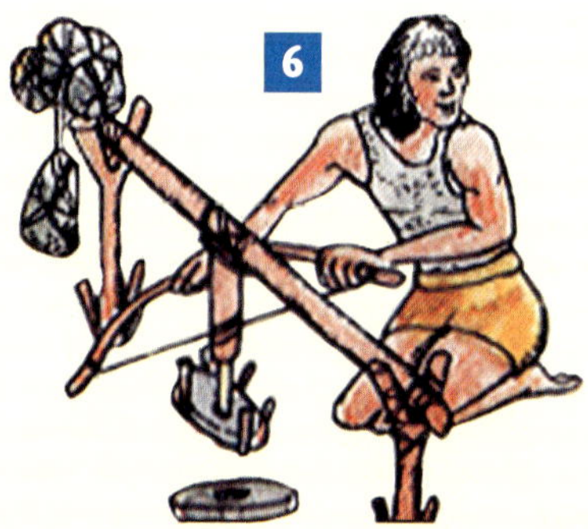

9

3

7

10

4

Menschen bearbeiten Metall

Die Kelten

Hochöfen – von der Kunst Eisen zu schmelzen

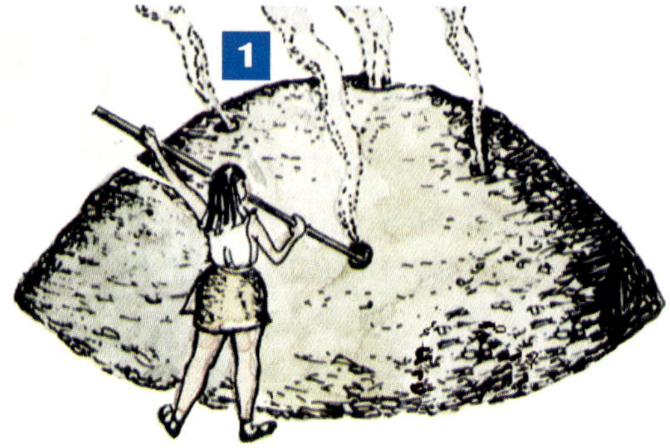

Die keltische Kultur (Hallstattzeit) begann etwa um 800 v. Chr. Im Jahre 52 v. Chr. wurden die Kelten in der Schlacht in Alesia (Gallien) von den Römern besiegt. Um 500 n. Chr. war die keltische Kultur völlig verschwunden.

Jahrtausendelang nutzten die Menschen Steine, Hölzer und Knochen als Werkstoff. Erst mit der Entdeckung der Kupferverarbeitung durch die Völker Vorderasiens brach eine neue Zeit an, die Metallzeit. Das Kupfer, ein weiches Metall, diente hauptsächlich zur Herstellung von Schmuck. Erst durch die Beigabe von Zinn entstand die Bronze. Aus Bronze, einem harten Metall, wurden nun Werkzeuge und Waffen gefertigt.

Die wohl wichtigste Erfindung der Metallzeit war das Eisen. Chinesen, Ägypter und Griechen kannten es schon. Die Kelten, wahre Meister der Eisenbearbeitung, beherrschten diese Kunst ebenfalls. In so genannten Rennöfen gewannen sie das Eisen. Sie schichteten Holzkohle und Eisenerz in den Ofen. Mit einem Blasebalg wurde die Temperatur im Ofen erhöht. Das Eisen trennte sich vom Erz und tropfte auf den Boden des Ofens. Die übrig bleibende Schlacke, insgesamt leichter als Eisen, schwamm auf dem Metall. Durch einen Ausgang am Ofen konnte sie abfließen (Abrennen = Rennofen). Übrig blieb ein Klumpen Eisen, die Luppe. Dieser Eisenklumpen wurde so lange geschmiedet, bis alle Verunreinigungen mit dem Hammer aus dem Eisen herausgetrieben waren.

?

Wie entsteht Roheisen? Die Abbildungen helfen dir, den Vorgang in der richtigen Reihenfolge zu beschreiben, allerdings musst du sie erst ordnen.

Das Fürstengrab von Hochdorf

1978/79 untersuchte das Landesdenkmalamt Baden-Württemberg einen Grabhügel der Kelten bei Hochdorf, der vermutlich ca. 550 v. Chr. angelegt wurde. Der im Grab liegende Tote ist etwa 40 Jahre alt geworden, was ein wenig über der damaligen Lebenserwartung lag. Bei den Ausgrabungen legten die Archäologen das Grab Schicht für Schicht frei.

Das Bild (5) zeigt den Zustand des Grabes zum Zeitpunkt der Bestattung (Rekonstruktion). Auf einer Art Sofa liegt der Tote, ein Fürst. Man erkennt ihn an seinem Waffenschmuck (1). Das blaue Gewand des Fürsten weist darauf hin, dass die Kelten großen Wert auf ihr Aussehen legten. Ihre Oberhemden schimmerten in allen Regenbogenfarben. Bunte Hosen zierten ihre Beine. Neben Waffen und Kleidung wurde der Fürst mit kunstvoll geschmiedetem Geschmeide und Gerätschaften (2) beigesetzt. Herrlich verziert ist auch der Wagen (3). Aber nicht nur die Toten trugen Schmuck. Zu Lebzeiten legten sich die Kelten Reifen aus Eisen und Bronze, ja manchmal sogar aus Gold um ihren Hals. Frauen wie Männer schmückten ihre Finger und Handgelenke mit Ringen und Armreifen. Wichtig war ihnen die Geselligkeit. Von Trinkgelagen wird berichtet, die manchmal in heftige Prügeleien ausarten konnten. Die vielen Trinkhörner an der einen Wand im Grab (5) mögen auf diese Sitte hinweisen. Der große Kessel (4) war gefüllt mit Honigmet (alkoholhaltiges Getränk aus Honig). Der Tote sollte auf seiner langen Reise ins Reich der Toten nicht verdursten. Die Kelten waren wagemutige Krieger. Sie galten aber auch als tüchtige Landwirte. Ihre schweren Pflugscharen, von Ochsen gezogen, waren bereits aus Eisen. Mit Karren wurde die Ernte eingebracht.

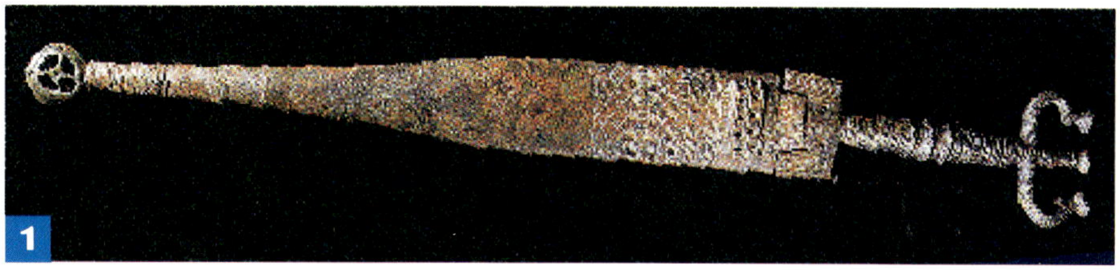
1

2

3

4

5

?

Das Grab des Keltenfürsten von Hochdorf ermöglichte den Wissenschaftlern zusätzliche Erkenntnisse über die Kelten – was wissen wir über sie?

Ötzi – ein Mensch aus der Metallzeit

Ich bin der Gletschermann Ötzi. Ich bin vor ca. 3300 Jahren in den Bergen erfroren. Man konnte keine Spuren äußerer Gewaltanwendung feststellen. Die Verletzung am Hinterkopf bekam ich, nachdem ich bereits erfroren war. Damals war ich 30 bis 40 Jahre alt. Als man mich 1991 fand, konnten die Forscher einiges feststellen, da mein Körper durch die Konservierung im Eis noch ziemlich gut erhalten war. Meine Haare waren lang und dunkel. Ich trug einen Bart. Meine Zähne waren abgenutzt, ein Zahn fehlte. Karies kannte ich nicht. Die Forscher meinen, dass direkt nach meinem Tod warme Winde den in einer Felsnische liegenden Körper ausgetrocknet haben; Neuschnee und Gletschereis versiegelten dann den mumifizierten Körper und so wurde er über einen so langen Zeitraum erhalten. Ach ja und ganz nebenbei ist noch zu erwähnen, dass ich Tätowierungen an den Beinen und auf dem Rücken hatte.

Am 19. September 1991 herrscht wunderbares Wetter. Erika und Helmut Simon verlängern ihre Bergwanderung. Als sie eine schmale Gletscherwanne passieren, sehen sie etwas Merkwürdiges aus dem Eis ragen. Eine Schaufensterpuppe? Sie treten näher heran und zucken sofort zurück. Im Eis liegt eine Leiche! Kopf und Schultern sind deutlich zu erkennen. Sie steigen zur nächsten Hütte hinab und melden ihren Fund: „Da oben liegt ein Toter im Eis!“ Die Gäste sind aufgeregt. Der Hüttenwirt lebt seit seiner Kindheit im Ötztal. Von einem vermissten Wanderer oder Bergsteiger hat er schon lange nichts mehr gehört. Als er den Fundort erreicht, betrachtet er den Toten genauer. Er glaubt eine „Schädelverletzung“ zu erkennen – ein Verbrechen? Er verständigt die Polizei. In den nächsten Tagen überschlagen sich die Ereignisse. Der Staatsanwalt ordnet eine gerichtsmedizinische Untersuchung an. Die Leiche wird mit Bohrhämmern aus dem Eis gelöst. Im Umkreis des Toten befinden sich merkwürdige Gegenstände: eine Art **Axt mit Metallspitze,** Schuhe aus Gräsern. Der Ortspolizist nimmt das Beil, als vermutliche Tatwaffe, mit ins Tal. Merkwürdige Zeichnungen auf dem Rücken des Opfers geben Rätsel auf. Wer ist der Tote? Ist er wirklich umgebracht worden? Drei Tage später, die Leiche liegt immer noch im Eis, kommt der weltbekannte Bergsteiger Reinhold Messner vorbei. Als er die **Gräserschuhe** betrachtet, weiß er gleich, dass er keine gewöhnliche Gletscherleiche vor sich hat. Solche Schuhe hat er bei den Eskimos schon gesehen. Messner verständigt das Fernsehen. 500 Jahre, so schätzt Messner, ist die Leiche bestimmt alt. Am nächsten Morgen eilt ein Kamerateam herbei, um den Abtransport zu filmen. Da Ötzi, so wird der Tote mittlerweile genannt, über Nacht wieder eingefroren ist, muss er unter großen Mühen ein zweites Mal freigebohrt werden, wobei unter anderem ein merkwürdig geformtes **Messer** gefunden wird. Erstmalig ist auch ein Wissenschaftler vor Ort. Er ist elektrisiert: Dieses Messer muss uralt sein! Und dann soll es noch eine Axt auf der Polizeistation geben! Am liebsten würde er die Leiche samt Fundstücken direkt nach Innsbruck fliegen lassen, aber der Tote muss ordnungsgemäß vom nächstgelegenen Bestatter eingesargt werden. Ötzi wird in den Hubschrauber verladen und in der kleinen Ortschaft Vent in den Sarg gelegt. Einen Tag später liegt die Leiche auf dem Tisch des gerichtsmedizinischen Institutes in Innsbruck. Daneben das **Messer,** die **Gräserschuhe,** auch das **Beil mit der Metallspitze** und weitere Fundstücke. Die Experten sind sich einig: Ötzi ist wirklich keine gewöhnliche Leiche, Ötzi ist uralt. Seine Mumie findet man heute in Südtirol im Archäologiemuseum in Bozen.

A

B

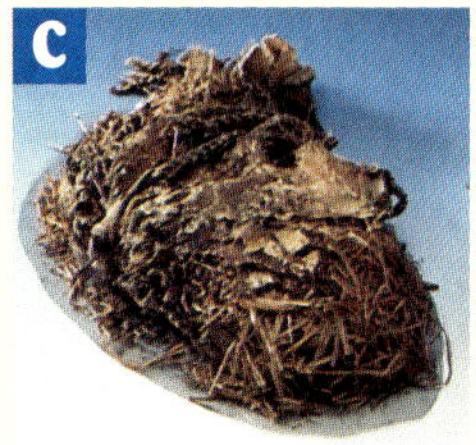

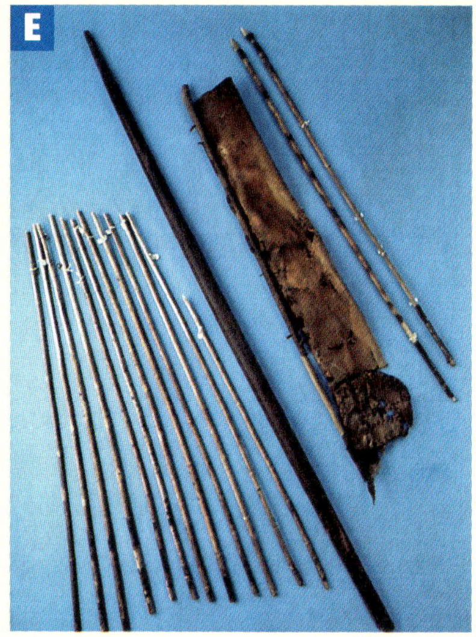

F

Der Tote aus den Ötztaler-Alpen, teilsweise freigelegt (Foto vom 21.09.1991)

G

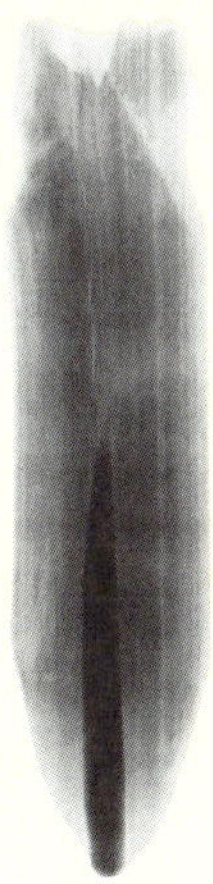

H

?

Die Fundstücke liegen ordentlich nebeneinander auf dem Tisch. Sie müssen noch genauer benannt werden. Dazu sind folgende Beschreibungen vorbereitet (es können auch zwei Bilder zu einer Beschreibung gehören):

❶ Wie das Röntgenbild verrät, enthält dieses Gerät aus Lindenholz einen spitz zulaufenden Stift aus Hirschgeweih. Forscher nehmen an, Ötzi habe mit diesem Druckstab („Retuscheur") seine Feuersteinklingen durch kleine Abschläge geschärft (retuschiert). Das Gerät war immer wieder wie ein Bleistift anzuspitzen.
❷ Axt mit Metallspitze
❸ Messer mit Bastscheide
❹ Fußbekleidung, Überzug aus Gräsern
❺ Pfeile, Bogen und Köcher

Ausblicke, Einblicke ...

Das endgültige Ende der Steinzeit – Der Kontakt mit der Zivilisation

Noch bis vor wenigen Jahrzehnten gab es auf der Erde Menschen, die noch nie Kontakt zur Außenwelt hatten

Sie heißen Pygmäen, Inuit, Mardu oder ganz einfach Buschleute. Sie lebten – und leben teilweise auch heute noch – in den unterschiedlichsten Regionen der Erde, manchmal unter extremen Bedingungen. Eines verbindet sie alle: Sie hatten bis vor wenigen Jahrzehnten keinen Kontakt zur so genannten Zivilisation. Im Jahr 1993 wurde im Hochland von Papua (Neuguinea) ein Eingeborenenstamm mit 79 Nomaden entdeckt, der noch nie Kontakt zur Außenwelt hatte. Sie sind, beziehungsweise waren vielleicht die letzten lebenden Steinzeitmenschen.

Diese Menschengruppen leben in abgeschiedenen, uns fast als lebensfeindlich erscheinenden Gebieten auf der ganzen Welt: Pygmäen und Buschleute in Afrika, Indianer des Regenwaldes in Südamerika und Mardu in Australien. Nicht zuletzt wegen dieser Abgeschiedenheit wurden sie von „Entdeckungsreisenden" erst spät entdeckt, die modernen Menschen wurden um Jahrtausende zurückversetzt. Was niemand für möglich hielt, ist gelebte Wirklichkeit. Die Bewohner haben ihr Leben optimal den Bedingungen angepasst, lernen aus Erfahrungen und führen ihr Leben im Einklang mit der Natur. Dabei haben sie erstaunliche Fähigkeiten entwickelt: Eskimos können aus dem Zusammenspiel von Schneebeschaffenheit und den Bedingungen in der Umgebung treffsicher einen Schneesturm voraussagen, Eingeborene im Amazonas wissen genau, welche Pflanzen und Tiere essbar sind und welche Pflanzen bei Verletzungen oder Krankheiten Heilkräfte besitzen, sie sind hervorragende Spurenleser und ausgezeichnete Jäger. Sie haben sich zu geordneten, funktionierenden Gruppen zusammengeschlossen, haben Besonderheiten in der Kleidung, in Sitten und Gebräuchen. Dadurch wird das „Wir-Gefühl" der Gruppe verstärkt. Ein Prozess, den es schon so lange gibt wie die Menschheit und der dazu geführt hat, dass es die heutige Vielfalt der Kulturen gibt.

Diese Menschen und ihre Kulturen erscheinen uns zunächst völlig fremd. Verstärkt wird dieses Gefühl dadurch, dass man sich mit ihnen meist nur über die Zeichensprache, also sehr oberflächlich verständigen kann. Das Gefühl der Fremdheit nimmt allerdings ab, wenn man sich näher kennen lernt. Man entdeckt Gemeinsamkeiten: Sie empfinden Liebe, Ärger und Angst ebenso wie wir, viele von ihnen machen sich gerne „schön", auch wenn wir das, was für sie schön ist, nicht unbedingt ebenfalls als schön empfinden. Diese Menschen sind, obwohl sie häufig keine Bücher besitzen, ja nicht einmal schreiben können, alles andere als geistig arm. Sie verfügen

über einen großen Fundus an Mythen, Liedern und Gedichten.

Inzwischen sind vermutlich alle so lebenden Gruppen entdeckt. Die Eingeborenen profitieren von unserem Wissen: Krankheiten, die sonst möglicherweise tödlich verlaufen wären, können nun geheilt werden. Nicht immer jedoch ist der Kontakt mit unserer Zivilisation segensreich für die Menschen. Sie wurden aus ihrem bisherigen Lebensumfeld herausgerissen, mit Unbekanntem konfrontiert und häufig wurde ihnen ihre Lebensgrundlage entzogen.

?

1. Wo gibt es Ähnlichkeiten zu den Steinzeitmenschen von früher?
2. Was denkst du? Sollten diese Volksgruppen einfach in Ruhe gelassen werden? Oder sollten sie besser mit den Errungenschaften der Zivilisation bekannt gemacht werden? Stimmt ab. Aus jeder Gruppe tragen nun zwei Schüler ihre Argumente der Klasse vor.
3. Stimmt anschließend noch einmal ab.
4. Gibt es vielleicht noch eine dritte Möglichkeit?

Überblick ...

Anfänge und Entdeckungen

Vor ca. sieben Millionen Jahren gab es in Ostafrika menschenähnliche Wesen. Ihre Heimat waren die Savannen (Graslandschaften). Man erkennt die verschiedenen Menschenformen an Form und Größe des Schädels. In langen Entwicklungszeiträumen lernten sie aufrecht gehen, konnten Werkzeuge herstellen und gebrauchen. Der Körperbau veränderte sich. Im Laufe von Jahrtausenden wechselten verschiedene Menschenformen einander ab. Nicht immer wurden ältere Formen verdrängt, manchmal lebten sie auch nebeneinander. Das Wissen über die Anfänge der Menschheit ist sehr lückenhaft. Der bekannteste Urmensch in Deutschland ist der Neandertaler (1856 bei Düsseldorf gefunden). Handwerker entdeckten 1868 bei Cromagnon in Frankreich Skelette und Gebrauchsgegenstände von Menschen (etwa 28 000 Jahre alt). Die Cromagnons sind identisch mit dem modernen Menschen: groß, muskulös, allerdings etwas robuster. Sie sind berühmt durch ihre Höhlenmalereien z.B. in Lascaux (Frankreich) und in Altamira (Spanien). In der Wissenschaft werden sie als Homo sapiens sapiens bezeichnet.

Die Altsteinzeit

Den Abschnitt der Menschheitsgeschichte, in dem Werkzeuge und Waffen aus Stein und Knochen hergestellt und verwendet wurden, nennt man Altsteinzeit. Oft lebten die Menschen in Höhlen und kleideten sich mit Fellen. Die Höhlen boten Schutz vor wilden Tieren und eisigen Wintern. Feuer zu haben und benutzen zu können, entschied damals über Leben und Tod. Die Menschen ernährten sich von erlegten Tieren, gesammelten Früchten und anderem Essbarem (Jäger und Sammler). In manchen Höhlen fand man Zeichnungen an den Wänden und kunstvolle Tierschnitzereien aus Elfenbein, meist stellten sie Tiere oder jagende Menschen dar.

Die Jungsteinzeit

Etwa 10 000 Jahre vor Christi Geburt setzte ein Klimaumschwung ein. Die Temperaturen stiegen an, riesige Wälder wuchsen heran. In der Folge verschwand das Großwild und mit ihm die Jäger der Altsteinzeit. Man nimmt an, dass sich damals nur noch einige tausend Menschen auf dem Gebiet des heutigen Deutschland aufhielten.
Zweitausend Jahre später, also rund 8 000 Jahre vor Beginn unserer Zeitrechnung, gelang im Vorderen Orient der Anbau von Wildgetreide, die Haltung von Schafen, Ziegen und später auch von Rindern. Technische Neuerungen kamen hinzu, z.B. wurde eine Möglichkeit entdeckt, Keramiken herzustellen und man erfand landwirtschaftliche Geräte. Man spricht von der neolithischen Revolution. Eine Folge davon war eine Bevölkerungsexplosion. Die Menschen mussten sich neue Siedlungsräume erschließen. So kam die neue Kultur der sesshaften bäuerlichen Lebensweise vor etwa 8 000 Jahren über Kleinasien nach Europa. Das Rad wurde erfunden und damit konnten Wagen gebaut werden. Durch die Erfindung des Webstuhls gelang es, Stoffe herzustellen.

Metallzeit

Die vor etwa 4 000 Jahren einsetzenden Klimaschwankungen lösten Hungersnöte aus. Neue, überlegene Völker tauchten in unserem Raum auf. Die neuen Völker besaßen die Fähigkeit, ein Metall herzustellen, das aus Kupfer und Zinn besteht (Bronze). Sie fertigten damit hauptsächlich Waffen und Schmuck. Etwa 600 Jahre vor Christi Geburt tauchte ein Volk in Mitteleuropa auf, das bereits Eisen herstellen konnte: die Kelten (die Römer nannten sie Gallier, in der Bibel heißen sie Galater). Über die Keltenzeit gibt es bereits schriftliche Berichte, die Kriegstagebücher von Julius Caesar. Eines der berühmtesten Keltengräber begannen Archäologen 1978 auszugraben: den Keltenfürsten von Hochdorf bei Stuttgart. Ein heute berühmter Mensch der Metallzeit ist Ötzi. Er wurde 1991 im Gletschereis des Ötztals in den Alpen gefunden. Sein Körper hat einige hundert Jahre im Eis des Gletschers gelegen.

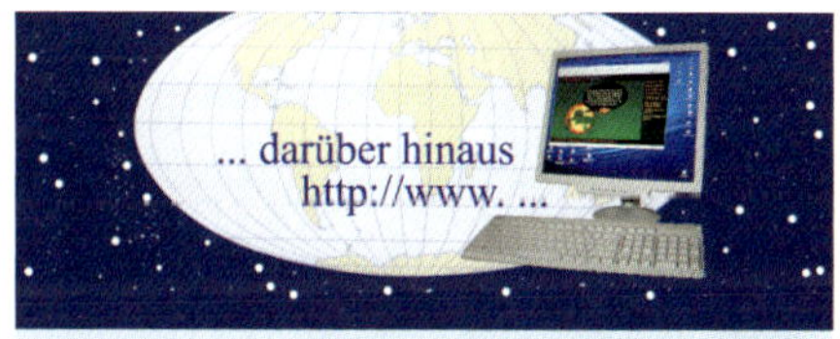

www.neanderthal.de/
www.niester.de/g_fruehzeit/heidelbergensis/heidelbergensis.html
www.wissenschaft-online.de/abo/ticker/618670
www.muenster.de/~rsbstein/steinzeit/cromag.htm
(ein Unterrichtsprojekt in Klasse 6)
www.niester.de/g_fruehzeit/oetzi/oetzi.html
www.archaeologiemuseum.it/index_ice.html
www.federseemuseum.de/
www.pfahlbauten.de/

Kinderseite
www.gunnet.de/museum/content/kinder/index.html
www.naturkundemuseum-bw.de/stuttgart/kinder

Lernzirkel

Station 1: Lernkartei

Fertige diese Karteikarten an und erkläre die Begriffe auf der Rückseite.

- 10 000–2 000 v. Chr.
- Mammut
- Bedeutung des Feuers
- Neandertaler, Cromagnon-Mensch
- Wohnen in der Alt- und Jungsteinzeit
- Afrika, Wiege des Menschen
- Eiszeit
- Horde
- Nahrung in der Alt- und Jungsteinzeit
- Neolithische Revolution
- Metallzeit
- Arbeitsteilung
- Werkzeuge der Alt- und Jungsteinzeit

Station 2: Bildmemory

Erinnere dich an die Zusammenhänge und Ereignisse, bei denen diese Bilder eine Rolle spielten.

1

2

3

4

5

6

7

8

Station 3: Ernähren und versorgen

Aus welchen Teilen des Mammuts stellte man die folgenden Dinge her?

? Zelte, Kleidung, Schuhe, Lederriemen, Fellbeutel

? Schnüre, Nähgarn

? Elfenbeinschnitzereien

? Behälter

? Reibbrett für die Hautverarbeitung

? Bevorzugtes Fleisch

? Stechwaffen, Wurfwaffen, Baumaterial für den Hüttenbau

Station 4: Brotbacken

Rezept

Man braucht:

- einen etwas größeren flachen Stein mit glatter Oberfläche.
- einen kleineren runden Stein als Mahlstein.
- eine ausreichende Menge Getreidekörner.

Das Mehl wird mit Wasser oder Milch angerührt und zu einem Fladen geknetet, der dann auf erhitzten Steinen gebacken wird. (Steine auf offenem Feuer oder im Backofen erhitzen)

Station 5: Wir bauen eine Bohrmaschine

1+2 = Astgabeln
3 = Rundholz mit Bohrung
4 = Rundholz angespitzt
5 = Holzplättchen mit Bohrung (Führung)
6 = Steine zum Beschweren
7 = Holzbogen mit Schnur
8 = Bodenbrett
9 = Stein, der durchbohrt wird

Zusätzlich benötigt man Schnüre. Formuliere eine Bau- und Betriebsanleitung.

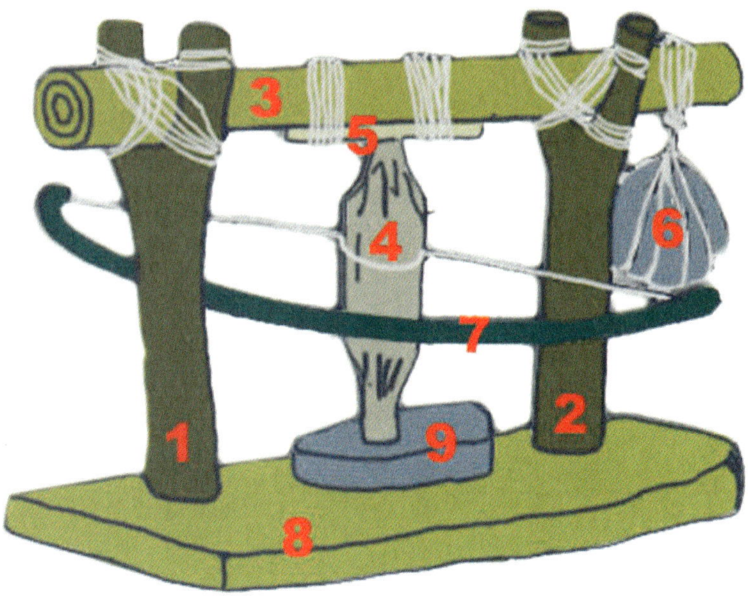

Eine Hochkultur am Nil – die Herrschaft der Pharaonen

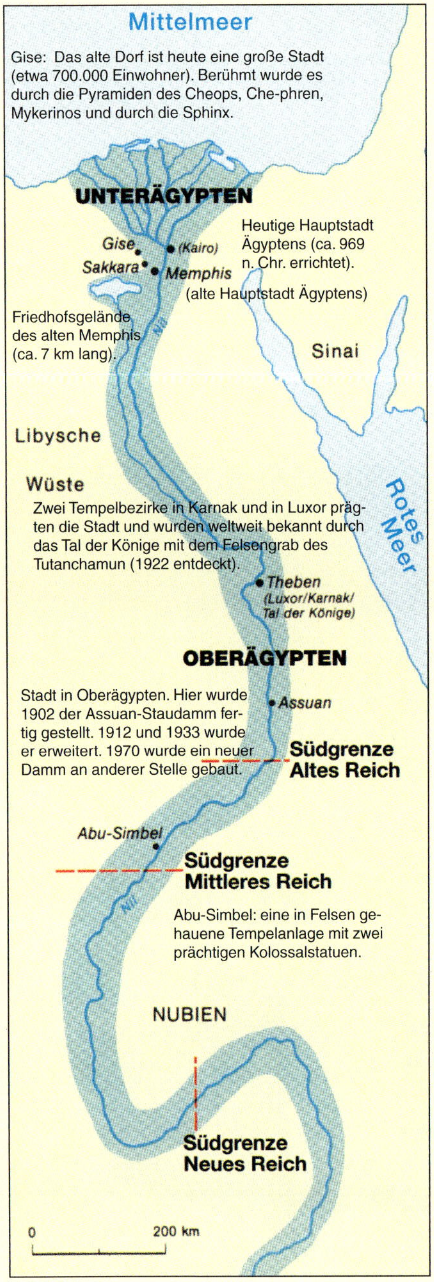

Die Karte zeigt die drei Reiche Ägyptens:

Altes Reich:	2640–2160 v. Chr.
Mittleres Reich:	2040–1650 v. Chr.
Neues Reich:	1551–1070 v. Chr.

Ägypten – ein Geschenk des Nil?

Wie entstand der Staat Ägypten?

Klimaveränderungen führten in Teilen Nordafrikas zur Wüstenbildung. Im Verlauf einiger tausend Jahre mussten die dort lebenden Nomaden ihre angestammten Lebensräume verlassen. Sie zogen in die fruchtbaren Niederungen des Niltals. Hier fanden sie Nahrung, wilde Tiere und wild wachsende Pflanzen. Diese Siedler, ursprünglich Jäger und Vieh haltende Nomaden, erkannten bald, dass die Nutzung des fruchtbaren Nilschlammes ihre Ernährung verbessern konnte. Vor etwa 7000 Jahren wurden sie sesshaft.
Die Dorfbewohner arbeiteten bei der Bewässerung der Felder zusammen. Gemeinsame Vorräte wurden angelegt und für schlechte Zeiten gelagert.
Einzelne Menschen spezialisierten sich auf bestimmte Arbeiten. Erfindungen wurden gemacht, die Arbeitsteilung förderte die Herstellung unterschiedlicher Produkte und damit den Handel. Als Verkehrsweg bot sich der Nil an.
Im Verlauf mehrerer hundert Jahre entstanden große Gebietsherrschaften. Etwa um 3000 v. Chr. wurde in einem Krieg Unterägypten durch Oberägypten besiegt. Ein Staat war entstanden, der das Zusammenleben einer großen Zahl von Bewohnern organisieren musste. Fast eine Million Menschen hatten nun einen Herrscher, den Pharao. Die Herrschaftszeichen des Pharao waren Krummstab und Geißel. Ursprünglich waren dies Arbeitsgeräte der Vieh haltenden Nomaden. Mit einem Krummstab konnten Viehhirten Tiere am Hinterlauf fassen. Mit der Geißel wurden die Tiere angetrieben.

Ohne Wasser kein Leben

Heftige Niederschläge im Quellgebiet des Nils (heute Äthiopien) führten jährlich zu einer großen Überschwemmung.
Eine dünne Schicht schwarzer, fruchtbarer Schlamm blieb zurück. Nach dem Sinken des Wassers konnte in den Schlamm ausgesät werden. Die nachfolgende Ernte brachte gute Erträge.
Man bemerkte bald die Regelmäßigkeit des Hochwassers und stellte sich darauf ein. Nach dem Absinken der Flut sammelte sich Wasser in natürlichen Senken. Um die Bewässerung der Felder zu verbessern, wurden künstliche Dämme errichtet. So konnten man mehr Wasser zurückhalten. Mit Hilfe von Pumpschwengeln wurde das Wasser auf höher liegende Felder geleitet. Das sicherte regelmäßige und gute Ernteerträge.

?

1. Warum hat der Nil eine so große Bedeutung für das Land?
2. Herodot spricht von einem „Geschenk". Dazu gehören aber auch die Leistungen der Menschen – welche? Du findest dazu Informationen auf den Folgeseiten.

Bewässerung mit einem Pumpschwengel

Ein Grieche reiste 450 v. Chr. durch Ägypten

Um 450 v. Chr. reiste der Grieche Herodot durch Ägypten. Er staunte über die vielen Besonderheiten einer ihm fremden Kultur:

- die alles überragende Stellung des Königs
- die Pyramiden, die höchsten Bauwerke der damaligen Zeit
- die vielen Tempel und die Verehrung der Götter
- das Bemühen der Ägypter, die Körper der Verstorbenen vor Verwesung zu retten.

Für Herodot waren alle diese Besonderheiten undenkbar ohne die wichtigste Voraussetzung: den Nil. Daher bezeichnete er Ägypten als „ein Geschenk des Nils".

Haben Rechnen und der Kalender etwas mit dem Nil zu tun?

Wozu brauchten die Ägypter Geometrie und Mathematik?

Jedem Bauern war vom Staat ein Stück Land zur Bewirtschaftung zugewiesen. Von der Ernte durften die Bauern nur einen Teil für sich behalten. Der größere Teil wurde von Beamten, den Beauftragten des Staates, eingezogen.
Durch die jährliche Überschwemmung ergab sich jedoch ein Problem: Der Schlamm deckte alles zu und die Grenzen der Felder waren nicht mehr erkennbar. Woher sollte der Bauer also wissen, welche Fläche er zu bearbeiten hatte? Wie konnte der Staat von den Bauern die Ernteabgaben einziehen, wenn unklar war, um welche Fläche es sich überhaupt handelte?
Um dieses regeln zu können, wurden nach jeder Überschwemmung die Felder immer wieder neu vermessen.
Aus der Landvermessung entwickelte sich eine Wissenschaft, die später Geometrie genannt wurde.

Landvermesser

= 1 – ein Merkstrich oder Zeigefinger
= 10 – ein Bügel oder Hut
= 100 – eine aufgerollte Messschnur
= 1 000 – eine Lotusblume
= 10 000 – ein gekrümmter Zeigefinger
= 100 000 – eine Kaulquappe
= 1 000 000 = der Gott der Unendlichkeit

Ägyptische Zahlzeichen: Die Null war den Ägyptern unbekannt. Geschrieben wurde überwiegend von rechts nach links.

? Entziffere die Zahlen:

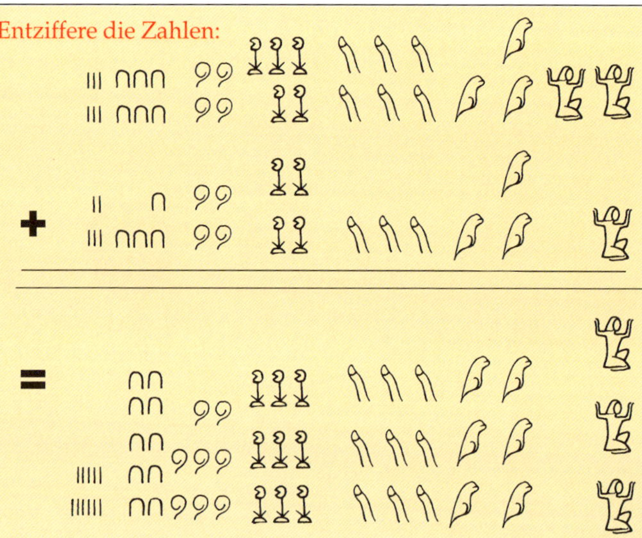

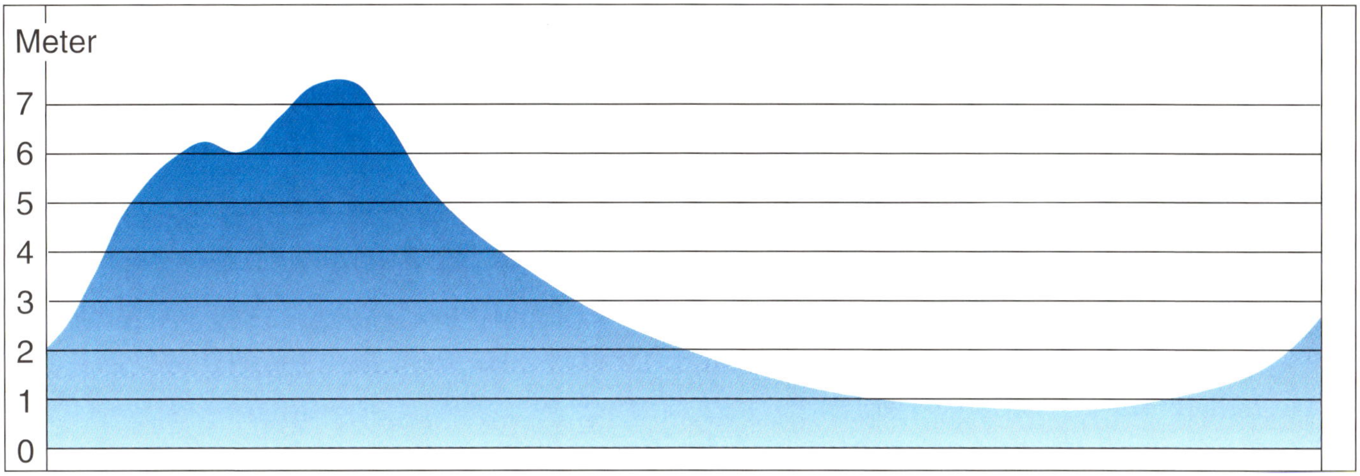

Das durchschnittliche Hoch- und Niedrigwasser des Nil

Was hat der Kalender mit dem Nil zu tun?

Im Laufe der Zeit machten die Menschen in Ägypten interessante Beobachtungen: Zwischen zwei Nilhochwassern lagen 365 Tage, es trat also regelmäßig in jedem Jahr zum gleichen Zeitpunkt auf. Und wenige Tage vor diesem wichtigen Ereignis konnten sie in jedem Jahr im Osten den Stern Sirius sehen. Aus diesen Beobachtungen entwickelten die Ägypter den Kalender. Das Jahr wurde eingeteilt in zwölf Monate zu je dreißig Tagen mit fünf Zusatztagen am Schluss des Jahres. Von welch großer Bedeutung die jährliche Überschwemmung für die Ägypter war, können wir daran erkennen, dass sie das neue Jahr mit dem Nilhochwasser beginnen ließen. Der ägyptische Neujahrstag lag etwa am 15. Juni unseres Kalenders.
Die Ägypter gliederten das Jahr in drei Einheiten mit jeweils vier Monaten. Sie nannten die Jahreszeiten „Überschwemmung", „Herauskommen des Landes" und „Trockenheit". Der gesamte Tag wurde gegliedert in zwölf Tag- und zwölf Nachtstunden. Diese Einteilung gelang mit Hilfe der Sonnenuhr und durch Beobachtung der Sterne.

„Alle Schriften sind mit Hilfe des Nil geschaffen"

So heißt es in einem alten Gedicht, denn: außer auf Stein und Tonscherben haben die Ägypter vor allem auf Papyros geschrieben. Dieses Material wurde aus der Papyrospflanze hergestellt, die damals in großen Mengen am Ufer des Nils wuchs. Diese schilfartige Pflanze war Rohstoff für viele Dinge des täglichen Lebens: Sie wurde zur Herstellung von Seilen, Matten, Booten und sogar zum Hausbau benötigt. Heute ist diese Pflanze fast ausgestorben.

?

1. Übertrage das Schaubild (oben) in dein Heft und zeichne den ägyptischen Kalender ein.
2. Ein Leben ohne Kalender. Welche Probleme hätten die Menschen gehabt?
3. Hat Herodot Recht?

Papyrospflanzen

Hieroglyphen – die geheimnisvollen Schriftzeichen der Ägypter

Und so wurde Papyros hergestellt:

1. Als Grundrohstoff benötigt man die Papyrospflanze.
2. Durch Schläge mit einem Holzhammer werden die Streifen zusammengepresst, austretender Saft verklebt die Streifen.
3. Das Mark des Papyrosrohres wird in dünne Streifen geschnitten.
4. Die Rinde wird abgeschält.
5. Nach dem Trocknen werden die Papyrosstreifen mit einem flachen Polierstein glatt gerieben.
6. Ein Decktuch wird über die losen Streifen gelegt.
7. Auf einem flachen Stein werden die Streifen in zwei Lagen kreuzweise aufeinander gelegt.
8. Papyros kann beschriftet werden.

Ägyptischer Papyros, aus dem Deutschen Postmuseum (225 v. Chr.)

A
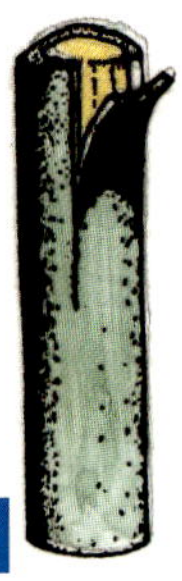

B
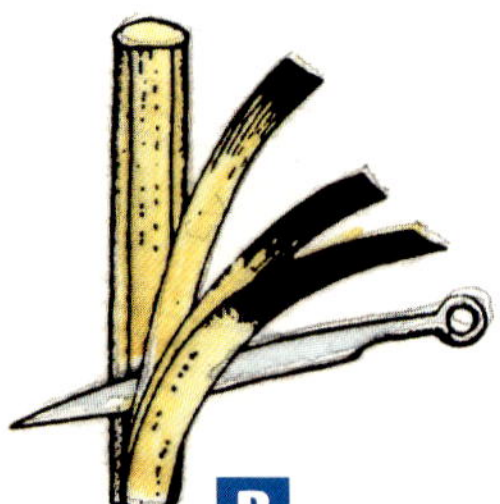

C

D
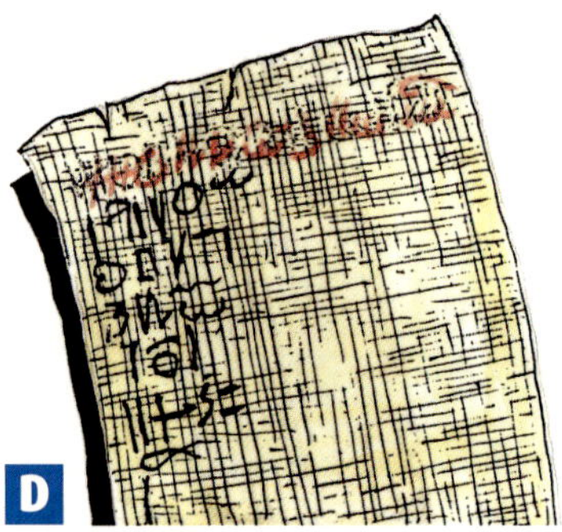

F E H G

?

1. Bei der Beschreibung und bei den Abbildungen zur Herstellung von Papyros ist einiges durcheinander geraten. Bringe alles in die richtige Reihenfolge. Immer eine Zahl und ein Buchstabe gehören zusammen.
2. Welches deutsche Wort leitet sich von „Papyros" ab?
3. Die Schreibkundigen unter den Ägyptern benutzten Tonscherben so, wie wir heute Notizzettel benutzen. Warum haben sie ihre Notizen nicht einfach auf Papyros geschrieben?

Hieroglyphen, eine Bilderschrift

Die Bezeichnung „Hieroglyphen“ für die Schrift der Ägypter stammt aus dem Griechischen und bedeutet: heilige, in den Stein gemeißelte Zeichen. Die Hieroglyphenschrift war ca. 3400 Jahre lang in Gebrauch. Es handelt sich um eine Mischung von drei Zeichenarten: Bildzeichen, Lautzeichen und Deutezeichen. Bildzeichen zeigen den wirklichen Gegenstand z.B. ein Haus oder ein Segel (für Wind). Lautzeichen sind unabhängig vom Gegenstand. Vokale, wie wir sie kennen, kannten die Ägypter nicht. Mit Lautzeichen konnte man auch Wörter schreiben, die schwer bildlich darzustellen sind, Deutezeichen werden nicht gelesen. Sie dienen dazu Missverständnisse auszuräumen. Eine Schrift ohne Vokale ist oft vieldeutig. Der ägyptische Schreiber hätte z.B. hinter Lob einen Orden, hinter Liebe ein Herz, hinter Elbe eine Wasserlinie und hinter Alpen einen Berg gesetzt.

Es dauerte 4000 Jahre bis das Geheimnis der Hieroglyphen entschlüsselt wurde. Während des ägyptischen Feldzugs von Napoleon (1799) wurde ein geheimnisvoller schwarzer Stein aus Basalt mit Inschriften gefunden. Diese waren in drei Sprachen eingearbeitet.

Jean François Champollin, ein Franzose, arbeitete vierzehn Jahre mit einer Kopie des Steines. Durch einen Vergleich mit der Inschrift eines Obelisken entdeckte er den Schlüssel zur Entzifferung der Hieroglyphen. Der Name Ptolmees war in vier Sprachen in den Stein eingearbeitet worden. Nachdem eine Sprache bekannt war, konnte man die anderen deuten.

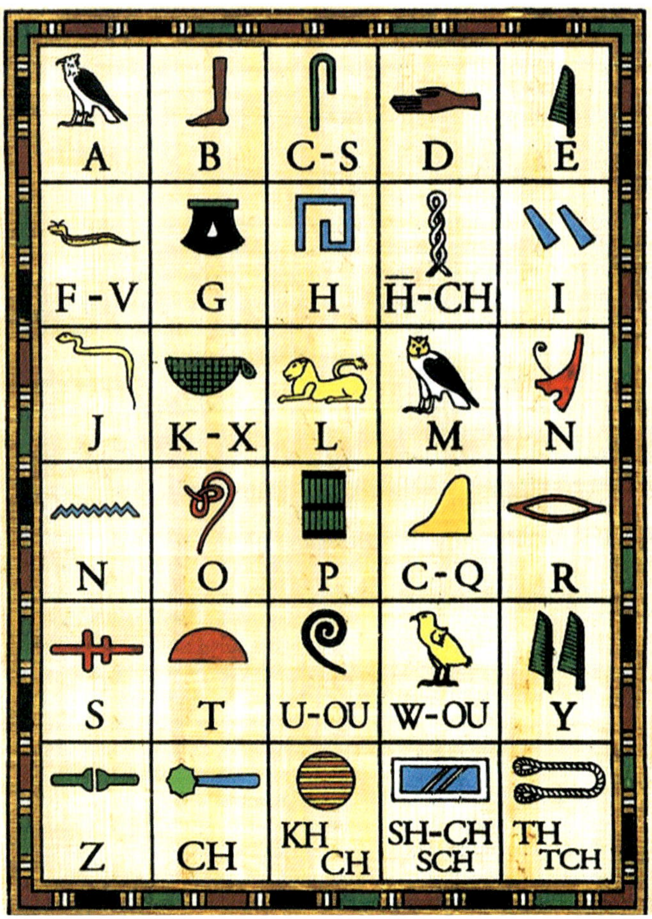

ICH HABE SCHON EINIGES ERFAHREN. DESHALB KANN ICH VERMUTEN, DASS …

1. … die Ägypter schon eine sehr weit entwickelte Schrift hatten, mit der sie alles niederschreiben konnten.
   - stimmt
   - stimmt nicht

   Begründung: …
2. … die Ägypter mit Zahlen rechnen konnten, obwohl sie die Null nicht kannten.
   - stimmt
   - stimmt nicht

   Begründung: …
3. … die Papyruspflanze ein wichtiger Rohstoff war, die nicht nur für die Herstellung von Papyrus eine Rolle spielte.
   - stimmt
   - stimmt nicht

   Begründung: …
4. … es nur einem Zufall zu verdanken ist, dass man die Hieroglyphen entziffern konnte.
   - stimmt
   - stimmt nicht

   Begründung: …

Herrschaft und Gesellschaft im alten Ägypten

Der Pharao – Mensch oder Gott?

Der Pharao Haremhab ließ sich in einer Statue neben einem Gott darstellen. Auf dem Kopf tragen Gott und König die Krone Ägyptens, an der Stirn eine Kobraschlange in Angriffsstellung. Die Schlange galt als Zeichen für Göttlichkeit. Der Pharao trägt unter der Krone das Königskopftuch und außerdem einen künstlichen Bart; ein solcher Bart kennzeichnet auch Götter, wenn sie mit Tierkopf dargestellt sind.

Die göttliche Ordnung

Nach der Religion der Ägypter war es Aufgabe des Pharaos, den Willen der Götter zu befolgen. Er hatte darauf zu achten, dass die göttlichen Regeln beachtet wurden. Davon hing nach dem Glauben der Ägypter das Schicksal der Welt ab. Die göttliche Ordnung war gestört, wenn Feinde in Ägypten einfielen, wenn die Gottesdienste in den Tempeln nicht durchgeführt wurden, wenn die Herrschaft im Lande ungerecht war. Nur der Pharao konnte Kontakt zu den Göttern aufnehmen. Der tägliche Gottesdienst wurde eigentlich vom Pharao durchgeführt. Da er nicht in den vielen Tempeln gleichzeitig sein konnte, beauftragte er hohe Priester mit dem Dienst an den Göttern. Der König war es, der die Gebete der Menschen den Göttern überbrachte.

Im König waren alle Aufgaben des Staates vereint: die Verwaltung des Landes, das Einziehen der Steuern, das Lagern der Vorräte, das Planen und Überwachen öffentlicher Bauten wie Kanäle und Tempel. Er war oberster Richter, erster Priester und Herr über das Militär. Unterstützt wurde er von vielen Untertanen. Ihm gehörte das gesamte Land, alle Steinbrüche, alle Äcker. Privatbesitz an Grund und Boden entwickelte sich erst langsam.

Sinuhe, ein Erzähler aus dem alten Ägypten berichtet:

Q „Ich fand seine Majestät auf dem großen Thron von Gold, in einer Nische. Da lag ich ausgestreckt auf meinem Bauch, ich war ohne Besinnung vor ihm, während dieser Gott mich freundlich grüßte […] Da sagte seine Majestät: Er soll sich nicht fürchten, nicht erfüllt sein von Angst und Schrecken."

(Alfred Jespen (Hg.),Von Sinuhe bis Nebukadnezar, (Evangelische Verlagsanstalt) Berlin 1974, S. 80)

In einer Huldigung für den Pharao Ramses II. heißt es:

Q „Wir kommen zu dir, Herr des Himmels, Herr der Erde, lebende Sonne des ganzen Landes, du Sonnengott der Menschheit, du Schöpfergott, du Säule des Himmels, Balken der Erde. Du, der wacht, wenn alles schläft, dessen Kraft Ägypten rettet, dessen Stärke Ägypten schützt, du unser König, unser Herr, unsere Sonne."

(G. Guggenbuhl (Hg.), Quellen zur Geschichte des Altertums, Zürich 1953, S. 15, gekürzt und bearbeitet)

UMGANG MIT TEXTQUELLEN – WIE BEFRAGT MAN TEXTQUELLEN?

1. Die Textquelle Satz für Satz lesen.
2. Unbekannte Wörter erfragen oder nachschlagen.
3. Die Fragen an den Text genau formulieren, z.B. zu den beiden Quellen auf dieser Seite:
   a) Wie wird der Pharao von Sinuhe dargestellt, wie wird er in der Huldigung beschrieben?
   b) Welche Gemeinsamkeiten und welche Unterschiede gibt es, wenn man beide Aussagen vergleicht?
   c) Welches gemeinsame Bild über den Pharao entsteht durch beide Quellen?
4. Jeden Satz prüfen: Finde ich etwas zu der gestellten Frage/den Fragen?
5. Die Ergebnisse sammeln.
6. Die Ergebnisse zusammenfassen: Was hat die Textquelle zur Frage ausgesagt?
7. Bei Untersuchung mehrerer Textquellen: Gibt es Übereinstimmungen oder Abweichungen zum gleichen Sachverhalt zwischen den verschiedenen Darstellungen?

Wie funktionierte der Staat der Pharaonen?

Im alten Ägypten beruhte der Handel überwiegend auf Tauschgeschäften. Geld gab es nicht. Der Wert einer Ware wurde in Getreidesäcke oder in Kupfer oder Silber umgerechnet. Löhne wurden in Brot, Bier, Kleidung, Salben, Getreide oder Kupfer ausgezahlt. Wer viel Land besaß, konnte Handwerker bezahlen, die für ihn prächtige Häuser bauten, Kleidung, Schmuck und Gefäße herstellten. Natürlich ließ sich ein so reicher Ägypter ein entsprechendes Grab errichten. Feste und die Jagd gehörten zu den Freizeitbeschäftigungen der Reichen.

Hinweise auf das Leben der armen Bevölkerung sind gering. Wir wissen wenig von ihren kleinen, ärmlichen Häusern. Auf der untersten Stufe der Gesellschaft standen Sklaven, die meist als Dienerinnen und Diener tätig waren. Sie waren zwar frei, ihr Herr konnte jedoch ihre Arbeitskraft vermieten. Die meisten Ägypter waren in der Landwirtschaft beschäftigt. Harte Arbeit und wenig Freizeit war das Los der Bauern. Während der jährlichen Überschwemmung wurden sie zur Arbeit auf den Baustellen des Pharao verpflichtet. Die Jungen ergriffen meistens den Beruf des Vaters. Die Kinder der unteren Schichten mussten schon früh bei der Arbeit helfen.

Beamte standen in hohem Ansehen. Sie konnten als einzige schreiben und lesen. Schreiben konnte zwar jeder lernen, das Erlernen der Schrift war aber nicht immer das reine Vergnügen. In der Realität waren es überwiegend nur wenige Söhne von Beamten, die ausgebildet wurden. Die Ausbildung begann im Alter von 5 Jahren und endete etwa mit 17 Jahren. Mädchen konnten nicht Beamte werden. Frauen konnten in der Regel auch nicht lesen und schreiben.

Beamte besaßen Vorrechte (Privilegien), waren aber nur eine kleine Gruppe in der Gesellschaft des Staates. Die meisten Menschen hatten keinerlei Vorrechte.

Der gesellschaftliche Rang der Frau war abhängig vom Rang und Beruf des Mannes. Wenn wir nach dem Unterschied zwischen einer reichen und einer armen Ägypterin fragen wollen, müssen wir nach dem Beruf ihres Mannes fragen.

Die ägyptische Gesellschaft wird (wie unten abgebildet) oft in Form einer Pyramide dargestellt.

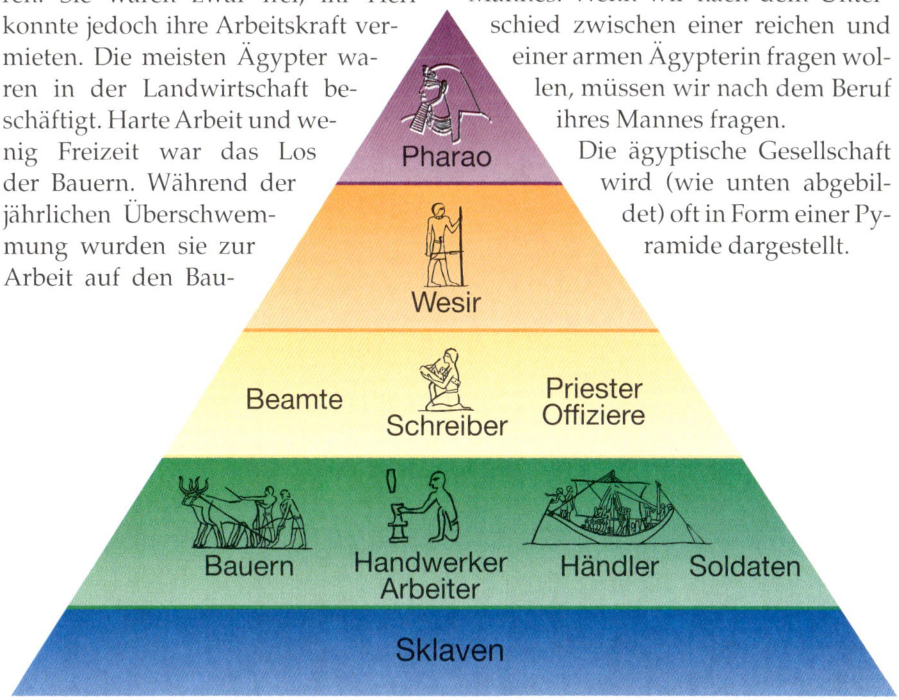

Ein Diener (Korbträger)

?

1. Jeder konnte Schreiber werden, aber meist lernten diesen Beruf nur die Söhne der Beamten, warum wohl?
2. In der nebenstehenden Pyramide stehen die Wesire unter dem Pharao. Kannst du dir denken, welche Funktion sie haben? Versuche es herauszufinden.
3. Der Staat der Pharaonen war hierarchisch organisiert – was bedeutet das genau (Lexikon)?

Götter für alle Lebensbereiche

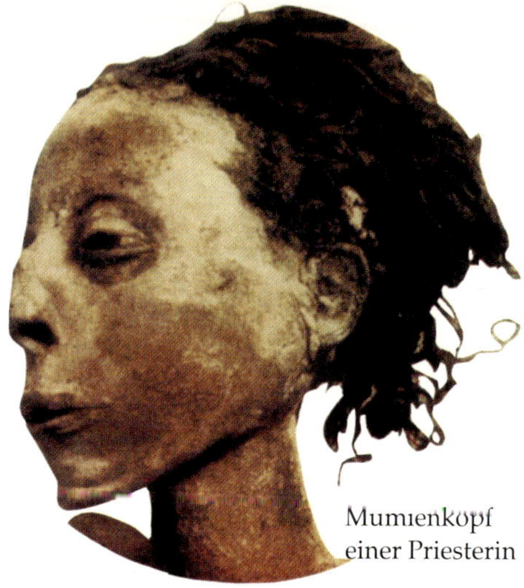

Mumienkopf einer Priesterin

Glauben und Tod

Die Ägypter glaubten, dass es wichtig sei, den Körper zu erhalten, damit die Seele zurückkehren könne. Deshalb wurden die Toten einbalsamiert.
Der Gott Osiris war Herrscher über das Totenreich. Man glaubte, dass jeder Ägypter sich einem Totengericht stellen musse. Bei der Gerichtsverhandlung würde dann der Tote vor seinen Richtern Osiris, Isis und Horus, darlegen, dass er nach den göttlichen Gesetzen gelebt habe. Die 42 Beisitzer, die Namen wie Blutfresser, Eingeweidefresser, Schreckgesicht und Brennender hatten, entschieden, ob ihn das ewige Leben oder der Tod erwartete. Der Gott Thot notierte alles, er war bei Gericht Schreiber. Anubis bediente eine Waage, die das Schicksal des Toten anzeigte. Sollte dem Toten der ewige Tod bevorstehen, so führte die krokodilköpfige Totenfresserin das Urteil aus. Neben den hier aufgeführten Göttern gab es noch andere.

Den Toten wurden als Grabbeigaben Nahrungsmittel und Getränke mitgegeben, denn sie sollten in der Ewigkeit nicht hungern. Das Grab wurde als Wohnung der Toten gesehen.
Der Pharao als Gott und Herrscher ließ sich natürlich eine besondere Wohnung für die Ewigkeit bauen. Bekannt sind die drei Pyramiden von Gise. Sie werden von einem Steinkoloss, der Sphinx, bewacht: einem riesigen Löwen mit menschlichem Haupt.

Menschen für die Ewigkeit

Je nach Reichtum und Stand wurden die Toten unterschiedlich einbalsamiert. Die aufwendigste Art beinhaltete die Säuberung des Leichnams: Entfernen der Eingeweide, Reinigung der Bauchhöhle, Einlegen in Soda, das Ausfüllen der Körperhohlräume und das Umwickeln mit Binden. Die Eingeweide wurden in Tongefäßen beigesetzt oder als Päckchen in die Bauchhöhle zurückgelegt. Der fertigen Mumie legte man eine Totenmaske auf, die bei wohlhabenden Menschen oft aus Gold bestand.
Dieser besonderen Art der Bestattung ist es zu verdanken, dass zahlreiche Mumien gut erhalten sind. Wissenschaftler können sie mit neuesten technischen Methoden untersuchen. Vielfach können sie das genaue Alter, die Todesursache und einzelne Krankheiten feststellen.

Der Sonnengott Re

Isis – Schutzgöttin der Frauen und Kinder und Osiris – der Gott der Unterwelt

Anubis – Gott der Toten

Hathor – Göttin für Liebe, Glück, Tanz und Musik

Einige Götter stellen sich vor

(1) Er besitzt einen Ibiskopf. Er ist der Schreiber beim Totengericht.

(2) Sie trägt einen Thron auf dem Kopf.

(3) „Ich bin die Ehefrau des Osiris und die Mutter des Horus."

(4) „Ich beaufsichtige die Einbalsamierung und Mumifizierung der Toten."

(5) „Ich bin der Ehemann der Isis. Ich führe die Pharaonen in die Götterwelt ein."

(6) Sie ist Nilpferd, Löwe und Krokodil zugleich. Auf dem Kopf trägt sie eine Sonnenscheibe zwischen den Kuhhörnern.

(7) Er hat einen Schakalkopf mit spitzen, hochgestellten Ohren. Der Kopf ist schwarz und sieht wie ein mumifizierter Körper aus. Schwarz war bei den Ägyptern die Symbolfarbe des Lebens.

(8) „Ich möchte alle Menschen glücklich sehen. Jeder soll lachen, tanzen und singen."

(9) „Der Pharao und ich sind ein und dasselbe. Ich bin der Herrscher über Ägypten und der Überwinder des Bösen."

(10) Sie wird oft mit Kuhhörnern und einer Sonnenscheibe dargestellt und versinnbildlicht die mütterliche Fürsorge der Kuh für ihr Kalb.

(11) Er wird mit Falkenkopf und Sonnenscheibe dargestellt.

(12) „Ich bin der klügste Gott. Ich habe nicht nur die Zahlzeichen, sondern auch die Schrift erfunden."

(13) „Ich stehe den Frauen bei der Geburt bei und kümmere mich um das Neugeborene."

(14) Er wurde wie eine Mumie dargestellt. Er trägt die königlichen Insignien Krummstab und Geißel und auf dem Kopf eine Krone mit einer Feder an jeder Seite.

(15) Er besitzt den Kopf eines Falken. Das Falkenauge symbolisiert Allwissenheit, Wachsamkeit und Schutz.

(16) „Ich bin der Schöpfer der Welt und der höchste Gott. Täglich überquere ich mit einem Boot den Himmel."

Thoéris – Schutzgöttin der Schwangeren

Thot – Gott für Wissen, Kunst, Mathematik, Medizin

Horus – Schutzgott der Pharaonen

?

1. Ordnet jeweils zwei Textblöcke einem Gott zu. Dann wisst ihr, für welchen Bereich die einzelnen Götter zuständig waren.
2. Warum war es für die Ägypter wichtig, die Körper ihrer Toten zu erhalten?
3. Warum mussten den Toten Lebensmittel, Möbel und andere Gegenstände des täglichen Bedarfs mit ins Jenseits gegeben werden?
4. Hatte der Glaube der Ägypter wohl Einfluss auf das alltägliche Geschehen in Ägypten? Begründe deine Meinung!

Pyramiden – Bauwerke für die Ewigkeit

Die drei bekanntesten Pyramiden sind jene von Gise, bei Kairo. Die größte der drei mit einer Seitenlänge von 230 Metern und einer Höhe von heute noch 137,50 Metern ist die Cheopspyramide. 6,5 Millionen Tonnen Kalkstein wurden für sie verbaut. Im Innern der Pyramide gibt es verschiedene Gangsysteme, Luftschächte und Kammern, die bis heute noch nicht endgültig erforscht sind. Die als Königskammer bezeichnete Grabkammer enthält einen einfachen Granitsarkophag, der vermutlich bereits beim Bau in die Pyramide kam.

Zwei kleine Pyramiden umgeben die große Cheopspyramide, die Pyramide des Chephren und die Pyramide des Mykerinos. Beide sind von geringerer Bedeutung und haben auch nicht die verzweigten Innengänge, wie sie in der Großen Pyramide vorgefunden wurden. Bei den Pyramiden befindet sich noch ein Totentempel, ein Taltempel und die Sphinx, ein liegender Löwe mit dem Kopf eines Pharaonen.

Bisher sind weder Aufzeichnungen noch Abbildungen oder Baupläne zum Pyramidenbau aufgetaucht, was sehr ungewöhnlich ist. Das Geheimnis der Pyramide wurde noch nicht vollständig gelüftet.

Die meisten modernen Forscher vertreten die Meinung, dass die Pyramiden Grabbauten sind. Grund dafür sind die Aufzeichnungen des antiken Geschichtsschreibers Herodot und die Ergebnisse der vielen Forschungen, die bereits stattgefunden haben.

Die Forscher sind sich

1. Beschreibe, wie die Männer den großen Steinblock bewegen. Welche physikalischen Kenntnisse wenden sie an?
2. Im Text ist von Rampenbauweise die Rede. Ein Bild zeigt dir, was man darunter versteht. Kannst du das Verfahren erklären?
3. Was geschieht auf dem Bild ganz unten?
4. Der Pyramidenbau war eine gewaltige technische, aber auch kulturelle Leistung. Warum kann man das so behaupten?

nicht einig, wie die Pyramiden errichtet wurden. Am häufigsten wird die Theorie des Rampenbaus vertreten. Sicher weiß man, dass die Steine mithilfe von Schiffen zur Baustelle gebracht wurden. Es gab einen Kanal vom Nil bis zum Fuß des Gise-Plateaus.
Unbestritten ist, dass der Pyramidenbau ein Meisterwerk der Organisation war. Auch die Bereitstellung des Baumaterials, der Bau der Unterkünfte und die Versorgung der Bauarbeiter waren große Leistungen. Über die Zahl der Beschäftigten lässt sich keine eindeutige Aussage machen. Herodot spricht von 100 000 Arbeitern und dass nur in den drei Monaten der Überschwemmungszeit gearbeitet wurde. Heutige Forschungen gehen eher davon aus, dass die Baustelle das ganze Jahr in Betrieb war und dass es durchschnittlich 20 000 bis 36 000 Beschäftigte gab. Die Arbeiter lebten in eigens für die Baustelle geschaffenen Dörfern, sie hatten sicher wenig Privatleben und kaum freie Zeit. Wenn sie von ihren Angehörigen versorgt wurden, war das oft der einzige Kontakt. Ihr Leben stand sozusagen Tag und Nacht im Dienste des Pharao.
Der Pyramidenbau zeigt uns, dass die Ägypter ein großes mathematisches Wissen hatten, vor allem im Bereich der Geometrie.

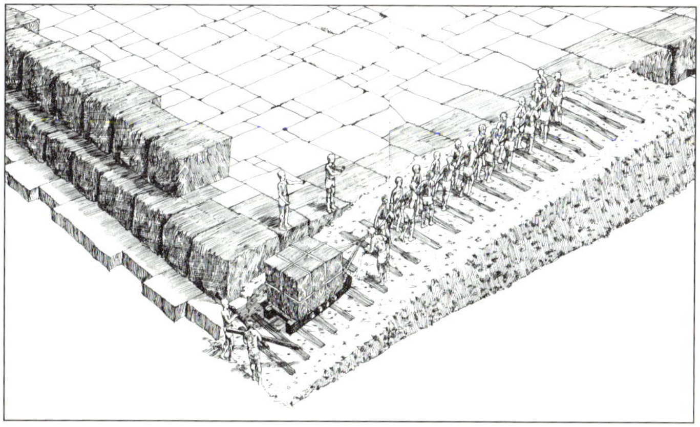

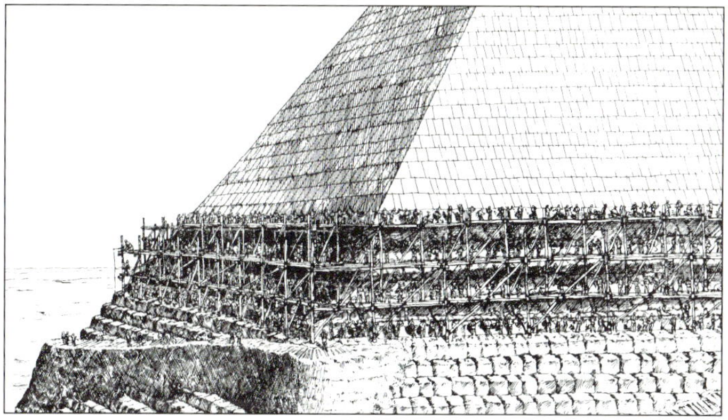

Leben und Arbeiten im alten Ägypten

Landwirtschaft

Das bäuerliche Leben war geprägt durch harte Arbeit. Der Boden wurde mit einem von Rindern gezogenen Holzpflug für die Aussaat vorbereitet. Saatgut erhielt der Bauer vom Staat. Die Bewässerung der Felder war mühsam. Vor der Ernte schätzten Beamte die Erträge und berechneten die Abgaben. Um die einfache Ernährung ein wenig aufzubessern, betrieben die Bauern nebenher noch Viehzucht.

Versorgung und Ernährung

Zu den Grundnahrungsmitteln aller Ägypter zählten Bier und Brot. Fisch, Obst und Gemüse (u.a. Datteln, Feigen, Hülsenfrüchte, Lauch, Zwiebeln) ergänzten das Angebot. Fleisch von Rindern, Schafen, Ziegen, Wildtieren und Geflügel gehörte nicht zum täglichen Bedarf. Auch Wein war ein eher seltenes Getränk.
Arbeiter, Handwerker und Erntehelfer wurden zumeist in Naturalien entlohnt. Außer Brot und Bier erhielten sie aber auch Zuteilungen von Fisch und Gemüse. Salböle für die Körperhygiene waren Teil der Versorgung, auch für Erntearbeiter.

Handwerker

Eine wichtige Gruppe bildeten die Handwerker. Ton, Gold, Holz und Leder waren beliebte Materialien zur Herstellung verschiedenster Geräte sowie von Geschirr, Kleidung und Schmuck. Einige dieser Gegenstände sind als Grabbeigaben erhalten. Sie geben Aufschluss über das technische Können. Die Handwerker waren Angestellte des Staates. So arbeiteten sie z.B. bei der Fertigstellung der Grabkammern im Tal der Könige. Sie wohnten in Hütten auf der Baustelle. Das Essen wurde von ihrer Familie im Dorf zubereitet und zur Arbeitsstelle gebracht. Die Handwerker fertigten auch in privaten Auftragsarbeiten Gebrauchsgegenstände und Textilien an, mit denen sie handelten.

Wohnen

Die Häuser waren aus Bruchstein, Lehmziegeln, Holz und Schilfmatten erbaut. Eingeschossige Bauweise war die Regel, selten wurde mehrgeschossig gebaut. Die Flachdächer dienten als Lager- und Arbeitsplatz – und in heißen Nächten zum Schlafen. In den verputzten oder gekalkten Wänden gab es kleine Fensteröffnungen, die mit Stoff verhängt waren, um Staub und Hitze fern zu halten. Der gemauerte Herd befand sich im Hof oder einer nicht überdachten Küche. Die einfache Bevölkerung musste in eng be-

?

In diesem Kästchen sind viele Berufe versteckt, die es im alten Ägypten gab: Finde sie heraus!

S D C F V G B I E R B R A U E R I N N N M
S C H R E I B E R K F E L D V E R M E S S
E R E R Z A R B E I T E R K K I H O L Z
A R B E I T E R H A C K E R S M A N N L
S T E I N M E T Z U T Ö P F E R Z G H N G
M A U E R E R M N M W E B E R U J K M
W Ä S C H E R O J W Z I E G E L M A U
E R D S C H U S T E B N M K R A N Z H N
B I N D E R B N V G D C F V S C X D S
E V W R H A N D E L S M A N N T Ä G
H B E D F V G B H N J U B E A M T E R R
F G B M H N G B V F D S E R D F C V B H E M I

1

Die Bilder zeigen: Eine Weberei (1), eine Schreinerei (2), einen Kornspeicher (3), eine Bierbrauerin (4).

bauten Wohnvierteln leben. Wohlhabende verfügten über großzügige Räumlichkeiten.
Aus Grabbeigaben wissen wir Genaueres über die Möbel in den Häusern. Schemel, Stühle, kleine tragbare Tische, Betten mit hölzernen Kopfstützen, Truhen und Kästen zur Aufbewahrung der Habe gehörten zur festen Ausstattung der Reichen. Bei den einfachen Leuten waren Bänke und Betten häufig aus Lehm gefertigt und eingebaut. Die Möblierung war sparsam und einfach.

Kleidung und Hygiene

Die Kleidung war leicht und luftig. Flachs und Wolle waren die Rohstoffe, nur Hirten bekleideten sich mit Tierfellen. Bestandteil der männlichen Tracht war der Schurz, der sich modisch veränderte, zunächst war er knielang, später reichte er bis zu den Waden. Dazu kam ein ärmelloses, später mit Ärmeln versehenes Obergewand.
Frauen trugen enganliegende knöchellange Gewänder, die durch Träger gehalten wurde. Oft schmückten sich die Frauen mit einen darüberliegenden Netz aus keramischen Perlen. Später kam ein Hemd in Mode, das die rechte Schulter frei ließ, ergänzt durch ein auf der Brust gerafftes Obergewand.

Körperreinigung durch Bäder, Mundspülung und Haarpflege gehörten zum Alltag reicher Bevölkerungsschichten. Schminken oder Parfümieren mit Duftölen war selbstverständlich. Auch für die einfache Bevölkerung war Körperpflege von Bedeutung.

ICH HABE SCHON EINIGES ERFAHREN. DESHALB KANN ICH VERMUTEN, DASS …

1. … die Ägypter schon sehr viele Spezialisten hatten, die für bestimmte Arbeiten zuständig waren, weil …
   Ein Tipp: Was zeigen die Bilder auf beiden Seiten über spezielle Arbeiten und Spezialisten?

2. … die Ägypter schon eine hoch entwickelte Wohnkultur und Lebensweise hatten. Besonders die Reichen unter ihnen, weil ...
3. … die Ägypter in allen Bevölkerungsschichten schon sehr viel Wert auf Hygiene legten, weil …

Festgeschriebenes Recht für die Frauen

Wandmalereien aus dem Grab des Nacht (um 1400 v. Chr.). Nacht (ein mittlerer Beamter) ist mit seiner Ehefrau, drei Kindern und Dienern bei der Jagd im Papyrusdickicht dargestellt. Wir sehen Nacht zweimal: Links schleudert er ein Wurfholz auf Wasservögel; rechts deutet die Armhaltung das Werfen eines Speeres zur Jagd auf Fische an. Auch seine Ehefrau und die älteste Tochter sind zweimal abgebildet. Kleine Kinder wurden nackt dargestellt; auch an der Haarlocke sind sie erkennbar. Frauen und Mädchen wurden meist mit hellerer Hautfarbe dargestellt.

?

1. Suche auf dem Bild des Nacht die Ehefrau und die Kinder dieses Beamten.
2. Beschreibe genau die Unterschiede in der Darstellung der einzelnen Familienmitglieder und überlege, was diese Unterschiede vermutlich bedeuten.

Herrin des Hauses

In vielen Inschriften wird eine Ehefrau „nebet per“ genannt, das bedeutet: „Herrin des Hauses“. Was war die Aufgabe einer „nebet per“? Je nach Beruf und gesellschaftlichem Rang des Ehemannes sah das sehr unterschiedlich aus. Die Ehefrau eines hohen Beamten war umgeben von Dienerinnen, deren Arbeit sie beaufsichtigte. Die Frau eines Bauern wird vor allem mit der Nahrungszubereitung, mit Spinnen und Weben, Wasser holen und Waschen beschäftigt gewesen sein. Bei besonderen Arbeiten musste sie auf den Feldern helfen. Kindererziehung gehörte auch zu ihren Aufgaben. Die Kinderzahl war meist recht hoch. Diener waren in dieser Gesellschaftsschicht selten.
Auch Frauen aus sehr hohen gesellschaftlichen Schichten hatten viele Kinder. Es ist anzunehmen, dass Ammen und Kindermädchen diesen Frauen die Arbeit abnahmen.

Arbeiten außerhalb des Hauses

Mädchen heirateten im Alter von 12 bis 15 Jahren. Haus und Familie wurden als natürlicher Bereich der Frau angesehen. Die Mädchen erhielten meist keine besondere Ausbildung. Eine unverheiratete Frau arbeitete in der Landwirtschaft als Dienerin oder als Weberin. Herausgehobene Tätigkeiten für Frauen waren Sängerin, Tänzerin im Tempel oder Priesterin auf einer unteren Stufe.

Rechte in der Ehe – Eheverträge

Erst aus der Zeit nach 1000 v. Chr. liegen Eheverträge vor. Darin konnte die Frau abgesichert werden, damit sie z.B. für den Fall einer Scheidung nicht mittellos dastand. Aus dieser Zeit gibt es sogar Belege dafür, dass eine Frau die Scheidung einreichen konnte. Ein Fall ist bekannt, in dem eine Frau ihren Mann vor Gericht verklagte, weil er sie prügelte.

Im folgenden Vertrag werden Abmachungen über Fragen des Eigentums, vor allem für den Fall der vorzeitigen Trennung, getroffen. Mit dem Begriff „Frauengabe" ist der Betrag gemeint, den der Mann seiner Frau zu Beginn der Ehe gegeben hatte. Mit „Frauensachen" ist das mitgebrachte Eigentum der Frau gemeint.

Q „Es sagte der in Ägypten geborene Her-em-Heb zur Frau Ta-is:
Ich habe dich zur Ehefrau gemacht. Als deine Frauengabe habe ich dir zwei Silberlinge […] gegeben. Entlasse ich dich als Ehefrau, sei es, dass ich dich hasse, sei es, dass ich dir eine andere Frau als Ehefrau vorziehe, so gebe ich dir zwei Silberlinge, […] außer den zwei Silberlingen, die oben genannt sind und die ich dir als deine Frauengabe gegeben habe, um voll zu machen vier Silberlinge […] Und ich gebe dir ein Drittel von all und jedem, was sein wird zwischen dir und mir von jetzt an. Die Kinder, die du mir geboren hast und die du mir noch gebären wirst, sind die Herren von all und jedem, was mir gehört und was ich noch erwerben würde. Wertsumme deiner Frauensachen, die du mit dir in mein Haus gebracht hast: in Kupfergeld drei Silberlinge und vier Kite […]
Wenn ich dich als Ehefrau entlassen werde, oder wenn du zu gehen beliebst, so gebe ich dir die Frauensachen, die du mit dir in mein Haus gebracht hast, oder ihren Wert in Silber entsprechend dem Preis, der diesbezüglich geschrieben ist. Mein ist ihre Verwahrung."

(Zit. nach: Steffen Weng, die Frau im Alten Ägypten, Leipzig (Edition Leipzig) 1967, S. 24, bearbeitet)

Es gibt einen Text über einen Rechtsstreit einer Frau, die einen Anspruch auf Grundstücke erhob. Vermutlich gehörten die Grundstücke ihrem Ehemann. Die Verwandten des Mannes wollten diese Grundstücke ebenfalls. Sie meldeten Ansprüche an:

Q „Klage der Bürgerin Isis gegen die Arbeitsleute Hai-em-ipet, Hai-em-waset und Imen-necht folgendermaßen: Mir sollen gegeben werden die Grundstücke meines Ehemannes." Man beriet. Urteil der Richter: „Die Frau ist im Recht. Man gebe ihr die Grundstücke des Ehemannes."

(Zit. nach: E. Lüddekens, Ägyptische Eheverträge, Wiesbaden 1960, S. 5; in Kemet, 6. Jg./Heft 4 (1997), S. 10; bearbeitet)

Gleichberechtigt?

Auch in Ägypten hatte der Mann eine Vorrangstellung, sie war aber weniger stark ausgeprägt als in anderen antiken Kulturen, z.B. in Griechenland und Rom.

Anders als in vielen anderen Sprachen waren in der ägyptischen Sprache die Worte für „Mensch" und „Mann" nicht identisch. Der Plural „Menschen" wurde meist mit den Zeichen für Mann und Frau gekennzeichnet. Bei aller Zurücksetzung gegenüber dem Mann hatten die Frauen im alten Ägypten doch wesentlich mehr Rechte als Frauen in anderen antiken Kulturen. Rechtlich waren sie den Männern weitgehend gleichgestellt. Eine Frau konnte über persönliches Eigentum verfügen und sogar unabhängig von ihrem Ehemann erben und vererben. Das festgeschriebene Recht ist ein Zeichen für eine hoch entwickelte Gesellschaft (Hochkultur).

?

1. Wenn du im alten Ägypten leben müsstest, würdest du dich auf das Leben als ägyptische Frau freuen? Begründe deine Entscheidung. (Zunächst aber musst du dich für die gesellschaftliche Schicht entscheiden, in der du leben möchtest.)
2. Es ist nicht leicht, heute Aussagen über die Rolle der Frau im alten Ägypten zu machen. Das hat mit der Ausbildung der Frauen zu tun: Von wem stammen nämlich die Texte und Bilder, die uns aus dem alten Ägypten überliefert sind?
3. Welche Gesellschaftsschicht wurde meist in den Quellen dargestellt? Welche Schwierigkeit kann sich daraus ergeben?
4. Welcher Schicht gehört die Frau auf dem Bild vermutlich an?
5. Frauen im alten Ägypten waren nicht ohne Rechte. Was sagen die beiden Quellen zu dieser Behauptung?

Ausblicke, Einblicke ...

Ein unsterblicher König

Luxor/Tal der Könige – In einem Sarg aus Gold ruht seit mehr als 3 000 Jahren die mumifizierte Leiche des Pharaos Tutanchamun

Die Kerze flackerte, nichts war zu sehen, spannungsvolle Ungewissheit machte sich breit. Dann erkannte Howard Carter „seltsame Tiere, Statuen und Gold – überall glänzendes, schimmerndes Gold“. Das war am 26. November 1922 – er hatte nach langer Suche die Grabkammer des Pharaos Tutanchamun gefunden. Heute ist der Schatz mit rund 5 000 Einzelteilen im Ägyptischen Museum in Kairo zu sehen. Der Sarg mit der Mumie befindet sich noch immer in Luxor, in seiner „ewigen Wohnung“, 700 Bahnkilometer von Kairo entfernt.

Es war der sechste und letzte Versuch, den Carter im Oktober 1922 starten wollte. Seine Suche hatte schon enorme Geldsummen seines Förderers Lord Carnarvon verschlungen. Jeden Stein hatte Carter abgeklopft, nun begann er an einer ungewöhnlichen Stelle zu graben: keine vier Meter entfernt vom Grab Ramses des VI.

Als Carter am 4. November 1922 zu der Ausgrabungsstelle kam, wunderte er sich, dass niemand arbeitete, die Arbeiter empfingen ihn, wie er später schrieb, „mit eindrucksvollem Schweigen“. Ob sie tatsächlich das gesuchte Grab gefunden hatten, stand noch nicht zweifelsfrei fest. Lord Carnarvon eilte nach Ägypten und gemeinsam standen sie an der Schwelle zu einer sagenhaften Entdeckung. Carter: „Es war der Tag der Tage, so wunderbar, wie ich nur jemals einen erlebt habe und wie ich niemals wieder einen erleben werde.“ Sie fanden schließlich das Siegel mit dem Königszeichen Tutanchamuns – endlich bestand Gewissheit. Ungewiss blieb weiterhin, was sie vorfinden würden. Grabräuber mussten in das Königsgrab eingedrungen sein, nur so ließen sich die Siegel im oberen Teil der Tür erklären. Mit zitternden Händen schlug Carter ein kleines Loch in die Mauer und damit die Öffnung zu einem der wunderbarsten Schätze, die jemals entdeckt wurden.

Zwei Monate lang wurde katalogisiert, fotografiert und vor Ort konserviert, dann erst konnten sie zu der Sargkammer mit einem riesigen vergoldeten Schrein vordringen. „Achtfach umhüllt war in der Sargkammer die Mumie Tutanchamuns: Vier Schreine aus vergoldetem Holz umschlossen einen Steinsarkophag. In diesem Steinsarg befanden sich drei ineinander gestellte Särge in Mumienform. Im Innersten Sarg aus purem Gold mit einem Gewicht von über einer Tonne ruhte die reich geschmückte und mit einer Totenmaske bedeckte Mumie Tutanchamuns“, schrieb Carter später in seinen Aufzeichnungen. Lord Carnarvon wurde im März 1923 im Tal der Könige von einem Moskito gestochen, er bekam eine Blutvergiftung – und starb drei Wochen später in Kairo. Sein tragisches Schicksal gab den Legenden vom „Fluch der Pharaonen“ gegen „wissenschaftliche Grabräuber“ erneut Auftrieb. Der Pharao, von dem bis dahin wenig mehr als sein Name bekannt gewesen war – er war um 1330 v. Chr. als Achtjähriger auf den Thron gekommen und starb im Alter von 16 Jahren – wurde über Nacht zum berühmtesten Pharao Ägyptens. Bei der Untersuchung seiner Mumie wurden Schädelverletzungen festgestellt, sie sind allerdings nicht allein verantwortlich für seinen Tod. Das Geheimnis der Grabkammer ist gelüftet. Ein Geheimnis wird es aber bleiben, ob Tutanchamun eines natürlichen oder eines gewaltsamen Todes starb.

Überblick ...

Nil als Quelle des Lebens

Vor etwa 7000 Jahren wurden die Menschen, die zuvor als Nomaden in Ägypten lebten, sesshaft. Sie zogen an die Ufer des Nils, denn der Fluss hinterließ nach den jährlichen Überschwemmungen fruchtbaren Schlamm. Der Nil bot sich außerdem als Verkehrsweg für den Handel an. Zwischen den regelmäßigen Überschwemmungen lagen 365 Tage. Das Jahr begann für die Ägypter mit dem Tag der Überschwemmung, nach unserem Kalender ist das etwa der 15. Juni. Sie teilten das Jahr in drei Abschnitte: Die „Überschwemmung", das „Herauskommen des Landes" und die „Trockenheit". Den Tag unterteilten sie mit Hilfe der Sonnenuhr.

Pharao und Gesellschaft

Etwa um 3000 v. Chr. besiegte Oberägypten in einem Krieg Unterägypten. Ein Pharao herrschte fortan über eine Million Menschen. Er war oberster Richter, erster Priester und Herr über das Militär. Dem Pharao gehörte das gesamte Land. Der Staat war streng hierarchisch geordnet, jeder hatte seine Aufgabe. Einige Pharaonen ließen sich als Zeichen ihrer Bedeutung mächtige Pyramiden errichten – als Grabkammern und Wohnung für die Ewigkeit. Bekannt sind zum Beispiel die Pyramiden von Gise bei Kairo.

Mumien/Götter/Pyramiden

Nach dem Glauben der Ägypter war es wichtig, den Körper zu erhalten, damit die Seele später zurückkehren konnte. Deshalb wurden die Toten einbalsamiert. Die Grabbeigaben lassen Rückschlüsse auf Ansehen und Reichtum der bestatteten Person zu.
Eine große Anzahl von Gottheiten und die einzigartige Betonung des Totenglaubens charakterisieren die ägyptische Religion. Jeder Gott hatte einen bestimmten Aufgabenbereich. Dargestellt wurden die Götter mit unverwechselbaren Symbolen und Attributen, verehrt wurden sie in reich geschmückten Tempeln. Noch heute sind die Pyramiden Zeugnisse des Totenkults der Ägypter.

Hieroglyphen

Die Bezeichnung „Hieroglyphen" für die Schrift der Ägypter stammt aus dem Griechischen und bedeutet: heilige, in Stein gemeißelte Zeichen. Diese Schrift war etwa 3400 Jahre in Gebrauch und bestand aus drei Zeichenarten: Bildzeichen, Laut- und Deutezeichen. 4000 Jahre dauerte es, bis das Geheimnis der Hieroglyphen entschlüsselt wurde. Auf dem „Schwarzen Stein" war der Name Ptolmees in vier Sprachen eingearbeitet worden.

Leben und Arbeiten

Besonders die reichen Ägypter hatten eine fast luxuriöse Lebensweise, Hygiene war jedoch für alle Ägypter ausgesprochen wichtig. Die meist eingeschossigen Häuser waren aus Bruchstein, Lehm, Holz und Schilfmatten errichtet. Die einfache Bevölkerung lebte in eng bebauten Wohnvierteln, die Reichen in großzügigen Anwesen. Zu den Grundnahrungsmitteln aller Ägypter zählten Brot und Bier. Fisch, Obst und Gemüse ergänzten das Angebot. Neben den Bauern, gab es beim Staat angestellte Handwerker. Sie fertigten aufwändige Geräte, Geschirr, Kleidung und Schmuck, einige dieser Gegenstände sind als Grabbeigaben erhalten geblieben.

Rechte der Frau

Im antiken Ägypten hatten Frauen wesentlich mehr Rechte als in anderen antiken Kulturen. Das festgeschriebene Recht der Frau ist ein Zeichen für eine hoch entwickelte Gesellschaft (Hochkultur). Haus und Familie wurden als die Bereiche der Frau betrachtet. Die Frau eines Beamten beaufsichtigte und leitete die Arbeiten vieler Dienerinnen. Die Frau eines Bauern war vorwiegend mit der Haus- und Feldarbeit beschäftigt. Im Alter von 12–15 Jahre heirateten die Mädchen, sie erhielten selten eine berufliche Ausbildung und hatten meist viele Kinder.

Der letzte Pharao

Pharao Ramses III. war der letzte große Kriegsherr, nach seinem Tod wurde das Reich immer schwächer. Im Jahr 332 v. Chr. wurde Ägypten von Alexander dem Großen eingenommen, nach seinem Tod regierte es die Familie der Ptolemäer. Im Jahr 32 v. Chr. gab es Krieg zwischen Rom und Ägypten, Ägypten wurde besiegt und Kleopatra, die letzte Herrscherin der Ptolemäer, beging Selbstmord. Ägypten wurde Teil des Römischen Reiches.

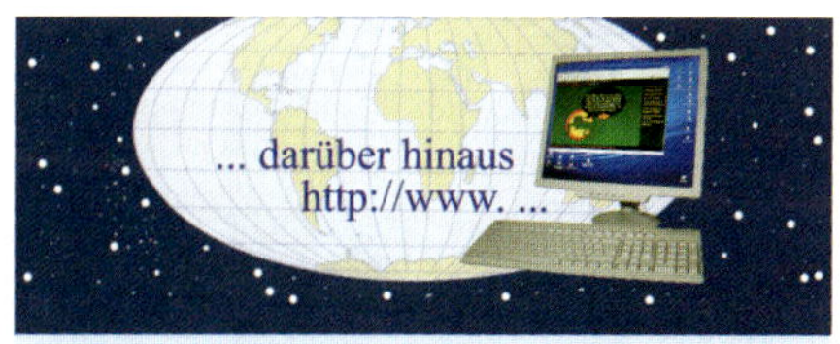

www.selket.de/
www.mein-altaegypten.de/

http://home.t-online.de/home/merit-isis/2-anderes/2-index1.htm

www.kultur-boerse.de/wimmer/
www.aegypten-fotos.de/gizeh_d.htm
wwws.htwk-leipzig.de/~charden/

Lernzirkel

Station 1: Lernkartei

Fertige diese Karteikarten an und erkläre die Begriffe auf der Rückseite.

- Pyramiden
- Papyros
- Göttliche Ordnung
- Ägyptische Frauen
- Hochkultur
- Gesellschaftsaufbau
- Schreiber
- Hieroglyphen
- Kalender
- Die Herrschaft des Pharao
- Geschriebenes Recht
- Nil-Überschwemmung
- Berufe

Station 2: Bildmemory

Erinnere dich an die Zusammenhänge und Ereignisse, bei denen diese Bilder eine Rolle spielen.

1

2
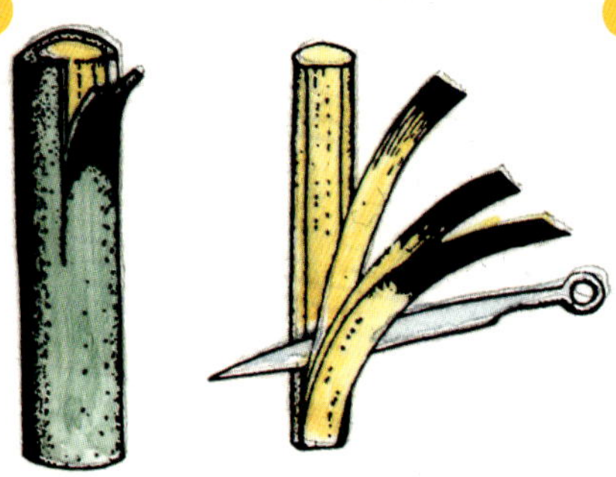

3

4

5

6
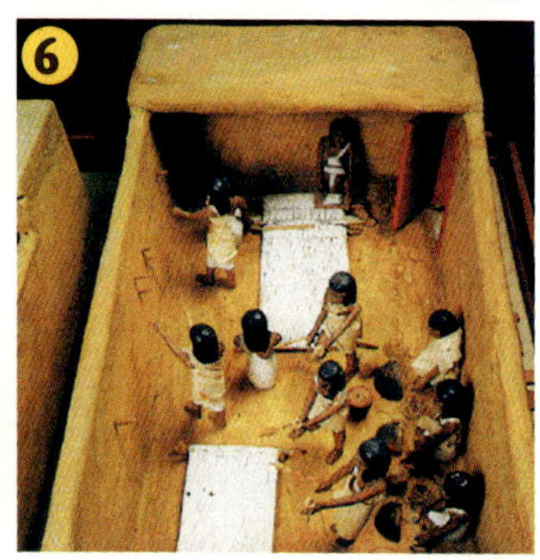

Station 3: „Bilderschrift" heute

Unsere moderne Gesellschaft kennt auch eine Art Bilderschrift. Man nennt die Zeichen Piktogramme. Versuche herauszufinden was sie bedeuten. Fallen dir noch mehr solcher Zeichen ein? Welche Vorteile haben Piktogramme? Entwerft selbst drei Piktogramme, die ihr in der Klasse verwenden könnt!

Station 4: Gestalten

Gestalte die Totenmaske des Tutanchamun in Farbe. Sie muss nicht so aussehen wie die Abbildung auf S. 46.

Station 5: Ägyptische Kleidung anlegen

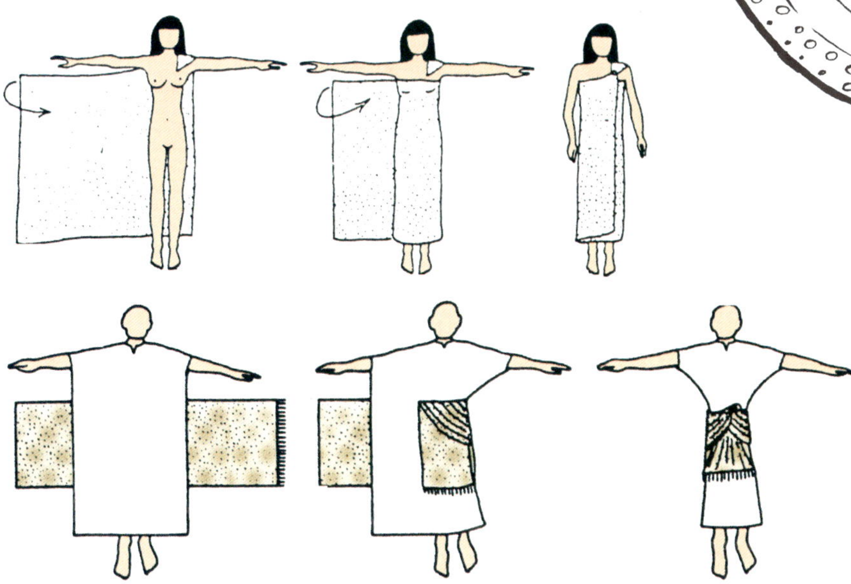

Station 6: Rätsel

?????????????????????????????????????

As I was going to the Sphinx
I met seven men carrying these things:
Every man had seven bags,
In each bag seven cats with seven lives,
And every man had seven wives,
Wives, lives, cats and other things,
How many were going to the Sphinx?

?????????????????????????????????????

Wie im alten Griechenland regiert wurde

Vielfalt und Einheit

Wer waren die Griechen?

Die ältesten Überreste der Griechen finden wir auf der Insel Kreta. In Knossos (Hauptstadt Kretas) gab es z.B. vor über 3000 Jahren v. Chr. eine erstaunlich hoch entwickelte Kultur.

Das Festland wurde um ca. 2000 v. Chr. von den Achäern besiedelt. Es waren Bauern, die von Norden in das Land eindrangen. Sie bauten mächtige Burganlagen, am bekanntesten ist der Palast von Mykene. In der sechs Meter dicken, mit riesigen Steinen gebauten und ca. 900 Meter langen Burgmauer kann man heute noch das berühmte Löwentor besichtigen. Später glaubten die Griechen, die Mauer sei von Riesen errichtet worden. Tatsächlich war sie das Werk von Sklaven, ebenso wie der Bau der Pyramiden.

Um 1200 v. Chr. zerstörte der Stamm der Dorer die mykenische Kultur. Auch die Dorer kamen aus dem Norden. Man nennt dieses Vordringen auch die „Dorische Wanderung“. Die überlebenden Achäer flohen auf die Inseln im Ägäischen Meer.

Die griechischen Landschaften

Hellenen, nicht Griechen

Die Bewohner des alten Griechenlands nannten sich wahrscheinlich Athener, Spartaner usw. Griechen wurden die Menschen erst sehr viel später genannt. Wir wissen, dass es um 800 v. Chr. die ersten Städte gab. Jede Stadt war selbstständig und hatte eigene Gesetze, es waren al-

GEOGRAFISCHE KARTEN GEBEN ÜBER VIELES AUSKUNFT. WIE KANN MAN DAMIT ARBEITEN?

1. Beschreibe mithilfe der Karte die geografischen Besonderheiten Griechenlands.
   Tipp: Achte auf die verschiedenen Farben der Karte, was könnten sie bedeuten?
2. Die Karte zeigt einen großen Teil Griechenlands, wie es vor über 2500 Jahren besiedelt war. Vergleiche mit einer aktuellen Karte!
   Tipp: Achte auf die Lage der Städte!
3. Die Stadtstaaten hatten anfangs kaum Kontakt zueinander. Gibt es Gründe dafür?
   Tipp: Achte auf die geografische Form des Landes!
4. Der Maßstab gibt dir die Möglichkeit Entfernungen abzuschätzen. Wie weit liegen z.B. Sparta und Athen auseinander?
5. Aufgaben, die man mithilfe der Karte besser lösen kann:
   a) Du bist Kapitän eines Schiffes, das im Jahre 576 v. Chr. voll beladen mit Öl und kunstvollen Keramikgefäßen im Hafen von Athen liegt. Du möchtest diese Waren auf die Insel Rhodos bringen und mit einer Ladung getrockneter Feigen und Rosinen in deinen Heimathafen zurückkehren. Welche Route wählst du? – Beschreibe und begründe deine Wahl.
   b) Du bist ein Sportler aus Milet und machst dich auf den Weg zu den Olympischen Spielen. Du weißt, dass die Schiffe damals etwa neun Kilometer pro Stunde (fünf Knoten) zurücklegen konnten. Die Nächte verbrachten die Schiffsmannschaften am liebsten in sicheren Häfen.
   Wie viele Tage oder Wochen benötigte man für eine Reise nach Olympia? Welchen Weg schlägst du vor? – Beschreibe und begründe deine Wahl.
   c) Die Stadt Korinth war eine der bedeutendsten Handelsstädte. Von hier aus liefen die Schiffe in die ägäische Inselwelt aus. Damals fürchteten sich die Seefahrer sehr vor den Gefahren auf offener See. Sie wählten Seewege, die möglichst nah an den Küsten entlang führten. Welcher Seeweg von Korinth nach Korkyra (heute Korfu) erscheint dir als der sicherste? – Beschreibe und begründe deine Wahl.

so kleine Staaten (Stadtstaat oder Polis genannt). Die geografischen Gegebenheiten sorgten dafür, dass es zwischen den einzelnen Stadtstaat kaum Verbindungen gab. Unwegsames Gelände, enge und tiefe Täler und hohe Gebirge waren der Grund.
Trotzdem hatten die Griechen eine gemeinsame Tradition. Alle nannten sich „Hellenen“ und die fremden Völker waren für sie die „Barbaren“. Sie hatten eine gemeinsame Sprache und Götterwelt und erzählten sich die Heldengeschichten des Dichters Homer. Überall, wo Griechen sich im Mittelmeerraum ansiedelten, wurden Tempel nach demselben Muster gebaut und die gleichen Götter verehrt. Während der Olympischen Spiele pflegten die Griechen die Gemeinsamkeit ihrer Tradition.

Das Löwentor in Mykene

Gemeinsame Götter und eine gemeinsame Sprache verbinden die Griechen

Menschliche Götter – göttliche Menschen

Der Dichter Homer (um 800 v. Chr.) erzählt in seinen Werken „Ilias“ und „Odyssee“ über Geschichte und Götter der Griechen. Er schildert den Kampf der Griechen gegen die Trojaner und die Abenteuer des Odysseus. Die Griechen glaubten, dass die Götter auf den unerreichbaren Höhen des Berges Olymp wohnten. Sie sahen aus wie Menschen und hatten menschliche Vorlieben und Schwächen, aber sie besaßen viel Macht und waren unsterblich. Man verehrte die Götter, baute ihnen zu Ehren Tempel und achtete überlieferte Traditionen. Man lebte gemeinsam mit den Göttern.

Ein Textausschnitt der „Ilias“ zeigt uns, wie man sich das vorstellte: Der Zweikampf des Achill(eus) mit dem Trojaner Hektor vor der Stadt ist in vollem Gange, doch nicht nur dort …

Q „Hoch in den Lüften tobte jetzt der Kampf der Götter gegeneinander. Ares fehlte mit seinem Speer Athena, sie aber schleuderte einen mächtigen Felsen wider ihn, dass er klirrend zur Erde stürzte. Aphrodite wollte ihm helfen, doch da schlug Athena sie mit der flachen Hand vor die Brust, dass auch sie umsank. Hera und Zeus freuten sich über das Ringen der Himmlischen. Auf der verbrannten […] Ebene aber raste Achilles mit Speer und Schwert gegen die Trojaner und trieb die Überlebenden durch das Stadttor, das Priamos vorsorglich hatte öffnen lassen. […] (Hektor stellte sich dem Zweikampf.)
Als die Helden zum vierten Male die Mauer umkreisten, hob Zeus die goldende Waage mit den zwei Todeslosen empor und wog sie gegeneinander. Hektors Waagschale sank tief zum Hades hinab. Da verließ ihn Apollon. […]“

(Zit. nach: Günter Schwab (Hg.), Die schönsten Sagen des klassischen Altertums, München (Goldmann) o.J., S. 147)

Die Reste des Tempels von Delphi

Die Götter als Ratgeber

Die Griechen glaubten, dass man die Götter an bestimmten Orten um Rat fragen kann. Man nannte diese Orte Orakel. Das berühmteste Orakel war der Apollontempel in Delphi. Dort gab es die Priesterin Pythia, die die Fragen entgegennahm. Man musste eine Gebühr entrichten und ein Opfertier schlachten, dann wurde man zur Priesterin in den Tempel gelassen. Diese begann zu tanzen, setzte sich durch Einatmen von bestimmten Dämpfen in einen Rauschzustand und gab in diesem Zustand Antworten auf die Fragen. Oft waren diese rätselhaft und schwer zu verstehen. Ein Priester half den Ratsuchenden bei der Deutung des Orakels. Die Griechen hielten die Antworten für Hinweise des Gottes Apollon.

?

1. Worin bestehen die Unterschiede zwischen dem christlichen Glauben und dem Götterglauben der Griechen?
2. Woran kann man erkennen, dass es sich um sehr menschliche Götter handelte?
3. Zeichne einen Stammbaum der Götter.

Die griechische Götterfamilie

①
Der Göttervater **ZEUS** regiert die Welt vom Olymp. Er trägt den Blitz in der Hand und lässt es stürmen und gewittern.

②
HERA, die Frau des Göttervaters, ist die Schutzgöttin von Ehe und Familie. Sie trägt eine Krone.

③
ARES, ein Sohn von Hera und Zeus. Er ist der Gott des Krieges. Er trägt Schild und Speer.

④
ATHENE ist die Schutzgöttin der Stadt Athen. Sie gilt als Göttin der Klugheit und hat keine Mutter. Sie ist direkt aus dem Kopf des Zeus entstiegen. Sie trägt Helm, Speer und Schild.

⑤
POSEIDON, der Gott des Meeres, wühlt mit seinem Dreizack die Meere auf. Er ist ein Bruder des Zeus.

⑥
APOLL, der Gott der Jugend und Musik. Seine Mutter Leto war eine Geliebte des Zeus. Man erkennt ihn am Instrument.

⑦
HADES, ein Bruder des Göttervaters, ist der Herrscher über das Reich der Toten. Er wird vom dreiköpfigen Höllenhund Kerberus begleitet.

⑧
HEPHAISTOS, ein Sohn von Hera und Zeus, schmiedet Waffen in den feuerspeienden Bergen. Er ist der Gott der Schmiedekunst.

⑨
ARTEMIS, Zwillingsschwester des Gottes Apoll, ist die Göttin der Jagd und für wilde Tiere zuständig.

⑩
APHRODITE, die Göttin der Liebe. Sie ist verheiratet mit ihrem Bruder Hephaistos. Man erkennt sie am Spiegel.

⑪
HERMES, der Götterbote, ist an den Flügelschuhen zu erkennen.

A

B

C

D

E

F

G

H

I

J

K

?
Finde heraus, welche Beschreibung zu welcher Abbildung passt.

Olympia – ein großes gemeinsames Fest

Die Anfänge der Olympischen Spiele gehen auf das antike Griechenland zurück. Ursprünglich waren es religiöse Feste zu Ehren des Göttervaters Zeus. Während der Dauer der Spiele (fünf Tage) mussten alle Kriege ruhen und es durfte auch kein Krieg begonnen werden. Aus dem ganzen Land reisten die Menschen nach Olympia. Nur freie griechische Männer waren als Sportler zugelassen und jeder Sportler vertrat seinen Stadtstaat. Die Teilnahme galt als große Ehre. Für die Zuschauer waren die Spiele kostenlos.

Jeder Sportler musste zu Beginn der Spiele schwören. Der Grieche Pausanis berichtete darüber im 2. Jahrhundert n. Chr.:

Q „Die Zeusstatue […] hat den Beinamen Horkios (Schwurgott) und hält in jeder Hand einen Blitz. Bei ihr müssen die Athleten und ihre Väter und Brüder und auch die Lehrer über einem Eberopfer schwören, dass sie sich keinen Verstoß gegen die olympischen Wettkämpfe zuschulden kommen lassen werden [und] dass sie sich insgesamt zehn Monate nacheinander der sorgfältigen Übung hingegeben haben. […] Vor den Füßen des Horkios ist eine Broncetafel; darauf stehen Verse, die den Meineidigen Furcht einflößen sollen."

(zit. nach: Ludwig Drees, Olympia, Stuttgart, Kohlhammer, 1967, S. 79)

Wer trotzdem gegen die Regeln verstieß, bekam eine Strafe und fiel bei den Zuschauern in Ungnade.
Ähnlich wie bekannten Sportlern heute ging es damals den Siegern. Zwar bekamen sie nur einen Siegerkranz, waren aber große Stars und erhielten bemerkenswerte Vergünstigungen in ihren Stadtstaaten. Man sah im Sieg die Überlegenheit der eigenen Stadt gegenüber den anderen. Athen z.B. gewährte seinen Olympiasiegern Steuerfreiheit auf Lebenszeit, einen Ehrenplatz im Theater und 500 Drachmen als Geschenk (Gegenwert ca. 100 lebende Ochsen). Durch die Namenslisten der Sieger sind die Spiele ab 776 v. Chr. schriftlich nachgewiesen. Sie fanden in der Regel alle vier Jahre statt, bis sie 393 n. Chr. vom christlichen römischen Kaiser als heidnischer Brauch verboten wurden.

Der heilige Bezirk von Olympia

(1) Gymnasion (Trainingsstätte für Leichtathleten)

(2) Palästra (Trainingsstätte für Ringkampf und Allkampf)

(3) Wohnung der Priester (?)

(4) Werkstatt des Bildhauers Phidias (in ihr schuf er im 5. Jahrhundert v. Chr. die Zeusstatue für den Tempel und Statuen der Sieger).

(5) Leonidalon (Hotel für die Ehrengäste)

(6) Rathaus

(7) Zeus-Tempel, 471–457 v. Chr. erbaut, 64 x 27 m, Höhe 20 m (in ihm stand die ca. 12 m hohe Statue: Zeus auf einem Thron sitzend, aus Gold und Elfenbein; in dem Gelände um den Tempel waren bis zu 3 000 Statuen aus Marmor, Gold und Elfenbein aufgerichtet).

(8) Zeus-Altar (auf der Asche der Opfertiere errichtet, bis zu 7 m Höhe angewachsen; außer ihm gab es noch 69 Altäre, auf welchen jeden Tag während der Spiele Opfer gebracht wurden).

(9) Philippeion (von Alexander dem Großen zu Ehren seiner Familie errichtet)

(10) Prytanelon (für die Festessen der Sieger und Ehrengäste)

(11) Hera-Tempel, Säulen ursprünglich noch aus Holz

(12) Brunnenanlage

(13) Schatzhäuser griechischer Städte (zur Aufbewahrung wertvoller Weihegeschenke)

(14) Wandelhalle

(15) Stadion

1 504 Jahre vergingen, bis man sie wieder zum Leben erweckte. 1896 gab es die ersten Spiele der Neuzeit mit 311 Sportlern aus 13 Ländern.
Seitdem fanden die Spiele regelmäßig (bis auf Kriegszeiten) alle vier Jahre statt. Die besten Sportlerinnen und Sportler der Welt treffen sich und messen ihre Kräfte, ihr Geschick und ihr Können. Der Kampf um Bronze, Silber und Gold ist zum weltweiten Medienereignis geworden.
Zur Erinnerung an die Spiele im alten Griechenland wird das Olympische Feuer auch heute noch an der Ursprungsstätte mit einem Hohlspiegel entzündet und von begeisterten Sportlern an die modernen Wettkampfstätten in aller Welt gebracht z.B. 1996 nach Atlanta, USA.

?

1. Erarbeite in einer Tabelle die Unterschiede zwischen den alten und den neuen Spielen. Was ist gleich geblieben? Was hat sich geändert?
2. Betrachte die Bilder genau. Welche Sportarten sind zu sehen? Ein Bild passt nicht dazu – warum?
3. Vergleiche den Heiligen Bezirk von Olympia mit einer heutigen olympischen Sportanlage. Gibt es Unterschiede?
4. Frauen durften nicht an den Spielen teilnehmen. In Olympia feierten die Frauen zu Ehren der Göttin Hera ein eigenes Fest. Finde das passende Bild dazu.

Herrschaft und Gesellschaft im alten Griechenland

Athen – der Weg zur Demokratie

Vor 700 v. Chr.:

In Athen herrschten in alter Zeit Könige. Ihre Burg lag auf einem Berg über der Stadt, der Akropolis. Die Griechen bezeichneten die Königsherrschaft als **Monarchie**. Der König wurde bei seinen Entscheidungen von den Adeligen beraten. Die Adeligen wurden im Laufe der Zeit immer mächtiger.

Um 700 v. Chr. gelang es dem Adel, das Königtum ganz zu beseitigen. Der Adel übernahm die Macht und verteilte die Aufgaben des Königs auf mehrere Personen. Die Griechen nannten diese Staatsform **Aristokratie.** Sie meinten damit: Herrschaft der Besten, der Angesehensten.

ADELSHERRSCHAFT = ARISTOKRATIE

KÖNIGSHERRSCHAFT = MONARCHIE

Ca. 600 v. Chr.:
Knapp hundert Jahre standen sich Adel und Bauern feindselig gegenüber.

Viele Bauern hatten oft nur kleine Grundstücke. Jede Missernte bedeutete Not und sie mussten um Hilfe beim Adel bitten. Dadurch wurden sie abhängig. Als Gegenleistung arbeiteten sie auf den Feldern der Adligen. Manchmal mussten sie sogar Frau und Kinder in die Sklaverei verkaufen. Die wohlhabenden unter ihnen waren ebenfalls nicht zufrieden. Sie mussten als Soldaten bereit sein, waren aber an politischen Entscheidungen nicht beteiligt.
Die Adligen misstrauten sich untereinander. Aus Angst vor einem Bürgerkrieg beauftragten die Athener im Jahre 594 v. Chr. den reichen Kaufmann **Solon** damit, den Streit zu beenden. Solon erließ neue Gesetze: Die versklavten Bauern wurden frei, die Schulden erlassen und Volksgerichte wurden geschaffen, vor denen jeder Bürger Klage erheben konnte.
Alle freien Männer Athens, auch die Kleinbauern, durften in einer Volksversammlung über Gesetze entscheiden. Nur die höchsten Ämter blieben den reichen Adligen vorbehalten. Das waren die ersten Schritte zur Demokratie.

507 v. Chr.:
Kleisthenes will zurück zur Demokratie.

Nach dem Tod des Peisistratos versuchten seine beiden Söhne die Tyrannei fortzusetzen. Sie übertrieben den Missbrauch der Macht. Der eine wurde ermordet, der andere unter der Führung des Kleisthenes vertrieben. Die Bürger Athens begannen nun mehr und mehr, die Herrschaftsform der Tyrannei zu hassen. Sie wollten wieder mehr Rechte haben.
Die Volksversammlung wurde wieder zum wichtigsten Entscheidungszentrum der Politik. Alle männlichen Bürger durften an der Volksversammlung teilnehmen, über alles abstimmen und die höchsten Beamten wählen. Kleisthenes hatte eine Verfassung geschaffen, die vielen Menschen die Teilnahme an der Politik ermöglichte. Die Regierung wurde durch Los bestimmt und wechselten alle 36 Tage. Auf diese Weise konnte jeder freie Bürger Staatsoberhaupt werden.

?

HERRSCHAFT DES VOLKES = Kleisthenes' DEMOKRATIE

?

HERRSCHAFT EINES EINZELNEN = TYRANNEI

561 v. Chr.:
Tyrannen stoppen die Entwicklung zur Demokratie.

Viele Adlige waren unzufrieden. Sie hatten durch den Schuldenerlass einen Teil ihres Vermögens verloren. Dem Adligen Peisistratos und seinen Anhängern gelang es, die Macht an sich zu reißen. Er eroberte 561 v. Chr. die Akropolis und machte sich zum Alleinherrscher.
Die Griechen nannten diese Herrschaftsform Tyrannia. Ein Tyrann ist jemand, der die Macht an sich reißt, alleine regiert und die Gesetze missachtet.
Peisistratos ließ neue Straßen und Plätze anlegen, errichtete schöne Tempel und ließ für Athen eine große Wasserleitung bauen. Beliebt machte er sich auch durch festliche Veranstaltungen, Theateraufführungen und Wettkämpfe.

HERRSCHAFT DES VOLKES = DEMOKRATIE unter Perikles

HERRSCHAFT DES VOLKES = Solons DEMOKRATIE

443 v. Chr.:
Perikles vollendet die Demokratie.

40 Mal im Jahr tagte die Volksversammlung. Ein politisches Amt wurde nicht bezahlt, deshalb war es nur einer Minderheit von Wohlhabenden möglich, an den Volksversammlungen teilzunehmen und ein politisches Amt auszuüben.
Das änderte sich in der Zeit des Adeligen Perikles. Mit seiner Redekunst gelang es ihm immer wieder, die Volksversammlung von seinen Vorschlägen zu überzeugen. Perikles brachte Anträge ein, die es den Angehörigen der unteren Schichten ermöglichten, sich mehr mit der Politik zu beschäftigen. In seiner Zeit wurden zum ersten Mal Geldzahlungen an Ratsherren, Richter und wahrscheinlich auch an Beamte eingeführt, die sogenannten Diäten. Damit hatten auch weniger wohlhabende Leute die Möglichkeit, in der Politik eine führende Rolle zu übernehmen. Das Zeitalter des Perikles gilt als der Höhepunkt der Demokratie in Athen. Perikles starb im Jahre 429 an der Pest.

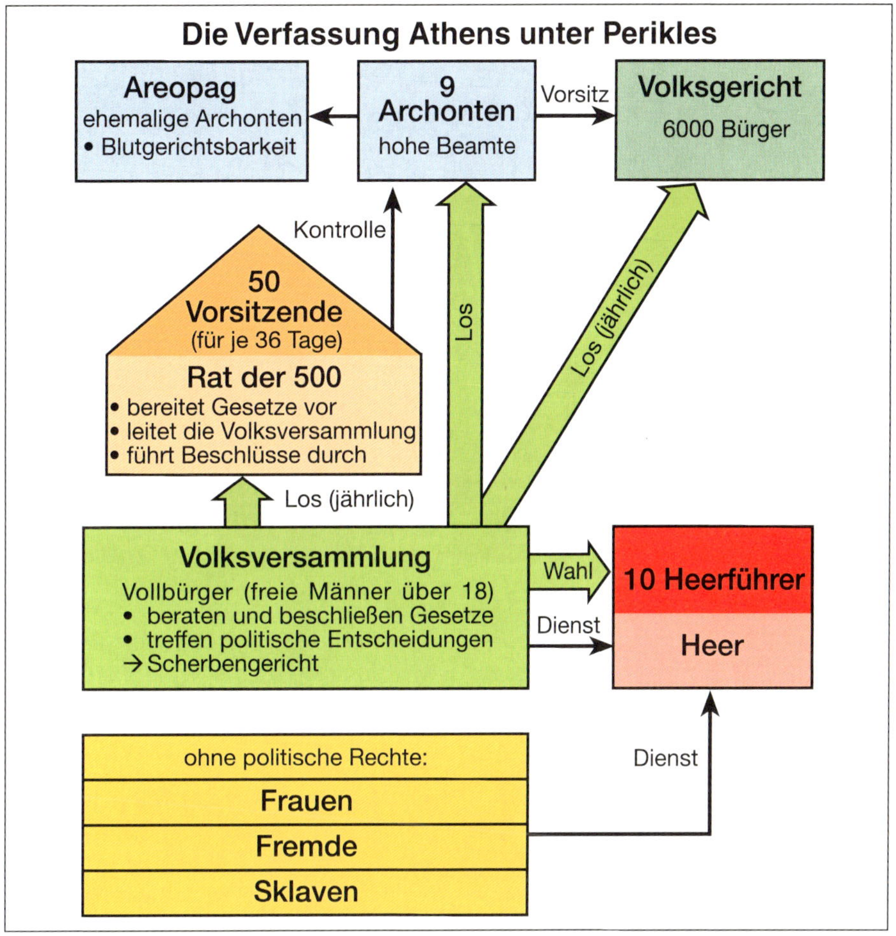

?

1. Die genannten Herrschaftsformen sind immer einem Text zuzuordnen.
2. Das Schaubild oben zeigt, wie die Athener Demokratie funktionierte. Versuche es zu erklären.
3. Wenn du das Schaubild über die Zusammensetzung der Bevölkerung genau betrachtest, dann stellt sich aus unserer heutigen Sicht die Frage, ob es eine wirkliche Demokratie war. Warum?

Die Volksversammlung in Athen entscheidet

Von 431–404 v. Chr. führte Athen Krieg gegen den Stadtstaat Sparta. Die folgende Situation spielt in Athen im Winter 416 v. Chr., später Vormittag:

6000 Männer füllen den Platz der Volksversammlung. Obwohl die Sonne scheint, sind die meisten Gesichter ernst. Die zur Teilnahme berechtigten Vollbürger sprechen über die Zerstörungen in der Stadt und die zahlreichen Opfer, die der Krieg gegen Sparta bis jetzt gefordert hat.
Heute soll über einen neuen Krieg abgestimmt werden. Einige Athener planen, die Flotte gegen Syrakus auf die Insel Sizilien zu entsenden, denn die Syrakuser sind mit Sparta verbündet und damit ein Feind Athens.
Wie jede Volksversammlung beginnt auch die heutige mit einem Tieropfer, um den Beistand der Götter zu erbitten. Dann tritt der Vorsitzende aus dem Rat der 500 nach vorne und verliest die Tagesordnung:
„Soll Athen seine Flotte gegen Syrakus führen?“
Wer von den 6000 das Wort ergreifen will, lässt sich in die Rednerliste eintragen. Jeder freie Bürger hat Rederecht in der Versammlung.
Als erster spricht Nikias, ein Athener:
„Ich sage euch, ihr werdet euch zu den zahlreichen Feinden, mit denen ihr es schon hier zu tun habt, durch eure Fahrt noch neue auf den Hals laden. Mit diesem Kriegsvorhaben werdet ihr unser schwer kämpfendes Staatsschiff in die Gefahr des Untergangs bringen. Bedenkt, dass wir uns eben erst von schwerer Seuche und Krieg ein wenig erholt haben.“
Von denen, die nach Nikias sprechen, sind die meisten gegen den Krieg.
Doch dann spricht Alkibiades, ein Neffe des Perikles:
„Syrakus hat bereits eine unserer verbündeten Städte unterworfen. Andere Städte erbitten unsere Hilfe. Wir sind die Schutzmacht und können die Hilfe für unsere Verbündeten nicht ablehnen.“ Alkibiades schwärmt der Versammlung vom großen Reichtum Siziliens vor. Er schildert die Insel als den „goldenen Westen“ und begeistert stimmt nach seinem flammendem Kriegsaufruf die große Mehrheit der Versammlung den Kriegsplänen zu.
Der Kriegsbeschluss wird von einem Staatssklaven in Stein gemeißelt, sodass jeder Bürger Athens sich darüber informieren kann.
Die Volksversammlung ist beendet. Die Männer strömen heftig diskutierend auf die Plätze und die Gassen in der Stadt.

(frei erzählt nach einem Bericht des Thukydides aus: Der Peloponnesische Krieg, 5 u. 6)

?

Nach ihrem eigenen Selbstverständnis habe die Männer in der Volksversammlung eine demokratische Entscheidung getroffen.

1. Was beeinflusste ihre Entscheidung?
2. Wie werden die Wahlentscheidungen der heutigen Wähler beeinflusst?

Mit kleinen Bronzeplättchen wurde abgestimmt. Hohl bedeutete „schuldig“, massiv „nicht schuldig“.

Vor Gericht wurde die einem Angeklagten zustehende Zeit für seine Verteidigung mit einer Wasseruhr begrenzt. Nach etwa sechs Minuten war das Wasser aus dem Topf geflossen.
Warum hat das dem Alkibiades nichts genützt?

Ein merkwürdiger Verdacht

Die Volksversammlung war von der Redekunst des Alkibiades so begeistert, dass sie ihm auch die uneingeschränkte Befehlsgewalt über die Flotte im Kriegszug gegen Syrakus zubilligte. Doch dann, inmitten des allgemeinen Jubels, geschah etwas Merkwürdiges. In einer einzigen Nacht wurden in Athen an mehreren Götterstatuen die Gesichter zerschlagen. Die Gegner des Alkibiades schafften es, den Verdacht der Täterschaft auf diesen zu lenken. Der Geschichtsschreiber Plutarch berichtet, dass dessen prunksüchtiges Auftreten und sein Leben in „Schwelgerei und Üppigkeit“ zuvor den Neid vieler Athener erregt hatten. Auch fürchteten sie, Alkibiades könne die Macht in der Stadt an sich reißen und eine Tyrannis errichten. Sie wollten seine Verbannung oder noch besser: seinen Tod.
Bevor er zum Kriegszug aufbrach, konnte Alkibiades die Volksversammlung von seiner Unschuld überzeugen. Doch später schlug die Stimmung gegen ihn um. Alkibiades wurde in Abwesenheit zum Tode verurteilt, sein gesamter Besitz mit all seinen Prunkmöbeln wurde beschlagnahmt.

Wie war das möglich?

In Athen war das Volk selbst auch das Gericht. Alle Bürger über 30 konnten Mitglied im Volksgericht werden, das aus 6000 Personen bestand. Daraus wurde der Rat der 500 durch Los ermittelt. Er bereitete die Gerichtsentscheidungen vor und stellte sie der Volksversammlung zur Abstimmung. Im Fall des Alkibiades stimmte die Mehrheit der Versammlung für „schuldig“. Die Todesstrafe wurde dann von den Geschworenen festgelegt und verkündet.

Das Scherbengericht

Die Athener fürchteten stets, ein Tyrann könne wieder die Macht übernehmen. Deshalb gab es auch das Scherbengericht, mit dem sie ungeliebte Personen für zehn Jahre in die Verbannung schicken konnten. Wenn mindestens 6000 Bürger den Namen eines bestimmten Mannes auf Tonscherben ritzten, bedeutete es für diesen zehn Jahre Verbannung. Bei Alkibiades war die Versammlung noch strenger verfahren.
Übrigens: Der Krieg gegen Syrakus endete für Athen mit einer schweren Niederlage. Alkibiades flüchtete zunächst zu den Spartanern und dann zum König der Perser. Als er acht Jahre später nach Athen zurückkehrte, wurde er erneut bejubelt. Den Athenern tat jetzt die Verurteilung Leid und sie setzten das Urteil außer Kraft.

So sah eine Tonscherbe aus. 6000 von ihnen waren für ein Verbannungsurteil notwendig.

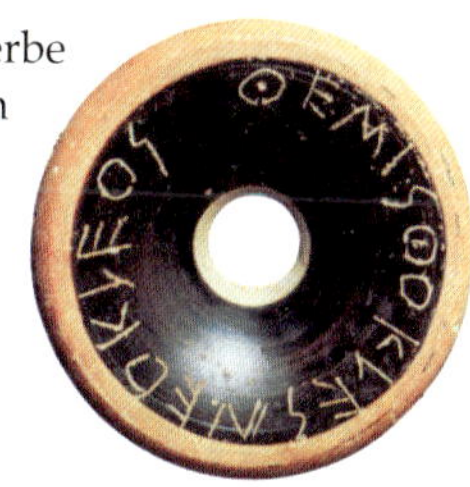

?

1. Lies die Texte genau und notiere dir einige Stichworte zum Schicksal des Alkibiades.
2. Warum verurteilten die Athener Alkibiades? Hatten sie einen Grund, das Urteil später wieder aufzuheben?
3. Ist eine demokratische Entscheidung grundsätzlich immer eine richtige Entscheidung?

Handel und Handwerk in Athen

Seit ca. 477 v. Chr. stand Athen an der Spitze eines Seebundes mehrerer Stadtstaaten. Die Bündnispartner mussten Beiträge an Athen zahlen. Diese nutzen einen großen Teil des Geldes zum Ausbau ihrer Stadt. Im 5. Jahrhundert stand Athen in voller Blüte. Es war eine Stadt des Handwerks und Handels, aber auch eine Stadt der Demokratie und der Kultur. Heute würde man sagen „Es ging was ab in dieser Stadt!“ Athen war zur führenden Seemacht geworden und beherrschte den Mittelmeerraum. Ein reger Warenverkehr mit Produkten aus der Stadt und aus aller Welt wurde über Athen abgewickelt. Manche Händler wurden dabei sehr reich, obwohl sie auch immer ein Risiko eingingen, denn Unwetter und Piraten erschwerten den Handel.
Große Gewinne erwirtschafteten die Pächter von Bergwerken. In den Gruben südlich von Athen arbeiteten zeitweise bis zu 20 000 Sklaven und teilweise auch freie Arbeiter unter härtesten Bedingungen. Der Reichtum Athens gab vielen Handwerkern Beschäftigung und damit Einkommen. Auf Vasenbildern sind oft Szenen aus dem Handwerk abgebildet. So wissen wir heute etwas über die Berufe.

Akropolis (Modell)

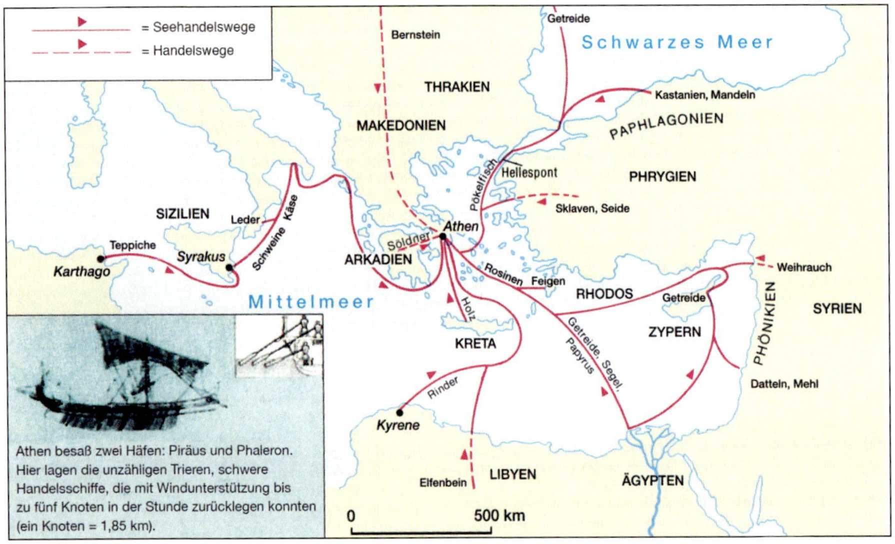

Athen besaß zwei Häfen: Piräus und Phaleron. Hier lagen die unzähligen Trieren, schwere Handelsschiffe, die mit Windunterstützung bis zu fünf Knoten in der Stunde zurücklegen konnten (ein Knoten = 1,85 km).

?

1. Was erfahren wir im Autorentext über die Bedeutung der Stadt Athen?
2. Mit welchen Waren aus aller Welt wurde in Athen gehandelt? Fertige eine Übersicht in Form einer Tabelle! Unterscheide zwischen Lebensmitteln, Luxusgütern und anderen Waren und vergiss nicht zu notieren, woher sie kommen.
3. Mit welchen Ländern hätten die Athener nach der heutigen Landkarte Handelsbeziehungen?

INFORMATIONEN AUS BILDERN GEWINNEN – DAZU MUSS MAN:

- die Bilder genau ansehen,
- auch auf Details achten.

Folgende Berufe sind zu erkennen:

> Schmied
> Händler
> Schuhmacher
> Töpfer
> Erzgießer für Statuen
> Waffenschmied

Ordne sie den entsprechenden Bildern zu.

Passt Sklaverei zur Demokratie?

In einem Bergwerk bei Athen – Warum begrüßen alle den Tod? Ein griechischer Schriftsteller berichtet:

Q „Die jüngeren Männer arbeiten […] kriechend und mit einer Lampe an der Stirn, indem sie den Metalladern folgen. Der geschlagene Quarz wird von Kindern herausgeschleppt, draußen zertrümmern ihn ältere Männer mit einem Hammer. Das Kleingeschlagene wurde dann in Steinmühlen zu Staub gemahlen, die aber nicht, wie sonst üblich, von Ochsen, sondern von Frauen gedreht wurden, je drei an einer Stange. Bei ihnen standen bewaffnete Wächter, von denen sie mit Schlägen angetrieben wurden. Ohne Rücksicht auf ihren körperlichen Zustand mussten sie arbeiten; während des Schlafes wurden sie gefesselt. Alle begrüßten den Tod, wenn er nahte."

(Agathárchides (2 Jh. v. Chr.) nach William Tarn/G.T. Griffith, Die Kultur der hellenistischen Welt, Darmstadt 1966, übers. von Gertrud Bayer, S. 302f., bearbeitet)

Wer waren die Sklaven in Athen?

Zur Zeit des Perikles bestand ein Drittel der Gesamtbevölkerung Athens aus Sklaven. Das waren etwa 100 000. Ein Sklave galt als eine Ware, die man kaufen und verkaufen konnte. Viele männliche Sklaven waren als Kriegsgefangene nach Athen gelangt, viele Frauen und Kinder hatten die Athener in Kriegszügen aus den eroberten Städten weggeführt. Mancher Kriegszug der Athener wurde hauptsächlich aus dem Grund unternommen, fremde Menschen gefangen zu nehmen und in die Sklaverei zu verkaufen. Auch kamen Menschen in die Sklaverei, weil sie ihre Schulden nicht bezahlen konnten. Es kam vor, dass in Not geratene Eltern ihre Kinder als Sklaven verkauften.

Das Bild oben stammt aus der Zeit um 600 v. Chr. und zeigt Sklaven in einem Bergwerk bei Athen. Erwachsene Sklaven bauen das Erz ab. Ein Mädchen und ein Junge, ebenfalls Sklaven, tragen die Körbe aus der Grube oder aus dem Stollen heraus. Wir sehen nur ein Bild; die Hitze, den Staub, den Lärm, die Schläge der Wächter müssen wir uns vorstellen.

Sklaven wurden auf großen Märkten gehandelt. Ihr Preis war unterschiedlich, auch schwankte er nach dem Angebot: Kräftige, junge Sklaven waren teurer als ältere. Handwerklich gut ausgebildete teurer als ungelernte. Vie-

?

1. Demokratie und Sklaverei? Wie passt das zusammen? Wenn du diese Doppelseite durchgearbeitet hast, kannst du versuchen, eine Antwort auf die Frage zu formulieren.
2. Halte zunächst fest:
   a) Welche Gruppen von Sklaven gab es in Athen?
   b) Wo arbeiteten sie?
   c) Unter welchen Bedingungen arbeiteten sie?

le Sklaven arbeiteten in der Landwirtschaft oder im Handwerk, zum Beispiel als Tischler oder Schmied. Manche Athener kauften sich eine große Anzahl von Sklaven, vermieteten sie als Arbeitskolonnen und lebten von den Einnahmen. Zahlreiche Haussklaven waren als Mägde, Knechte, Schreiber oder Lehrer im Haushalt einer Familie beschäftigt. Sie hatten es besser als diejenigen, die in den Bergwerken schuften mussten. Sie wurden meist geachtet, im Krankheitsfall versorgt und hatten die Chance für gute Dienste die Freiheit geschenkt zu bekommen.
Sklaven hat es nicht nur in Athen gegeben. Alle Völker des Altertums kannten die Sklaverei. Wie aber war es möglich, dass die Athener einerseits die freiheitliche Staatsform der Demokratie erfinden konnten und andererseits überhaupt kein schlechtes Gewissen kannten, wenn es um das Halten von Sklaven ging?

Der folgende Text des Aristoteles, eines berühmten griechischen Philosophen, gibt uns Auskunft darüber, wie damals über Sklaverei gedacht wurde.

Q „Manche Lebewesen zeigen schon bei ihrer Geburt so große Unterschiede, dass die einen zum Dienen, die anderen zum Herrschen bestimmt erscheinen. Es gibt viele Arten dienender Wesen, zum Beispiel Tiere und Sklaven. Es ist vorteilhafter, über einen Menschen zu herrschen als über ein Tier, denn er leistet mehr. Alle, deren Leistung aus körperlicher Arbeit besteht, sind von Natur aus Sklaven, und für sie ist es besser, als solche zu leben. Denn Sklave von Natur ist, wer Vernünftiges zwar versteht, selbst aber keine Vernunft hat."

(Aristoteles, Politik 1259bff., gekürzt und bearbeitet nach W. Nestle, Aristoteles, Hauptwerke. Stuttgart 8/1977, S. 290f.)

Wie bewertet ein Schriftstellerteam heute die Sklaverei?

„Die Historiker müssen der Tatsache ins Auge sehen, dass die erstaunliche Schönheit und die gewaltigen Leistungen der „ersten Demokratie der Welt" zu einem großen Teil durch die Mühen der Menschen finanziert wurden, die man offensichtlich kaum besser als Tiere behandelte."

(aus: Das klassische Griechenland, (Time-Life-Verlag) Washington – Hamburg 1994. S. 85)

?

1. Im Bild auf S. 78 sieht man rechts oben ein Mädchen und unten in der Mitte einen Jungen.
   Kannst du dir die Lebensgeschichte dieses Mädchens und dieses Jungen vorstellen? Kannst du ihnen Namen geben? Hast du Vermutungen, wie sie in die Sklaverei gekommen sind?
   Was tun sie am Tag und in der Nacht? Wovor haben sie Angst, wovon träumen sie?
2. Noch oft wirst du im Geschichtsunterricht den Problemen der Sklaverei begegnen, denn erst in der Neuzeit hat sich der Gedanke durchgesetzt, dass ein Mensch nicht das Eigentum eines anderen Menschen sein darf. Was geht einem modernen Menschen durch den Kopf, wenn er sich mit Sklaverei beschäftigt? Sprecht darüber miteinander. Danach kann jeder von euch aufschreiben: Wie dachte man damals über die Sklaverei?

SICH AUSTAUSCHEN UND DISKUTIEREN IN EINEM KREISGESPRÄCH

VORBEREITUNG:
1. Das Thema muss klar benannt sein. Jeder muss Bescheid wissen.
2. Jeder muss den Text oder die anderen Materialien sorgfältig studieren und sich seine Gedanken dazu machen.
3. Man kann sich Notizen für den Gesprächskreis anfertigen.

DURCHFÜHRUNG:
4. Der Lehrer oder ein Schüler muss die Gesprächsleitung übernehmen.
5. Es ist darauf zu achten:
   - dass jeder zu Wort kommt,
   - dass immer nur einer redet,
   - dass niemand dazwischenruft oder dumme Bemerkungen macht,
   - dass die Beiträge zum Thema gehören,
   - dass niemand zu lange redet.

   Der Gesprächsleiter kann Zwischenergebnisse zusammenfassen.

TEILNEHMER:
6. Hören den anderen zu und konzentrieren sich.
7. Geben Antwort oder bringen Beiträge zu dem, was gesagt wurde.
8. Versuchen sich nicht zu wiederholen.
9. Reden in ganzen Sätzen und laut genug, sodass alle verstehen, was gesagt wird.
10. Akzeptieren den Gesprächsleiter und seine Anweisungen.
11. Sind bereit auch Rückfragen zu beantworten.

... und wie ging es den Frauen in Athen?

Auf seiner Reise nach Ägypten (450 v. Chr.) war der Grieche Herodot erstaunt über die Rechte der ägyptischen Frauen. Für ihn war es ungewöhnlich, Frauen als Händlerinnen auf den Märkten zu sehen. Er stellte sich vor, die Männer saßen zu Hause und webten Gewänder.

Q „Eine gute Ehefrau soll im Inneren des Hauses wirken und nach den Gesetzen über alles dort Vollmacht haben. Sie soll niemandem den Zutritt gestatten, wenn es der Mann nicht weiß, und sich besonders hüten vor dem Gerede zwischen Frauen, das die Seelen verdirbt. Als Herrin über die Ausgaben und Aufwendungen für die Festlichkeiten soll sie in Anschaffungen, Kleidung und Ausstattung noch hinter dem zurückbleiben, was die Gesetze ihres Staates festlegen; sie soll immer bedenken, dass nicht die Sucht nach auffallendem Schnitt ihrer Kleider oder nach einer Masse Goldschmuck den Wert der Frau bestimmt, sondern Mäßigung in jedem Verhalten und das Streben nach einem geregelten, ehrenwerten Leben. [...] In allem Übrigen aber soll sie bestrebt sein, dem Manne zu folgen. Sie soll nicht auf ihre Mitbürgerinnen hören und dem Mann sich in allen Dingen unterwerfen, seine Pläne unterstützen und seinen Anordnungen gehorchen."

(Pseudo-Aristoteles, Über Haushaltung in Familie und Staat III; in: Rolf Illinger (Hg.), Lust an der Geschichte – Leben im antiken Griechenland (Piper) München 1990, S. 205f., bearbeitet)

Frauenalltag in Athen

Die Stellung der griechischen Frau war in den zahlreichen Stadtstaaten verschieden. Es ist verwunderlich, dass in Athen, wo die Staatsform der Demo-

kratie geboren wurde, die Frau im öffentlichen Leben so gut wie keine Rolle spielte.

Die Frau, Herrin des Hauses

Eine athenische Ehefrau verbrachte den größten Teil ihres Lebens im Inneren des Hauses. Die Räume der Frauen lagen im oberen Stock, abgeschirmt von den Räumen, in denen der Hausherr männliche Besucher empfing.

Q „Es steht dem Manne zu, über Frauen und Kinder zu herrschen. Denn der Mann ist mehr zur Führung begabt als die Frau. Die Fähigkeit nachzudenken hat z.B. der Sklave überhaupt nicht; die Frau besitzt sie, aber ohne daraus Entscheidungen zu

fällen und diese durchsetzen zu können. Der Mann beweist die Tapferkeit beim Herrschen und sie beim Dienen."

(Aristoteles, Politik 1259 bff.; gekürzt und bearb. nach Nestle, Aristoteles, Hauptwerke, Stuttgart 8/1977, S. 290)

Hatten die Männer Angst um die Frauen?

Frauen und Mädchen aus wohlhabenden Familien lebten ziemlich abgeschirmt von den Männern. Selbst mit männlichen Verwandten sprachen sie selten. Die Männer verbrachten den Tag draußen, während die Frauen und ihre Töchter im Haus bleiben mussten.
Ein Grieche fürchtete, dass seine Frau einen Geliebten finden könnte. Wenn es dazu kam, konnte niemand mit Sicherheit wissen, wer der Vater ihrer Kinder war. Die Kinder durften dann keine Staatsbürger werden. Dies war eine Schande für die ganze Familie.

Wie lebten arme Frauen?

Einfache, arme Frauen konnten es sich nicht leisten, im Haus zu bleiben. Sie gingen hinaus um zu arbeiten: um Wasser zu holen, Waren auf dem Markt zu verkaufen oder Obst zu pflücken. Manche stillten auch als Ammen die Babys anderer Leute. Ein Mädchen aus armem Haus, das oft draußen war, traf junge Männer und heiratete vielleicht aus Liebe.
Die Töchter der Reichen durften keine Männer kennen lernen und ihre Hochzeit wurde von den Eltern arrangiert.

Wie lebte eine reiche Frau?

Die wohlhabende Athenerin blieb zu Hause und beaufsichtigte die Sklaven. Sklaven erledigten den größten Teil der Hausarbeit und zogen die kleinen Kinder auf. Einige der Frauen konnten lesen und sahen oder lasen gern die anspruchsvollen griechischen Tragödien. Aber Mädchen gingen nicht zur Schule und wahrscheinlich konnten die meisten weder lesen noch schreiben. Einige Männer glaubten, dass man Frauen das Lesen gar nicht erlauben dürfe. Sie würden sonst zu viel lernen und dann mit ihren Männern streiten!
Es gab jedoch nicht nur das abgeschiedene Leben der Frauen in der Gemeinschaft des Hauses. In der Dichtung Homers und in zahlreichen Theaterstücken wurden Frauengestalten hoch verehrt und auch die Göttinnen sind von den Griechen großartig gefeiert worden.

?

1. Welche Rolle war den Frauen in der Gesellschaft Athens zugedacht?
2. Warum hatten die Männer Angst, ihre Frauen allein in die Öffentlichkeit zu lassen?
3. Die Abbildungen zeigen Frauen bei verschiedenen Tätigkeiten, wie sie damals verrichtet wurden. Betrachte die Bilder genau, achte auf Details und beschreibe, was auf ihnen geschieht.
4. Reiche und arme Frauen konnten sehr unterschiedliche Lebensschicksale haben. Vielleicht waren einige Arme manchmal glücklicher. Warum wohl?
5. Gibt es eine Erklärung dafür, warum der Grieche Herodot das Leben der Frauen in Ägypten so erstaunlich fand?

Sparta – der ganz andere Stadtstaat

Kriegerfigur aus Sparta

Die Polis Sparta liegt im Süden der Halbinsel Peloponnes. Als die Bevölkerung in Griechenland zunahm, gründeten die Spartaner keine Kolonien wie die anderen Poleis. Sie eroberten nach und nach alles Land in ihrer Umgebung. Um 500 v. Chr. hatten sie die Herrschaft über die ganze Halbinsel Peloponnes übernommen.

Um die eroberten Gebiete halten zu können, mussten die Spartaner in ständiger Kriegsbereitschaft leben. Gegenüber der unterworfenen Bevölkerung waren sie nämlich deutlich in der Minderzahl. Die Krieger herrschten als kleine Oberschicht über eine große Mehrheit rechtloser Menschen. Von seinen Kriegern verlangte der Staat absoluten Gehorsam. Sie mussten Tag und Nacht zum Krieg bereit sein und hatten sich voll und ganz den strengen Gesetzen unterzuordnen. Freiheit, Vergnügen oder Reichtum gab es in Sparta nicht.

Die spartanischen Männer gehörten vom vollendeten 20. Lebensjahr an zur Volksversammlung. Hier beschlossen sie die Gesetze, die vorher der Rat der Alten ausgearbeitet hatte. Dabei konnten sie nur mit „Ja“ oder „Nein“ stimmen. Diskutieren war streng verboten.

An der Spitze des Staates standen drei Könige, deren Ämter vererbt wurden. Sie waren Priester, Richter und Feldherren. Fünf Aufseher, die sogenannten Ephoren, kontrollierten das Leben der Spartaner, den Rat der Alten und sogar die Könige. Widerspruchslos musste jeder den Befehlen der Ephoren gehorchen.

Das Leben in Sparta wurde ganz auf den Krieg ausgerichtet. Erziehung war hier Erziehung für den Krieg und für den Staat. Die Familie hatte in Sparta keinen großen Stellenwert.

Die lebensnotwendige Landarbeit mussten die Menschen leisten, die von den Spartanern unterworfen worden waren. Sie wurden Heloten genannt und ihre Zahl überstieg die der Krieger bei weitem. Sie hatten keinerlei Rechte und wurden wie Vieh gehalten. Regelmäßig machten die Spartiaten Jagd auf

Bronzestatue aus Sparta um 500. Der Krieger verbirgt sein Gesicht hinter einem Helm.

die Heloten und töteten sie. Für spartanische Jungen war das Töten von Heloten eine Mutprobe, für die sie nicht bestraft wurden.
Außerdem gehörten die Umwohner Spartas mit zur Polis. Sie waren keine Sklaven. Aber sie mussten Steuern zahlen und durften nicht an der Volksversammlung teilnehmen. Auch sie wurden immer wieder Opfer der gewaltsamen Verfolgung durch die Spartiaten.
Die Gewalt der Spartaner gegen die Heloten und Umwohner diente dazu, diese einzuschüchtern und Aufstände gegen die herrschende Minderheit der Krieger zu verhindern.

Wie wurden Mädchen und Jungen in Sparta erzogen?

Durch einen Bericht des griechischen Schriftstellers Plutarch wissen wir heute etwas über das Leben in Sparta um 600 v. Chr. Plutarch geht in seiner Beschreibung auf die Gesetze ein, die der spartanische König Lykurgos seinem Volk verordnet hatte. Dabei spielt die Erziehung eine große Rolle. Plutarch schrieb allerdings 700 Jahre nach der Zeit, über die er berichtet. Und so wissen wir nicht, ob der Bericht immer genau der Wahrheit entspricht.

Bis zum 7. Lebensjahr sorgten die Mutter oder eine vom Staat bestellte Amme für das Kind. Danach lebten die Jungen in militärischen Gruppen mit Gleichaltrigen zusammen. Erst ab dem dreißigsten Lebensjahr durften sie in ihr Haus zurückkehren, waren aber auch weiterhin eng mit ihrer Kampfgemeinschaft verbunden.
Auch die Mädchen erhielten eine strenge körperliche Ausbildung. Im Gegensatz zu den Jungen lebten sie jedoch weiter daheim. Frauen durften in Sparta an Spielen und Wettkämpfen teilnehmen. Es war ihnen möglich, Land zu besitzen und Vermögen anzusammeln. Krieg und Politik blieben jedoch Männersache.

Spartanische Frau

Über die Art und Weise, wie die Spartaner mit neugeborenen Kindern umgingen, berichtet Plutarch wörtlich Folgendes:

Q „Ob ein neugeborenes Kind aufzuziehen sei, entschied nicht der Vater. Er musste das Neugeborene an einen Ort bringen, wo die Ältesten das Kind untersuchten. Wenn es wohlgebaut und kräftig war, ordneten sie seine Aufzucht an; war es aber schwächlich und missgestaltet, so ließen sie es zu der so genannten Ablage, einem Felsabgrund am Taygetosgebirge bringen. Denn sie meinten, für ein Wesen, das von Anfang an nicht fähig sei, gesund und kräftig heranzuwachsen, sei es besser, nicht zu leben, sowohl um seiner selbst wie um des Staates willen."

(Plutarch, Große Griechen und Römer, eingel. u. übers. v. Konrad Ziegler, (Artemis) Zürich/Stuttgart 1954, S. 146, bearbeitet)

?

1. Wie wirken die Figuren auf dich? Beschreibe deine Gefühle.
2. Worin unterscheiden sich die Spartaner von den Athenern?
3. Warum mussten die Spartaner ein solches Leben führen? Hätte es aus unserer heutigen Sicht auch eine andere Lösung gegeben?
4. Schreibe deine Meinung über die Kindererziehung der Spartaner auf.
5. Kannst du erklären, was es bedeutet, wenn heute jemand das Wort „spartanisch" verwendet?

Der Mythos Schliemann – oder vom Krieg um Troja

Heinrich Schliemann machte im Jahr 1873 eine weltbewegende Entdeckung

Hat Heinrich Schliemann den berühmten „Schatz des Priamos“ selbst zusammengestellt, hat er mit seiner Grabwut vieles unwiederbringlich zerstört? Unzählige Geschichten und abenteuerliche Legenden ranken sich um Schliemann und seinen Fund.
Ohrgehänge, Diademe, Armreifen, Goldbecher, winzige Götterfiguren – der auch Hort genannte Schatz ist von unschätzbarem Wert. Benannt hat ihn Schliemann nach Priamos, dem legendären König von Troja. Zehn Jahre lang war Troja belagert und nach Homers Epos „Ilias“ nur durch eine List der Gegner besiegt worden: Wagemutige Männer schmuggelten sich versteckt im berühmt gewordenen „trojanischen Pferd“ in die gut bewachte Stadt ein und legten sie in Schutt und Asche. Vor mehr als 130 Jahren entdeckte Heinrich Schliemann (1822–1890), ein Pfarrerssohn aus Mecklenburg, der als Kaufmann reich geworden war, die antike Stadt. Von vielen belächelt und ausgerüstet mit Homers „Ilias“ hatte sich der Außenseiter 1868 aufgemacht, das legendäre Troja zu finden. Im Westen der heutigen Türkei, auf einem seit Jahrtausenden wichtigen Handelsweg, trieb er mit mehr als 100 Arbeitern einen gewaltigen Stollen in einen Hügel, den die Einheimischen „Hisarlik“ nannten. Nach vielen Jahren geduldiger und nervenaufreibender Suche war es endlich soweit: Schliemann hatte „seinen“ Schatz gefunden. Als sicher gilt inzwischen, dass Schliemann den Schatz mit knapp 9000 Einzelteilen tatsächlich in Troja gefunden hat, als ebenso sicher gilt allerdings auch, dass die Fundstücke rund 1000 Jahre älter sind, als zunächst von Schliemann angenommen, sie sind lange Zeit vor der Priamos-Phase entstanden. Wie sehr sich Dichtung und Wahrheit vermischen, ist noch immer ungeklärt – bis heute wurde kein noch so kleines Teilchen gefunden, das dem trojanischen Pferd zugeordnet werden kann.
Schliemann schmuggelte „seinen“ Schatz außer Landes, das Osmanische Reich jedoch beanspruchte einen Teil davon, es wurde Anklage gegen Schliemann erhoben. Die Verantwortlichen gaben sich später mit einer vergleichsweise geringen Abfindung zufrieden. Der eigenwillige Ausgräber und Altertumsforscher sah sich außerdem zahlreichen Anfeindungen und Verdächtigungen der Gelehrtenwelt ausgesetzt, widersprüchliche Aufzeichnungen und Verschleierungstaktiken Schliemanns taten ein Übriges. Schließlich übergab Schliemann seinen Fund dem Deutschen Museum für Ur- und Frühgeschichte in Berlin, im Gegenzug wurde er im Juli 1881 von Kaiser Wilhelm I. zum Ehrenbürger Berlins ernannt. Sechzig Jahre lang wurde der Schatz dort ausgestellt, bis er im zweiten Weltkrieg in ein bombensicheres Lager gebracht wurde. Nach Ende des Krieges war er spurlos verschwunden und tauchte erst in den 90er Jahren in Russland wieder auf. Er war erneut „Beutekunst“ geworden. Deutschland forderte seinen „Besitz“ zurück, Russland hatte ihn inzwischen aber zum Nationaleigentum erklärt und die Rückgabe ausgeschlossen. Wie vielschichtig die Rückforderungsansprüche sind, zeigt die Tatsache, dass auch die Türkei als „Herkunftsland“ Ansprüche an den Schatz erhebt. Wo immer er in Zukunft gelagert oder ausgestellt sein wird: Schliemanns Name bleibt für immer mit dem „Schatz von Troja“ verbunden.

Teile aus dem Schliemann-Schatz (Trojaausstellung Stuttgart)

Überblick ...

Die Ursprünge

Schon vor mehr als 4000 Jahren gab es in Griechenland eine erstaunlich hoch entwickelte Kultur. Um das Jahr 2000 v. Chr. drangen die Achäer von Norden her auf das Festland ein. Obwohl sie eigentlich Bauern waren, bauten sie in der Folgezeit mächtige Burganlagen. Bekannt ist z.B. der Palast von Mykene. Um 1200 v. Chr. zerstörten die Dorer die mykenische Kultur. Sie kamen ebenfalls aus dem Norden („Dorische Wanderung").

Um 800 v. Chr. gab es die ersten Städte. Sie waren selbstständig und hatten eigene, zum Teil sehr unterschiedliche Gesetze; man spricht von so genannten Stadtstaaten. Die Griechen hatten aber auch eine gemeinsame Tradition, sie nannten sich „Hellenen" und verehrten dieselben Götter, bauten Tempel nach demselben Muster und pflegten mit den Olympischen Spielen die Gemeinsamkeit ihrer Tradition.

Beispiel Athen

Aristokratie: Um 700 v. Chr. gelang es dem Adel, die Königsherrschaft (Monarchie) ganz zu beseitigen. Der Adel übernahm die Macht und verteilte die Aufgaben auf mehrere Personen.

594 v. Chr. – Solons Reformen: Erste Schritte zur Demokratie. Die Adligen misstrauten sich gegenseitig, Bauern waren versklavt und abhängig. Aus Angst vor einem Bürgerkrieg beauftragten die Athener Solon damit, den Streit zu beenden. Fortan durften alle freien Männer Athens in einer Volksversammlung über Gesetze entscheiden.

561 v. Chr. – Tyrannei des Peisistratos: Er eroberte die Akropolis und machte sich zum Alleinherrscher.

507 v. Chr. – Kleisthenes will zurück zur Demokratie: Peisistratos Söhne hatten die Tyrannei missbraucht, der eine wurde ermordet, der andere vertrieben. Die Bürger Athens drängten zur Demokratie, woraufhin Kleisthenes eine Verfassung schuf, die vielen die Teilnahme an der Politik ermöglichte, die Volksversammlung wurde wieder eingeführt.

443 v. Chr. – Vollendung und Höhepunkt der Demokratie unter Perikles: In seiner Zeit wurden zum ersten Mal Gehaltszahlungen an Richter, Ratsherren und wahrscheinlich auch Beamte eingeführt, damit konnten sich auch weniger Wohlhabende aktiv an der Politik beteiligen.

Sparta

Die Lebensweise der Spartaner unterschied sich wesentlich von jener der Athener. Militärischer Drill und eine strenge Erziehung waren die Kennzeichen. Schon früh wurden die Jungen ihren Familien entzogen. Auch für die Frauen und Mädchen gab es keine großen Freiräume.

Sklaven und Demokratie

Für die Athener war es selbstverständlich, dass bestimmte Arbeiten durch Sklaven erledigt werden mussten. In der damaligen Zeit war es auch bei anderen Völkern üblich, Menschen als Kriegsbeute mitzunehmen und zu versklaven. Manche Sklaven hatten Glück und dienten als Lehrer, Diener und Hausangestellte. Andere mussten in den Bergwerken Schwerstarbeit leisten und bezahlten mit ihrer Gesundheit oder gar ihrem Leben.

Götter und Orakel

Die Götter der Griechen wohnten in den unerreichbaren Höhen des Berges Olymp. Sie besaßen viel Macht, waren unsterblich und sahen aus wie Menschen. Verehrt wurden sie in Tempeln. Dort wurden sie um Rat gefragt, die Priester als Boten des Gottes gaben Antworten. Das berühmteste Orakel war der Apollontempel in Delphi. Die Götter hatten bestimmte Eigenschaften und waren auf Abbildungen mit Symbolen versehen. Der Dichter Homer lebte um 800 v. Chr. und erzählt in seinen Werken „Ilias" und „Odyssee" von der Geschichte und den Göttern der Griechen.

Die Olympischen Spiele

Die Olympischen Spiele waren ursprünglich religiöse Feste zu Ehren des Göttervaters Zeus. Sie sind ab dem Jahr 776 v. Chr. nachzuweisen und fanden alle vier Jahre statt. Fünf Tage dauerten die Spiele, in dieser Zeit mussten alle Kriege ruhen und kein neuer Krieg durfte begonnen werden. Die Sieger erhielten einen Siegerkranz und waren in ihren Städten hoch angesehen. Im Jahr 393 n. Chr. wurden die Spiele vom christlichen-römischen Kaiser als heidnischer Brauch verboten.

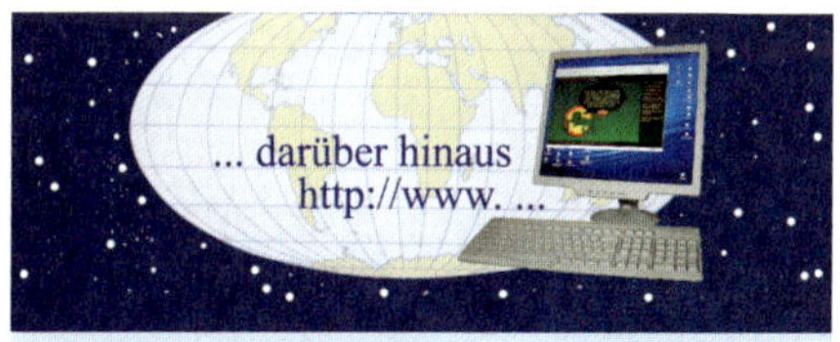

www.emabonn.de/schueler/zeittaf.htm
www.griechische-botschaft.at/de/h1/h2/h2_44.php?menu=1
www.phil.uni-erlangen.de/~p1altar/galerie_html/akropolis/galerie3.html
http://olympia.hessonline.de/

Lernzirkel

Station 1: Lernkartei

Fertige diese Karteikarten an und erkläre die Begriffe auf der Rückseite.

- Scherbengericht
- Athen
- Tyrannei
- Monarchie
- Götter der Griechen
- Aristokratie
- Sklaverei und Demokratie
- Demokratie in Athen
- Volksversammlung in Athen
- Olympia
- Die Frauen in Athen
- Vielfalt und Einheit im alten Griechenland

Station 2: Bildmemory

Erinnere dich an die Zusammenhänge und Ereignisse, bei denen diese Bilder eine Rolle spielten.

1 

2 

3 

4 

5 

6 

7 

Station 3: Lücken füllen

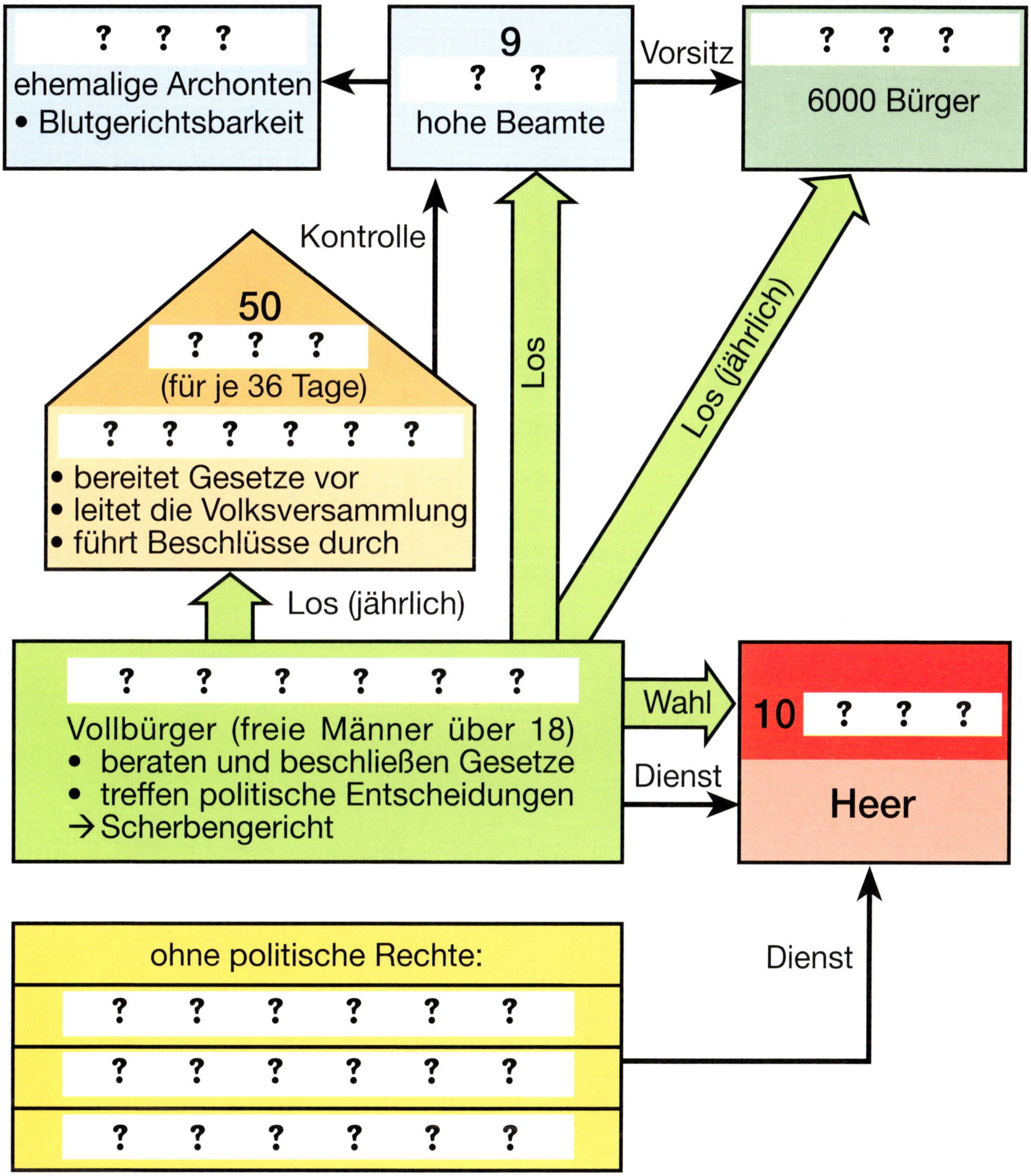

Die Römer

Von der Stadt Rom zum Weltreich

Anfänge

Um 750 v. Chr. wurde Rom gegründet. Die Bevölkerung bestand aus grundbesitzenden Bauern, Hirten und Handwerkern. Etwa von 600 bis 500 v. Chr. herrschten die Etrusker in Rom. Aus einer zunächst unbedeutenden Siedlung wurde in wenigen Jahrhunderten ein Weltreich, der größte Staat der Antike.

Eroberungen

In langen Kämpfen eroberten die Römer die italienische Halbinsel und später viele Gebiete rund um das Mittelmeer und im Norden bis weit über die Alpen.

Die besiegten Stammesgebiete und Städte auf der italienischen Halbinsel wurden unterschiedlich behandelt. Manche erhielten das römische Bürgerrecht. Bei anderen siedelten die Römer waffenfähige Bürger ein. Die meisten Stämme und Städte waren als Bun-

?

1. Welche heutigen Länder gehörten einst zum römischen Weltreich?
2. Welcher Verkehrsweg hatte bei den Römern schon große Bedeutung?
3. Auf der nächsten Seite wird die Entwicklung des Römischen Reiches beschrieben – bereite eine mündliche Zusammenfassung vor, die du der Klasse vorträgst.
4. Erkläre anhand der Grafik auf S. 89 die Staatsführung unter Augustus.

desgenossen verpflichtet, im Falle eines Krieges Soldaten zu stellen.
Die eingegliederten Gebiete außerhalb Italiens wurden zu Provinzen erklärt und von Rom verwaltet. Der Verwalter war Richter, oberster Beamter und Militärführer. Die Bewohner der Provinzen mussten regelmäßig Steuern an Rom zahlen. Auf diese Weise hatte der römische Staat große Einnahmen.

Patrizier und Plebejer

Die großen militärischen Erfolge verhinderten nicht den Streit zwischen Adel und einfachem Volk (Plebejer oder Plebs genannt). Meist ging es um die Frage von Macht und Einfluss. Die Plebejer waren von der politischen Macht ausgeschlossen und drängten auf Gleichstellung.
Es kam zu Kämpfen zwischen beiden Gruppen (Ständekämpfe), die 287 v. Chr. endeten. Im Laufe dieses Streites entstand eine komplizierte Ordnung für die Beteiligung der verschiedenen Gruppen an der Macht. Man nennt eine solche Ordnung, die Regeln und Rechte in einem Staat festlegt, eine Verfassung. Die Römer sprachen von ihrem Staat als „res publica“, als gemeinsame Sache. Eine Republik ist ein Staat, dessen Verfassung die Mehrheit des Volkes so will.

Armut und Unzufriedenheit

Etwa 200 v. Chr. war Rom zur Weltmacht geworden. Die römischen Bauern hatten meist nichts davon. Der Kriegsdienst verhinderte oft, dass sie ihre Felder bestellen konnten, während die Großgrundbesitzer ihre Ländereien mit Sklaven bewirtschaften. Billiggetreide aus den Provinzen drückte zudem die Preise. Viele einfache Bauern mussten wegen Verarmung ihre Äcker an Großgrundbesitzer verkaufen und als Tagelöhner arbeiten. Andere zogen in die Stadt und hofften dort besser leben zu können. Es gab auch eine Menge Arbeitslose, die von öffentlichen Spenden lebten. Sie wurden Proletarier genannt. Die Situation führte zu Auseinandersetzungen und in der Folge zu einem fast hundertjährigen Bürgerkrieg.

Der lange Weg zum Frieden

Einflussreiche und bekannte Männer versuchten, die Krise zu bewältigen und Lösungen zu finden:
133 v. Chr. versuchte es der Volkstribun Tiberius Gracchus mit Beschänkungen des Landbesitzes für die Reichen. Die Besitzlosen sollten Land erhalten. Er wurde ermordet.
104 v. Chr. führte der Konsul Marius eine Heeresreform durch. Von diesem Zeitpunkt an gab es nur noch eine Berufsarmee.
49 v. Chr. zog der römische Feldherr Julius Caesar gegen die Stadt Rom in den Krieg, siegte und ließ sich zum Diktator auf Lebenszeit ernennen. Er sicherte die Ernährung der Hauptstadt mit Getreide und schuf Kolonien im Westen für die Römer. 44 v. Chr. wurde er ermordet.
Oktavian, der Adoptivsohn Caesars, besiegte die politischen Gegner und verzichtete auf eine Diktatur nach dem Vorbild Caesars. Er gab dem Senat von Rom alle Macht zurück. Der Senat verlieh ihm als Dank den Titel „Augustus“ – der Erhabene.
Senat und Volksversammlung übergaben Augustus wichtige politische Rechte. Das Volk wollte endlich Frieden. Die Römer sahen in Augustus (63 v. Chr. bis 14 n. Chr.) den Friedensstifter und hatten großes Vertrauen zu ihm. Er selbst vermied es, sich als König anreden zu lassen. Er ließ sich 29 v. Chr. zum „Ersten des Senats“ (princeps senatus) ernennen. Seine Art der Staatsführung bezeichnet man heute als Prinzipat.

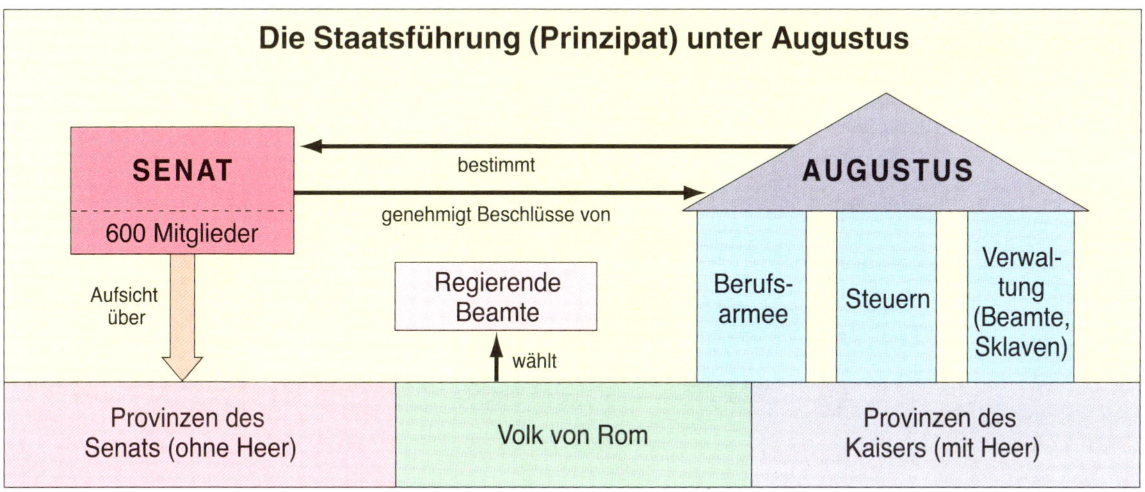

Limes (Fotomontage)

Die Römer in Südwestdeutschland

Römer und Germanen

Augustus wollte den ständigen Einfällen und Übergriffen am Rhein, der die Grenze zwischen den Römern und Germanen bildete, ein Ende bereiten. Seine Stiefsöhne Drusus und Tiberius sollten Germanien bis an die Elbe erobern und unterwerfen. Die Unterwerfung des Gebiets rechts des Rheins gelang nur teilweise. Der ursprüngliche Plan, ein Großgermanien als römische Provinz zu schaffen, scheiterte.

Im Jahr 9 n. Chr. wurde das römische Heer unter dem Feldherrn Varus vom Cheruskerfürsten Arminius in einen Hinterhalt gelockt und vernichtend geschlagen. Augustus befahl daraufhin den Rückzug.

Unter den Kaisern Vespasian und Domitian 69–96 n. Chr. wurden wieder Feldzüge in Germanien geführt, Kastelle gebaut und das Land gesichert. Später gelang es, Rhein und Donau durch eine befestigte Grenze, den Limes, zu verbinden. Diese Grenze hielt über 100 Jahre und war oft ein Ort der friedlichen Begegnung der Kulturen. Im Hinterland zum Limes wurden zahlreiche Kastelle gebaut, in deren näherer Umgebung Siedlungen entstanden. Aus ihnen ging eine Vielzahl später bedeutender Städte hervor.

Das Römerkastell Aalen – eine Rekonstruktion (Limesmuseum Aalen)

Limes und Kastelle

Der Limes begann am Rhein, zog sich durch das Neckargebiet und endete oberhalb von Regensburg.

Der Grenzwall bestand aus einer dicken Steinmauer oder aus einem Erddamm mit Holzpalisaden, an dessen äußerer Seite ein breiter Graben entlanglief. Hinter dem Wall standen die Wachtürme in Sichtweite, bei Nacht konnten sich die römischen Grenzwächter durch Feuerzeichen verständigen. Gewöhnlich gab es auf römischen Seite des Limes eine parallel verlaufende Heeresstraße. Auf germanischen Seite hatten die Römer sich durch Rodung ein sichtfreies Gelände geschaffen.

Es gab Grenzdurchlässe für den Handel. Diese waren meist durch nahe Kastelle geschützt in denen Teile der Legionen wohnten. Kastelle waren

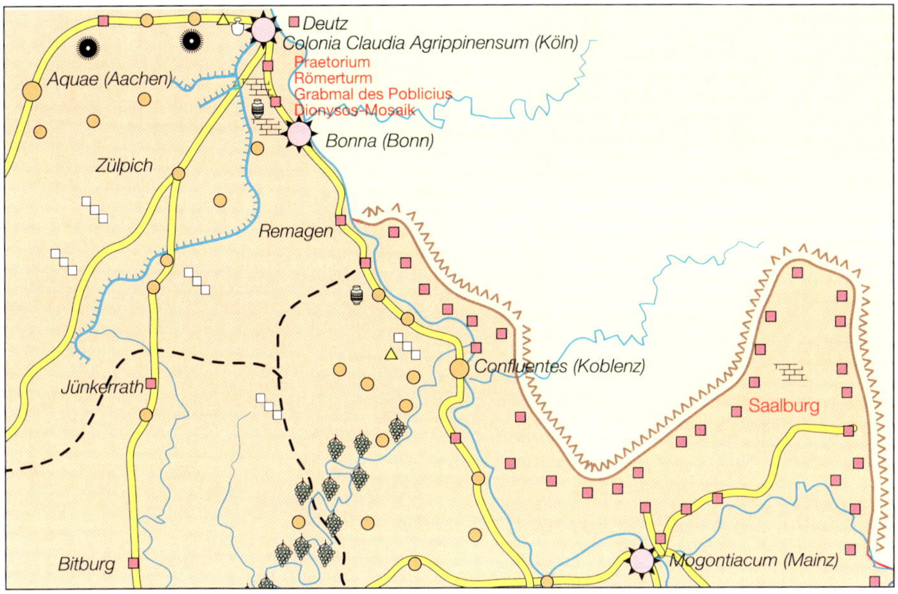

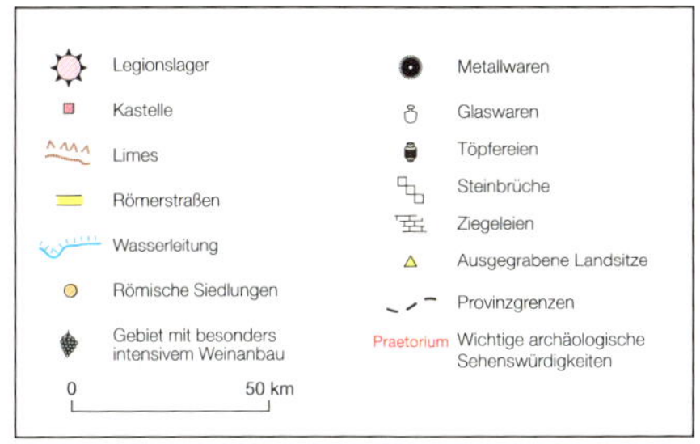

Vom zweiten christlichen Jahrhundert an bestand in etwa die abgebildete Grenzlinie zwischen Römern und Germanen. Sie war gesichert durch Kastelle und Wachtürme.

viereckige Festungen, umgeben von Mauern mit Zinnen. In ihrem Innern gab es Straßen, die Quartiere der Soldaten, Pferdeställe, Rüstkammern, Vorratsspeicher, Offizierswohnungen und das vornehme Anwesen des Feldherrn mit Bädern und Fußbodenheizung.

Friedliche Begegnungen am Limes (Modell, Limesmuseum Aalen)

Im Umkreis der Kastelle siedelten sich nach und nach Handwerker und Händler mit Familien an. So entstanden Städte wie Trier, Köln, Koblenz, Mainz, Worms, Straßburg, Augsburg, Regensburg, Aalen und noch viele andere.

Die Römerstädte

In den großen Römerstädten (z.B. Köln, Trier) gab es neben Bädern, Zirkusgebäuden, Rundtheatern und breiten, gepflasterten Straßen auch leistungsfähige Wasserleitungen, die frisches Quellwasser aus den nahen Bergen der Stadt zuleiteten. Hohe Stadtmauern mit starken Toren schützten die Stadt. Die Porta Nigra in Trier ist heute noch erhalten und zeigt die Mächtigkeit der Mauer und der Stadttore. In diesen Städten fühlten sich die Römer heimisch.

Auf großen gepflasterten Heerstraßen konnten Händler, Reisende und Soldaten bequem und sicher von Stadt zu Stadt wandern. Außerhalb der Städte, an den Ufern des Rheins und der Mosel und landeinwärts, bauten sich reiche Leute ihre Villen. An den sonnigen Abhängen legten die Römer Weinberge an, in den Gärten pflanzten sie Obstbäume, die edle Früchte trugen.

?

1. Welche Pläne konnten die Römer nicht verwirklichen und wer hatte daran großen Anteil?
2. Der Limes und die Kastelle waren zwar militärische Einrichtungen, aber sie hatten auch nachhaltige zivile Bedeutung. Warum?
3. Nimm eine heutige Karte zum Vergleich, fertige eine Kopie und zeichne den Limes ein. Welche heutigen Städte lagen in Germanien, welche im Römischen Reich?

Das Leben der Legionäre

Hätte man damals ein Plakat ausgehängt, um für den Dienst im römischen Heer zu werben, dann hätte das etwa wie folgt ausgesehen:

LEGIONÄRE GESUCHT

Mindestalter: 13 – 36 Jahre
Dienstzeit: 25 – 28 Jahre
Voraussetzungen:
Römisches Bürgerrecht, unverheiratet, kräftig, Mindestgröße 1,63 m, Schuhgröße 42, nicht vorbestraft.
Ausbildung:
Vier Monate Waffendrill, Gepäckmarsch mit ca. 48 kg schwerem Gepäck, Schanzarbeiten.
Aufstiegsmöglichkeiten:
Vom Gefreiten zum Centurio in 13 – 20 Jahren. Wer lesen und schreiben kann, kommt schneller voran.
Verpflegung:
Zwieback, Speck, Käse, Getreide für das selbst zu backende Brot, Fleisch, Gemüse und Obst (nicht regelmäßig).
Bezahlung (Sold):
225 Denare in drei jährlichen Raten. Bei Entlassung: Geld oder Land in Germanien.
(Zum Vergleich: 2500 qm Ackerland kosteten im 1. Jh. n. Chr. 250 Denare. Ein Bundeswehrsoldat trägt heute an Marschgepäck ca. 39–41,5 kg.)

Seit zwei Jahren sind die Legionäre Marius und Quintus in einem Limeskastell. Vor kurzem sind sie vom Wachdienst am Limes zurückgekehrt. Die Wachtürme sind Tag und Nacht besetzt. Es besteht die Gefahr, dass feindliche Germanen die Grenze überqueren. Dann geben die Wachposten Lichtsignale und alarmieren ihre Kohorte (ca. 500 Mann). In der Lagerkantine gönnen sich Marius und Quintus noch ein Glas Wein und unterhalten sich:

M.:
In letzter Zeit ist es ja wieder ruhig an der Grenze.

Q.:
Kein Wunder, jetzt wo die Grenzanlagen fertig sind.

M.:
Wie meinst du das?

Q.:
Wo sollen die Germanen denn noch durchbrechen? Hier haben wir die Grenze mit Pfahlreihen und Gräben gesichert. Der rätische Limes im Süden besitzt sogar eine Steinmauer. Und da, wo es keinen Limes gibt, sind Flüsse wie der Rhein oder die Donau natürliche Grenzanlagen. Wo sollen die Germanen also durchkommen?

M.:
Stimmt. Wir haben ja auch am Limes alle 2.000 Meter unsere Wachtürme. Aber was geschieht, wenn eine wirklich große Gruppe Germanen angreifen würde? Dann hätten wir mit unserer Kohorte von 500 Mann ziemliche Schwierigkeiten!

Q.:
Du vergisst die großen Legionslager. Nein, ich glaube, die Germanen kämen nicht weit. Außerdem haben wir mit dem Limes doch auch gute Erfahrungen in Afrika und an der Grenze zum Partherreich gemacht. Kaiser Mark Aurel in Rom weiß, was er tut. Die Provinzen haben nun schon seit über 100 Jahren keinen Krieg mehr erlebt. Ist das nichts?

M.:
Doch. Das stimmt. So etwas hat es früher nie gegeben. Hoffentlich bleibt es so, damit man in den Provinzen in Frieden leben kann. Ich habe gehört, Mark Aurel hat an der Ostgrenze des Reiches große Probleme.

Q.:
Solange der Kaiser alles unter seinem Befehl behält, habe ich keine Angst. Wichtig ist, dass es Leute wie uns gibt, die das Reich verteidigen wollen.

M.:
Da hast du Recht.

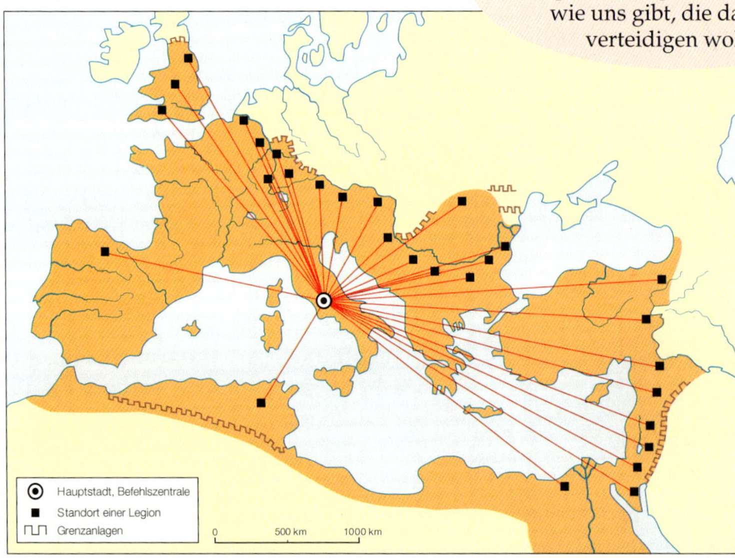

Standorte römischer Legionen um 100 n. Chr.

Fundstücke

1

2

3

Wissenschaftler haben eine Reihe von Funden aus einem Kastell und dessen Umgebung ausgebreitet. Sie wollen wissen, welche der Funde einem rein militärischen Zweck dienten und welche vielleicht aus dem zivilen Umfeld stammen. Dazu müssen sie die Gegenstände benennen. Bei einem Fund haben sie sich eines Hilfmittels bedient, um die gefundenen Reste richtig einzuordnen.
Wir versuchen nun, systematisch wie die Forscher zu arbeiten.

1. Benenne die einzelnen Gegenstände, beschreibe ihre Verwendung.
2. Welches Hilfsmittel haben die Forscher angewandt, um eine Reihe von zunächst nicht zu deutenden Fundstücken richtig zuzuordnen?
3. Welche Fundstücke dienten rein militärischem Zweck?
4. Bei welchen Fundstücken könnte es sich um Gegenstände handeln, die sowohl für die Soldaten als auch für die Zivilisten von Bedeutung waren?
5. Einige der Gegenstände sind auch der landwirtschaftlichen Verwendung zuzuordnen.

4

5

6

7

8

9

10

11
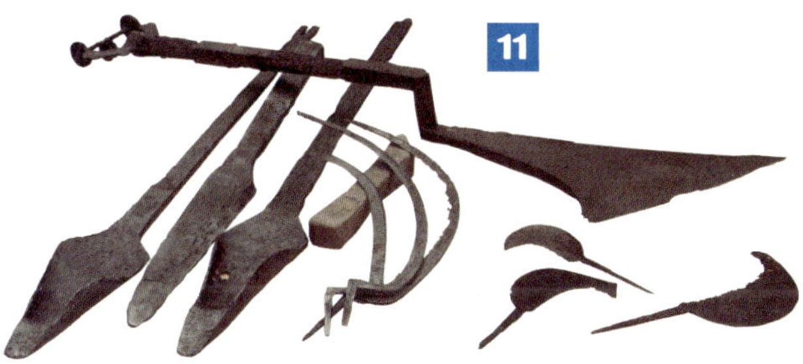

12

Diesseits des Limes …

Römische Lebensweise

Die für die Römer typische Siedlungsform auf dem Land war die „villa rustica“ (der Gutshof). Dazu gehörten die Wohngebäude, die Wirtschaftsgebäude, ein Badehaus und oft auch eine Ziegelei. Im südwestdeutschen Raum sind heute noch hunderte solcher Anlagen nachzuweisen. Auf den Gutshöfen wurden nicht nur Obst, Gemüse, oft auch Wein und handwerkliche Erzeugnisse produziert, sondern auch Baustoffe. Die Gutshöfe versorgten sich selbst und die umliegend stationierten römischen Soldaten und die Städte mit den notwendigen Waren des täglichen Bedarfs.

Eigentümer dieser Gutshöfe waren oft entlassene Legionäre oder Pächter. Meist gründeten sie mit einer einheimischen Frau eine Familie. Die heimische Bevölkerung nahm schnell die römische Kultur an (Romanisierung). Sie war für viele erstrebenswertes Vorbild. Dazu gab es Chancen in der römischen Armee zu dienen und aufzusteigen. Später, nach dem Einfall der Germanen in die römische Provinz, wurden die Gutshöfe zerstört.

Geschirr, wie es bei den Römern verwendet wurde. „Terra sigillata“ nennt man das Geschirr aus feinem Ton mit roter, glänzender Glasur. Es war das gute Tafelgeschirr der Römer.

Ein Weinpokal aus Glas

Römischer Gutshof (Limesmuseum Aalen)

Arztbesteck eines Chirurgen. Einige der Bestecke sind heute noch sehr ähnlich

?

1. Warum waren die Germanen bereit, sich der römischen Kultur anzupassen?
2. Wenn wir die Lebensweise der Römer mit heute vergleichen, dann können wir feststellen, dass …

Badekultur

In Kastellen, in Gutshöfen und in den Städten pflegten die Römer eine ausgeprägte Badekultur.
Die öffentlichen Bäder (Thermen) waren für Eintrittsgeld jedem zugänglich. Männer und Frauen badeten getrennt. In den Bädern pflegten die Römer die Geselligkeit. Zu vielen Bädern gehörten Sportplätze, Gymnastikräume, Wandelhallen, Parks, Gärten und in bedeutenden großen Bädern Bibliotheken und Vortragssäle. Fuß- und Unterbodenheizungen (Hypokaustenanlagen) erwärmten durch Kanäle die Baderäume. Die Heiztechnik der Römer war sehr weit entwickelt. Die in dem Heizraum erzeugte Warmluft wurde in einen Hohlraum unter dem Fußboden geleitet. Die auf Pfeilern liegenden Platten oder Ziegel wurden so von unten erwärmt (s. Bild: Hypokaustpfeiler, hypokaustus (griech.) = von unten beheizt).
Die Heilkraft von warmen Quellen war bekannt. Bedeutende Bäder gab es z.B. in Trier, Wiesbaden, Aachen, Baden-Baden und Badenweiler.

Straßenbau

Eine bedeutende technische Leistung der Römer war der Straßenbau. Wichtig für die Truppenbewegungen, den Handel und die Nachrichtenübermittlung. Zum Schutz und zur Überwachung wurden Straßenstationen angelegt, die mit Soldaten besetzt waren.
Ein enges Netz von Straßen verband die römischen Städte und Militäreinrichtungen miteinander.

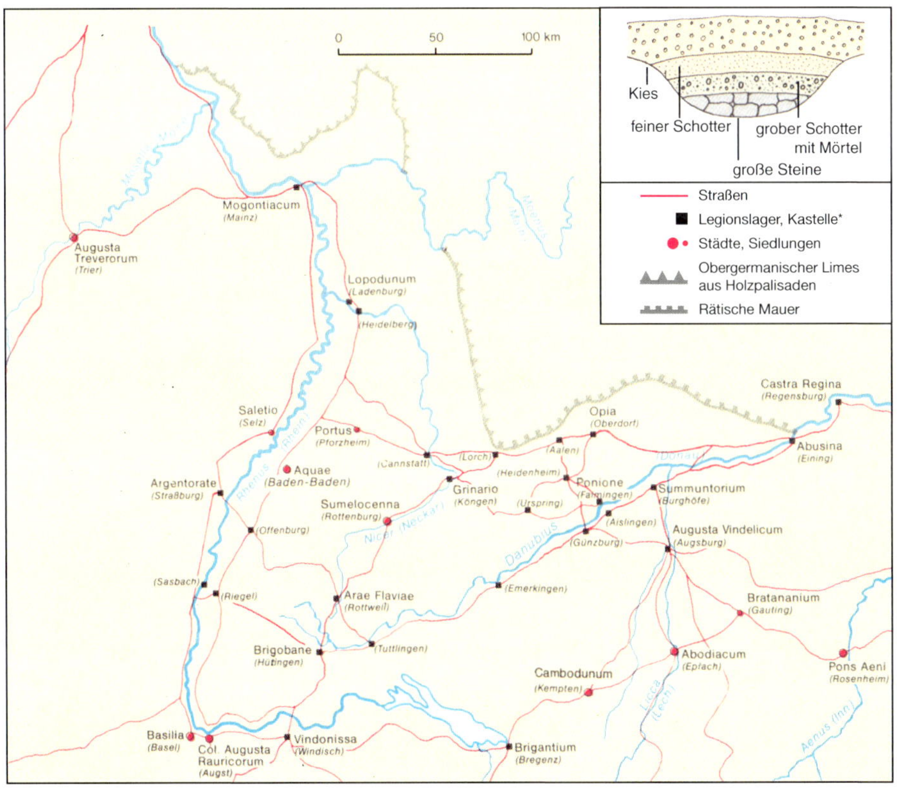

Römische Straßen

1. Auf den Seiten über die römische Architektur (S. 100/101) findest du eine Abbildung der Caracalla-Thermen. So waren die Bäder in den kleineren Orten natürlich nicht ausgestattet. Sieh dir die Abbildung an, lies die Beschreibung auf dieser Seite und berichte über die Badekultur der Römer.
2. Informiere dich über den Aufbau einer Straße heute. Vergleiche ihn mit dem einer römischen Straße. Zu welchem Ergebnis kommst du?
3. Haben sich die römischen Straßenführungen erhalten? Vergleiche die Karte mit einer heutigen Straßenkarte.

... und jenseits des Limes

Wer waren die Germanen?

Als die Römer Gallien eroberten, bemerkten sie, dass jenseits des Rheins Menschen lebten, die sich in Sprache, Religion und Kultur von den Galliern unterschieden. Die Römer nannten sie Germanen. Genau genommen handelte es sich jedoch um verschiedene Stämme. Die „Germanen" gab es nicht. Die Germanen waren sehr viel größer als die Römer. Sie müssen auf Römer wie Riesen gewirkt haben. Ein Römer besaß im Durchschnitt eine Größe von 1,50 m. Germanen waren in der Regel einen Kopf größer. Die meisten Germanen hatten blaue Augen und blondes Haar. Männer und Frauen trugen die Haare lang. Nur Verbrechern wurden die Haare geschoren.

Wie lebten die Germanen?

Die Germanen lebten in kleinen Dorfgemeinschaften. Eine Familie besaß meist ein eigenes Gehöft, das aus Holz und Lehm gebaut war. Die meisten Germanen lebten als Bauern. Zu jedem Gehöft gehörte Ackerland. Weideland und Wald wurden von der Dorfgemeinschaft gemeinsam benutzt. Oberhaupt einer germanischen Familie war der Vater. Zur Familie gehörten oft noch die Großeltern und unverheiratete Geschwister der Eltern. Mehrere verwandte Familien bildeten eine Sippe, die dem Einzelnen Recht und Schutz sicherte.

Mehrere Sippen schlossen sich zu Stämmen zusammen. Alle Männer des Stammes trafen sich regelmäßig zum Thing, einer Versammlung, die über Krieg und Frieden entschied und Recht sprach. Es gab keine geschriebenen Gesetze; das Stammesrecht wurde mündlich überliefert. Manche Stämme wurden von einem König regiert. Im Kriegsfall stand ein König oder ein Herzog an der Spitze des Heeres. Jeder waffenfähige Germane war zum Kriegsdienst verpflichtet.

Der römische Historiker Tacitus (55–120 n. Chr.) schreibt in seinem Werk „Germania" über die Germanen:

Q „Ihre äußere Erscheinung ist [...] bei allen die gleiche: wild blickende blaue Augen, rotblondes Haar und große Körper, die allerdings nur zum Angriff taugen. Für Strapazen und Mühen haben sie nicht die Ausdauer. Und am wenigsten sind sie gewöhnt, Durst und Hitze zu ertragen. Durch das Klima und die Bodenbeschaffenheit ihres Landes sind sie gegen Kälte und Hunger abgehärtet.

Das Land zeigt zwar im Einzelnen einige Unterschiede; doch im Ganzen macht es mit seinen Wäldern und Sümpfen einen schaurigen Eindruck, [...] Getreide gedeiht, Obst hingegen kaum. Vieh gibt es reichlich, doch ist es meist unansehnlich [...].

Dass die Germanenstämme nicht in Städten wohnen, ist allgemein bekannt [...] Sie siedeln in einzelnen, voneinander weit abgelegenen Gehöften, gerade so, wie ihnen eine Quelle, ein Stück Land oder ein Wald zusagt. Ihre Dörfer legen sie nicht auf unsere Weise an, dass die Häuser nebeneinander stehen und verbunden sind. Jeder umgibt sein Haus mit freiem Raum. [...] Nicht einmal Bruchsteine oder Ziegel sind bei ihnen in Gebrauch; zu allem verwenden sie unbehauenes Holz, ohne auf ein attraktives oder freundliches Äußeres zu achten."

(Tacitus Germania, 4; 5; 16f., übersetzt von Christoph Andreas Marx)

?

1. Notiere Stichworte für ein Kurzreferat über die Lebensweise der Germanen.
2. An welcher Stelle des Berichtes lässt Tacitus seine eigene Meinung einfließen?
3. Tacitus schreibt an römische Leser. Welches Bild will er ihnen von den Germanen vermitteln?

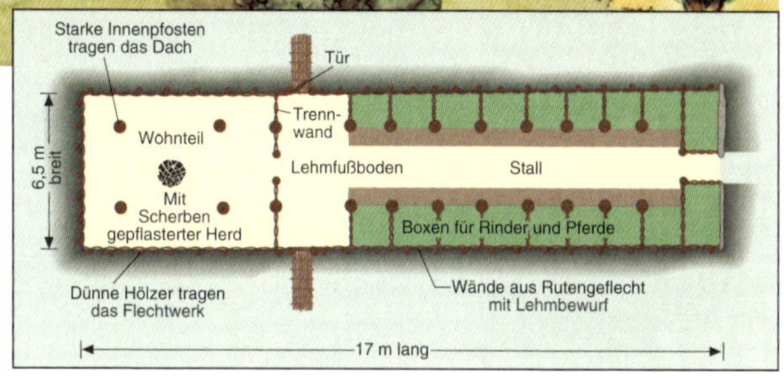

REKONSTRUKTIONEN SIND NACHBILDUNGEN, DIE DIE FORSCHER DANN ENTWICKELN KÖNNEN, WENN SIE GENÜGEND FUNDSTÜCKE MITEINANDER VERGLEICHEN KONNTEN UND SICH DADURCH EIN GESAMTBILD ERGIBT.

Man kann Dinge nachbauen, sie skizzieren, genaue Pläne nachzeichnen oder sehr großzügig verfahren und die Fantasie stark mit einbringen.

1. Welche der Rekonstruktionen zeigen deutliche Forschungsergebnisse und warum ist das so?

2. Welche der Rekonstruktionen sind mit viel Fantasie vermutlich sehr frei gestaltet?

3. Was würdest du als Forscher für Bedingungen festlegen, damit eine Rekonstruktion auch wirklich eine Nachbildung ist, die der Wirklichkeit annähernd entspricht?

Völker lernen voneinander, z.B. in der Sprache

Monat für Monat: Januar, Februar, März ...

Die Monatsnamen und den zusätzlich eingefügten Tag eines Schaltjahres haben wir von den Römern übernommen. Dass ein Monat 28–31 Tage hat, geht ebenfalls auf die Römer zurück. Die Monatsnamen lassen sich wie folgt ableiten.

Die Monate wurden bei uns oft nach Göttern oder römischen Kaisern benannt:

januaris –	..., zu Ehren des Janus, Gott der Türen und Tore
februarius –	
mars –	Frühlings- und Kriegsgott
aperio –	öffnen, beginnen, sichtbar machen, erschließen
maius –	
junius –	
julius –	..., zu Ehren des Julius Cäsar
augustus –	..., zu Ehren des Augustus
september –	
october –	
november –	
december –	

Bei uns wurden daraus die Monatsnamen, die auch heute noch jeder kennt, nämlich für januaris der ..., für ...

Sprache verändert sich

Der Limes war nicht nur bewachte Grenze, sondern auch Handelsplatz der Völker. Über viele Jahrzehnte wurde hier reger Handel zwischen Römern und Germanen betrieben. Typisch für diese Art von Handel war, dass man Waren gegen Waren tauschte: z.B. Waffen, Schmuck, Gewürze und Glaswaren gegen Honig, Bienenwachs, Getreide, Felle und Gänsefedern zum Schreiben.

Vieles, was die Germanen von den Römern erhandelten, war ihnen zunächst unbekannt. Da sie deshalb auch keinen Namen dafür hatten, achteten sie darauf, welche Namen die Römer verwendeten und übernahmen oft die Bezeichnungen aus dem Lateinischen. Sie entliehen sie sich sozusagen Sprache. In der Sprachmelodie und in der Art die Wörter auszusprechen glichen sie diese ihrer Sprache an. Es entstanden dadurch so genannte Lehnwörter.

Wenn man Sprache aufmerksam beobachtet, dann kann man einen ähnlichen Vorgang auch in unserer modernen Gesellschaft feststellen.

Lehnwörter aus dem Lateinischen

Auch heute kennen wir diese Entwicklung. Sie ist im Zuge der Verständigung, der internationalen Wirtschaftsbeziehungen und der vielen verschiedenen Menschen, die inzwischen in einem Land zusammen leben, noch viel stärker geworden. Völker und Kulturen lernen voneinander und sie beeinflussen sich ständig. Wie stark solche Entwicklungen sein können, erleben wir an den vielen englischen oder englisch klingenden Wörtern, die inzwischen in der deutschen Sprache selbstverständlich geworden sind.

So sagte man bei uns:

1. bicarium; 2. prunum; 3. saccus; 4. persica; 5. carrus; 6. vinum; 7. cista; 8. pirum; 9. scutella; 10. ceresia; 11. secula; 12. corbis; 13. moneta; 14. caseus; 15. discus; 16. cellarium; 17. fenestra; 18. camera; 19. porta; 20. murus; 21. tegula; 22. strata

So sagt man bei uns:

a) Birne; b) Käse; c) Straße; d) Münze; e) Korb; f) Karren; g) Fenster; h) Kirsche; i) Wein; j) Keller; k) Tür, Pforte; l) Pfirsich; m) Sack; n) Kiste; o) Becher; p) Pflaume; q) Sichel; r) Zimmer; s) Schüssel; t) Ziegel; u) Mauer; v) Scheibe, Tisch

?

1. Welche Bedeutung haben die lateinischen Bezeichnungen der Monatsnamen (Lexikon)?
2. Wenn man die Lehnwörter oben genau ansieht, fällt auf, dass sie überwiegend aus einen ganz speziellen Bereich stammen. – Warum wohl?
3. Untersuche die Sprache heute und finde 20 Beispiele, in denen wir Wörter aus dem Englischen in unsere Alltagssprache übernommen haben.

„Viele Wege führen nach Rom …“
Die Architektur der Römer

A

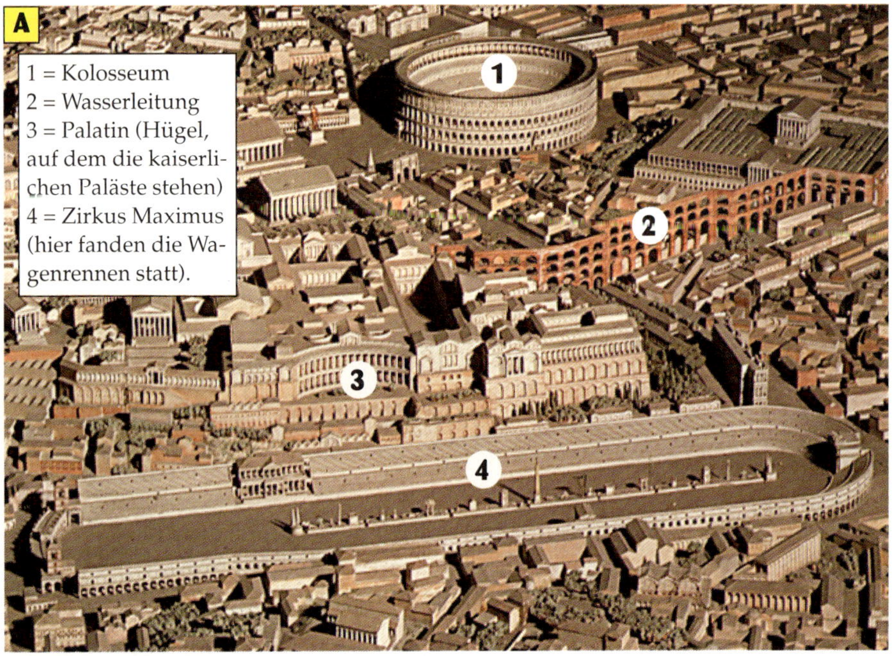

1 = Kolosseum
2 = Wasserleitung
3 = Palatin (Hügel, auf dem die kaiserlichen Paläste stehen)
4 = Zirkus Maximus (hier fanden die Wagenrennen statt).

C

Gut erhaltene Reste von Wasserleitungen, die kilometerweit über Land führten, durchdachte Heizungs- und Lüftungssysteme, prachtvolle Villen, Theater, Triumphbögen – und ein dichtes Straßennetz sind heute noch Zeugen einer ausgesprochen hoch entwickelten Architekturkultur. Innerhalb weniger Jahrzehnte wurde unter Augustus und seinen Nachfolgern aus der Lehm- und Ziegelstadt Rom eine marmorprangende Metropole mit wirkungsvollen Prachtbauten. Als die Römer die Welt eroberten, kamen sie nicht alleine – sie brachten ihre Kunst und Kultur mit. Sie gründeten zahlreiche Städte, darunter London, Paris, Wien und Köln.

Kolosseum in Rom

Das Theatrum Flavium in Rom, heute Kolosseum genannt, wurde 80 n. Chr. eingeweiht, es diente als Vorbild für viele nachfolgende Theaterbauten. Es hatte für die damalige Zeit erstaunliche Maße, fasste rund 50.000 Zuschauer, war 188 Meter breit und 48 Meter hoch.

B

Trier

Im Jahr 15 v. Chr. wurde Trier (Augusta Treverorum) gegründet. Rund hundert Jahre (Ende 3. Jahrhundert–395 n. Chr.) war Trier die Residenz der römischen Kaiser. Zahlreiche Baudenkmäler sind steinerne Zeitzeugen, etwa das 30 Meter hohe Stadttor, die Porta Nigra (3./4. Jh.). Vom Kaiserpalast sind heute noch die Thermen und die Basilika zu sehen.

Straße in der Stadt Pompeji

Eine Grundlage für die Ausdehnung der Stadt Rom zum Weltreich war ein gut ausgebautes Netz an Straßen. Truppenbewegungen von Soldaten wurden vereinfacht und nicht zuletzt profitierte auch der Handel. Zur Sicherung gab es entlang der Straßen Straßenstationen mit Soldaten. Pompeji in Süditalien war einst eine blühende Stadt. Als im Jahr 79 n. Chr. der Vesuv ausbrach, wurde sie unter Aschebergen und flüssigem Lava be-

D

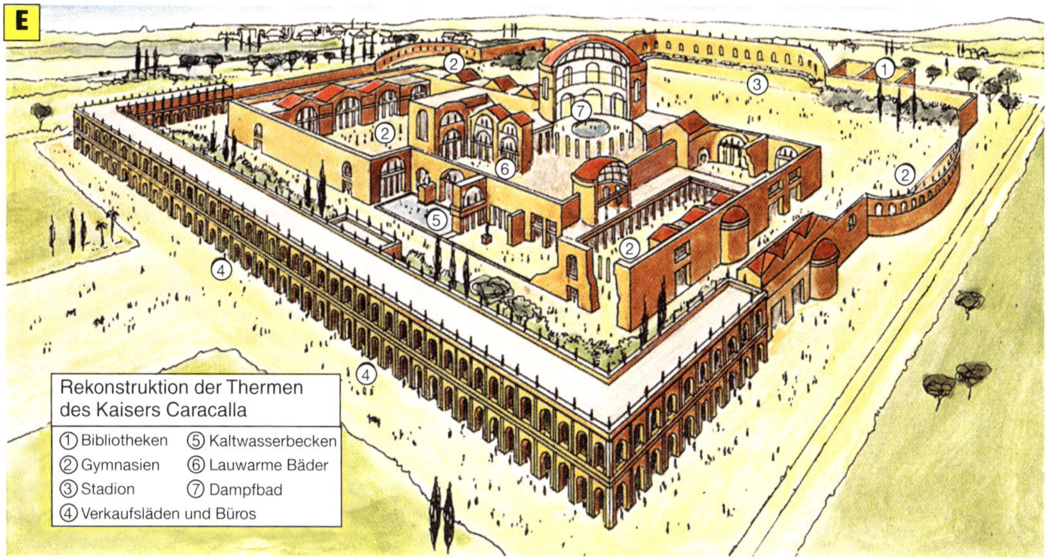

graben – behutsam wurde die Stadt jetzt wieder ausgegraben. Kunsthistorische Schätze und Bauwerke blieben über Jahrhunderte erhalten.

Wasserversorgung

In der Nähe der südfranzösischen Stadt Nimes steht der rund 50 Meter hohe Pont du Gard, einst Mittel zum Zweck, heute Touristenattraktion. Römische Städte verbrauchten viel Wasser für öffentliche Bäder, Brunnen und Toiletten. Ein System aus Röhren und Kanälen (Aquaedukte) leitete das Wasser in die Städte, nicht selten wurde das Wasser wie hier über kunstvoll erbaute Brücken geführt.

Statue des Augustus aus Primaporte bei Rom

Architektur und Kunst: Ausdruck von Größe, Macht, Stärke und Unbesiegbarkeit. Jedes Detail ist wichtig. Augustus trägt einen reliefgeschmückten Panzer und einen kurzen Feldherrenmantel. Als Zeichen seiner „Göttlichkeit“ ist er barfuss und in Begleitung eines Eros-Knaben. Als Zeichen ihrer Macht bauten die Römer überall in ihrem Weltreich Triumphbogen mit Kampfszenen.

Prachtvolle Villa, Gutshof und einfache Mietwohnungen

In Rom selbst lebten die meisten Menschen in mehrstöckigen Häusern, in Mietswohnungen, Reiche lebten in Villen, nicht selten waren diese Villen sehr prachtvoll und mit Gärten, Brunnenanlagen und einem eigenen Bad ausgestattet. Auf dem Land lebten die Menschen in Gutshöfen (villa rustica). Legionäre, die sich nach Ende ihres Dienstes im eroberten Gebiet ansiedelten, bauten dort solche typischen Wohn- und Hofanlagen. Die Soldaten am Limes waren in zweckmäßig gebauten Kastellen untergebracht.

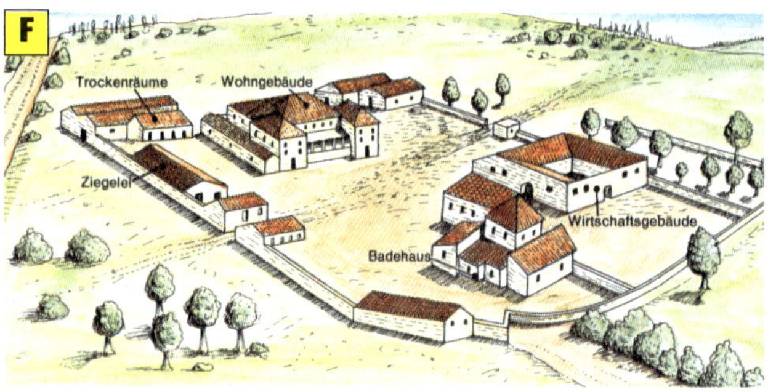

Öffentliche Bäder

Die Römer bauten Badeanlagen überall dort, wo sie wohnten. Jeder konnte die öffentlichen Bäder besuchen, Männer und Frauen badeten getrennt. Nicht selten gehörten zu den Badeanlagen auch Parks, Gärten, Bibliotheken, Vortragssäle, Sportplätze und Gymnastikräume. Beheizt wurden die Bäder über Hypocaustanlagen: Fußboden- und Unterbodenheizungen. Schnell wurde auch die heilsame Wirkung warmer Quellen, wie in Trier oder Baden-Baden, erkannt.

?

Finde die richtigen Bilder zu den entsprechenden Texten und bereite mit diesen beiden Seiten ein Kurzreferat vor.

Ausblicke, Einblicke …

Wo einst die Römer für Frieden, Fortschritt und Wohlstand sorgten

Aalen – Limesmuseum, Informationszentrum einer außergewöhnlichen Geschichte: „Römer, Reiter und Kastelle“
Nur vier Kilometer vom rätischen Limes entfernt liegt das Limesmuseum in Aalen. Im Mittelpunkt der Präsentation stehen archäologische Originalfunde, denn das Museum entstand direkt auf der Hauptstraße eines römischen Reiterkastells. Geschichte wird hier für alle Generationen lebendig: In den Römertagen, die alle zwei Jahre stattfinden, bei Sonderausstellungen, Familientagen und Museumsfesten und durch die übersichtlich und modern präsentierten Ausstellungsstücke.

Wie sahen wohl einst die Rüstungen der Römer aus, wie sahen ihre Gebrauchsgegenstände, Schmuckstücke oder Münzen aus? Wie lebten Römer – Soldaten und Zivilisten, wie verteidigten sie sich? Antworten auf unzählige Fragen gibt das Limesmuseum. Und es beleuchtet eine außergewöhnliche Geschichte: Die der Römer im deutschen Südwesten.

1000 Reiter waren einst im größten Reiterkastell nördlich der Alpen stationiert, damit war das Kastell im heutigen Aalen „Ala II Flavia“ einer der wichtigsten Standorte am Limes. Im 2. und 3. Jahrhundert n. Chr. bildete der obergermanisch-rätische Limes auf einer Länge von 550 Kilometern zwischen Rhein und Donau die Grenze zwischen dem freien Germanien und dem Römischen Reich. Etwa 30 000 Soldaten waren in 120 Kastellen entlang des Limes stationiert. Um 200 n. Chr. wurde in Rätien die Grenze mit ihren rund 900 Wachtürmen durch eine Mauer befestigt. Welche Vorteile brachten die Römer der Bevölkerung, auch in der Umgebung des Kastells in Aalen? Der Limes sorgte in den Grenzprovinzen rund 100 Jahre lang für Frieden.

Straßen wurden gebaut, bei Kastellen und an wichtigen Straßenkreuzungen entstanden Gutshöfe und Siedlungen. Menschen aus dem benachbarten Gallien zogen zu und bildeten zusammen mit der einheimischen Bevölkerung und den römischen Soldaten die neue Provinzbevölkerung. Wirtschaftlicher Aufschwung, gepaart mit den Errungenschaften römischer Kultur führten zu Entwicklungen, die mit jenen der Germanen jenseits des Limes wenig zu tun hatten.

Das Museum bietet dazu jede Menge Anschauungsmaterial, sehr übersichtlich wird die römische Militärherrschaft und ihre Hierarchie dokumentiert, die Funktion und das Aussehen des Limes dargestellt und das Alltagsleben der Menschen, der Soldaten ebenso wie der Zivilisten, gezeigt. Immer wieder erlauben die Fenster Ausblicke auf die ausgegrabenen Reste des eindrucksvollen einstigen Stabsgebäudes des Kastells. Modelle, Hörspiele, Filme und ein umfangreiches Begleitprogramm für Kinder und junge Erwachsene machen das Museum zu einem idealen Ziel für schulische Exkursionen und Familienausflüge.

Virtueller Rundgang und weitere Informationen über das Museum finden sich im Internet unter dem Stichwort „Limesmuseum Aalen“.

Überblick ...

Rom wird Weltreich

Stadtgründung 750 v. Chr.; in den folgenden Jahrhunderten eroberten die Römer Gebiete auf der italienischen Halbinsel, rund um das Mittelmeer und nördlich der Alpen.
Die Plebejer (einfaches Volk) forderten von den Patriziern (dem Adel) Gleichstellung in der Politik. Aus dem Streit resultierte 287 v. Chr. eine Verfassung, die Römer sprachen von ihrem Staat als „res publica" (gemeinsame Sache).
Um 200 v. Chr. war Rom Weltmacht. Der Kriegsdienst hinderte die Bauern oft daran, ihre Felder zu bewirtschaften. Großgrundbesitzer hatten dagegen Sklaven, die für sie arbeiteten. In den Städten gab es viele Verarmte, die von öffentlichen Spenden lebten (Proletarier). Die Armut und Unzufriedenheit führten zu Krisen; einflussreiche Männer versuchten sie auf unterschiedlichste Weise zu bewältigen. Unter ihnen war Caesar, der sich 49 v. Chr. zum Diktator auf Lebenszeit ernennen ließ. Nach seiner Ermordung gab sein Adoptivsohn Oktavian – später „Augustus" = der Erhabene (63 v. Chr. – 14 n. Chr.) genannt – dem Senat alle Rechte zurück; er selbst ließ sich zum „Ersten des Senats" (princeps senatus) ernennen (Staatsform: Prinzipat).

Römer im Südwesten Deutschlands

Der Limes (befestigte Grenze zwischen Rhein und Donau) beendete Übergriffe im Grenzgebiet zu Germanien. Gesichert wurde der Limes durch römische Legionäre und Hilfstruppen (Heere von römischen Soldaten). Entlang des Limes wurden Wachtürme, im Hinterland Kastelle gebaut; Siedlungen entstanden. Handwerker und Händler siedelten sich an, später bildeten sich daraus häufig Städte (Aalen, Trier ...). In den großen, meist von Mauern umgebenen Römerstädten gab es u.a. Bäder, Zirkusgebäude, Straßen und Wasserleitungen. An den Flüssen bauten sich reiche Bürger Villen. Weinberge und Obstbäume (z.B. Birnen) wurden angepflanzt.

Das Leben der Römer

Auf dem Land lebten die Römer (ehemalige Legionäre oder Pächter) in Gutshöfen (villa rustica) mit Wohn- und Wirtschaftsgebäuden, einem Badehaus und oft auch einer Ziegelei. Von den Gutshöfen aus wurden Soldaten und die umliegenden Städte mit Waren versorgt (Lebensmittel, handwerkliche Erzeugnisse, Baustoffe). Die einheimische Bevölkerung übernahm Teile der Kultur der Römer (Romanisierung), unsere Monatsnamen und zahlreiche Lehnwörter haben ihren Ursprung in dieser Zeit (z.B. vinum – Wein). Badekultur: Es gab durch Fuß- und Unterbodenheizungen geheizte öffentliche Bäder (Thermen), Männer und Frauen badeten getrennt, zu den Anlagen gehörten häufig Sportplätze, Parks und Gärten. Händler, Reisende und Soldaten konnten auf dem dichten Netz aus gepflasterten Heerstraßen sicher reisen.

Die Germanen

Römer bezeichneten die Menschen, die östlich des Rheines lebten als Germanen. Diese waren rund einen Kopf größer als sie selbst, hatten meist blonde Haare und blaue Augen. Sie lebten auf Gehöften als Bauern, meist als Großfamilie und in kleinen Dorfgemeinschaften. Verwandte Familien bildeten Sippen, diese schlossen sich zu Stämmen zusammen. Das Thing war eine regelmäßige Versammlung für alle Männer, in der Recht gesprochen und über Krieg und Frieden entschieden wurde. Stammesrecht wurde mündlich überliefert, manche Stämme von einem König regiert.

Römische Architektur

Wasserleitungen (Aquädukte), Heizungssysteme, Villen, Theater, Triumphbögen und ein dichtes Straßennetz sind heute noch Zeugen einer hoch entwickelten Baukunst der Römer. Innerhalb weniger Jahrzehnte wurde unter Augustus und seinen Nachfolgern aus der Lehm- und Ziegelstadt Rom eine marmorprangende Metropole. Als die Römer die Welt eroberten, brachten sie ihre Kunst und Kultur mit. Sie gründeten zahlreiche Städte, darunter London, Paris, Wien und Köln.

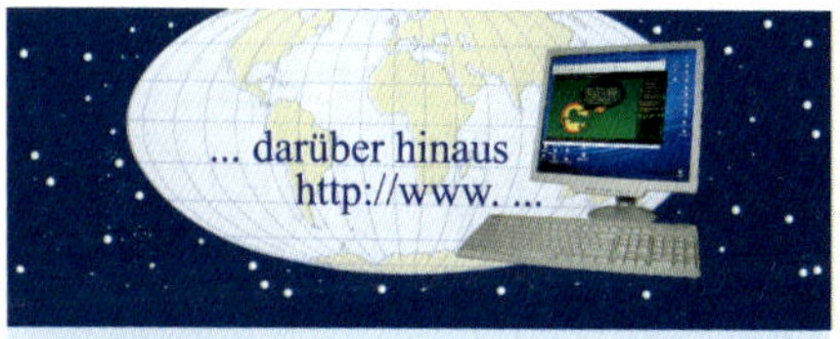

www.aalen.de
www.uni-tuebingen.de/uni/ymu/
www.landesmuseum-stuttgart. de
www.geschichtsverein-koengen.de/Hintergrund.htm
www.s-line.de/homepages/ebener/
www.erziehung.uni-giessen.de/studis/Robert/roemer1.html
www.roemer-im-suedwesten.de.vu/
www.uncg.edu/~lixlpurc/netzkurs/Germanen.html
www.jadu.de/mittelalter/germanen/
www.antikefan.de/laender/deutschland.html

Lernzirkel

Station 1: Lernkartei

Fertige diese Karteikarten an und erkläre die Begriffe auf der Rückseite.

- Begegnung der Kulturen
- Germanen
- Handelswege
- Legionär
- Limes
- Römische Architektur
- Prinzipat
- Romanisierung
- Villa Rustica
- Badekultur der Römer
- Kastell
- Lehnwörter

Station 2: Bildmemory

Erinnere dich an die Zusammenhänge und Ereignisse, bei denen diese Bilder eine Rolle spielen.

1

2

3

4

5
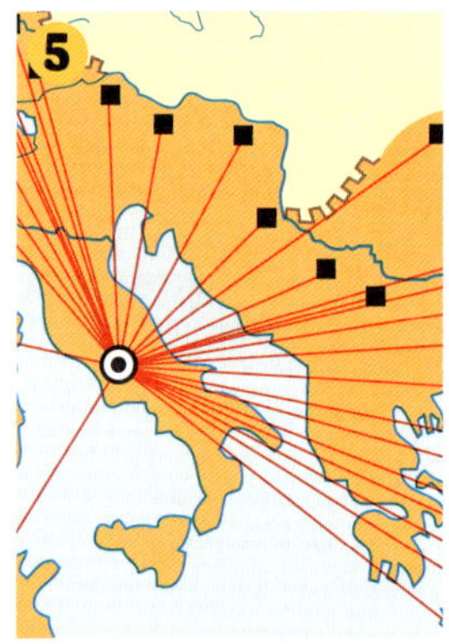

6

7

8

9

10

Station 3: Funktionen erklären

Im Limesmuseum Aalen steht ein Nachbau dieser römischen Maschine.

1. Um was für eine Maschine handelt es sich?
2. Welchem Zweck diente vermutlich diese Maschine?
3. Kannst du mithilfe des Bildes erklären, wie sie funktionierte? Versuche deine Idee schriftlich zu formulieren oder in Stichworten so festzuhalten, dass du die Funktionsweise mündlich erklären kannst.

Station 4: Historische Sehenswürdigkeit erraten

Dieses Motiv ist schon unendlich oft auf Ansichtskarten abgebildet worden. Finde heraus, wo sich dieses Motiv befindet und was es ist!

Station 5: Römisch kochen nach den Rezepten des Feinschmeckers Apicius (ein dreigängiges Menu für vier Personen)

Vorspeise – Moretum:

Rezept für Panicelli (römische Brötchen)

50g Butter, 250g Quark, 500g Mehl, 2 Packungen Backpulver, 7 Esslöffel Wein. Etwas Salz und eine Prise gemahlenen Anis hinzufügen und alles gut durchkneten. 10 bis 12 kleine Brötchen formen und auf jeweils ein Lorbeerblatt legen. Mit einem Messer leicht einkerben, 25 Minuten backen lassen.

Rezept für den Brotaufstrich

Schafskäse wird mit Olivenöl, Essig, gemahlenem Pfeffer, klein geschnittenen Frühlingszwiebeln, Knoblauch und frischen oder getrockneten Kräutern vermischt, dazu reicht man römische Brötchen auf Lorbeerblättern.

Hauptspeise:

Rezept für Frikassee mit Aprikosen

Schweinsragout (800g) mit 3 Esslöffel Öl anbraten, gehackte Zwiebeln dazugeben und mit Wein und Sojasoße ablöschen. Das Ganze zugedeckt 75 Minuten schmoren lassen. 500g Aprikosen entsteinen und zusammen mit gemahlenem Pfeffer, einer Messerspitze Kümmel, gehacktem Dill, Minze, einem Teelöffel Honig und 1/2 Esslöffel Birnendicksaft unter das Fleisch mischen. Nochmal 10 Minuten kochen und mit in Wasser aufgelöstem Maispulver (2 Teelöffel) binden. Mit Salz abschmecken und servieren.

Nachtisch:

Rezept für Gefüllte Datteln

Füllung: Schafskäse oder eine Mischung aus Pinienkernen, Haselnüssen und Mandeln. Die Masse mit warmem Honig und gemahlenem Pfeffer vermischen und die Datteln füllen.

Rezept für Globi (Kugeln)

200g Griesmehl mit 300g Quark verkneten. Während dem Kneten reichlich Honig und Mohn dazugeben. Wenn die Masse formfähig ist, kleine Kugeln (Globi) formen und in einer Pfanne mit Olivenöl braten. Anschließend die Globi mit Honig bestreichen und mit Mohnkörnern bestreuen und servieren.

(aus: Lernerlebnis, Römische Antike, Schöningh, S. 49)

Völker wandern – Veränderungen in Europa

Die Völkerwanderung

Germanen auf dem Weg in neue unbekannte Siedlungsgebiete

Bevölkerungswachstum und Klimaveränderungen waren mit ein Grund für die beginnende Völkerwanderung. Einige Klimaforscher sprechen davon, dass die Jahresdurchschnittstemperatur im zweiten vorchristlichen Jahrhundert ca. 2,5 Grad Celsius unter den heutigen Mittelwerten gelegen hat. In der Folge wuchsen die Eisberge und Gletscher, die Winter waren frostig und die Sommer kurz und nasskalt. Für die Bauern im Norden schlechte Bedingungen, die zu Notlagen führten. Etwa um 115 v. Chr. soll es eine vernichtende Sturmflut gegeben haben. Viele Menschen ertranken. Das Wasser schwemmte ganze Gehöfte weg. Wertvolles Weideland war überflutet und durch Salzwasser unbrauchbar geworden. Das alles zwang die Menschen ihr Land zu verlassen.
Schon im 2. Jahrhundert n. Chr. gab es Zwischenfälle am Limes und Versuche, diesen zu überwinden. Erst um 260 n. Chr. gelang den Franken und Alamannen der erste Durchbruch.

Veränderungen und Verfall

Ende des 3. Jahrhunderts hatte sich das Römische Reich grundlegend verändert. Das Christentum hatte sich durchgesetzt.
Rom war nicht mehr kultureller und religiöser Mittelpunkt. Seine Stelle nahmen jetzt u.a. die Städte Ravenna, Mailand, Trier und Konstantinopel ein.

Fünf Jahrhunderte lang hatten sich die Römer gegen die Anstürme von außen behauptet. Dem Druck der Massenwanderungen der Völker im 4. bis 6. Jahrhundert konnten sie nicht mehr standhalten. Dazu kamen noch politische und religiöse Spannungen, Uneinigkeit und Krisen innerhalb des Römischen Reiches, was am Ende zu dessen Niedergang führte.
Nach dem Tod von Theodosius I. (dem Großen), wurde das Reich in ein Weströmisches und Oströmisches Reich geteilt (395). Hauptstadt im Westen war Ravenna, im Osten Konstantinopel.

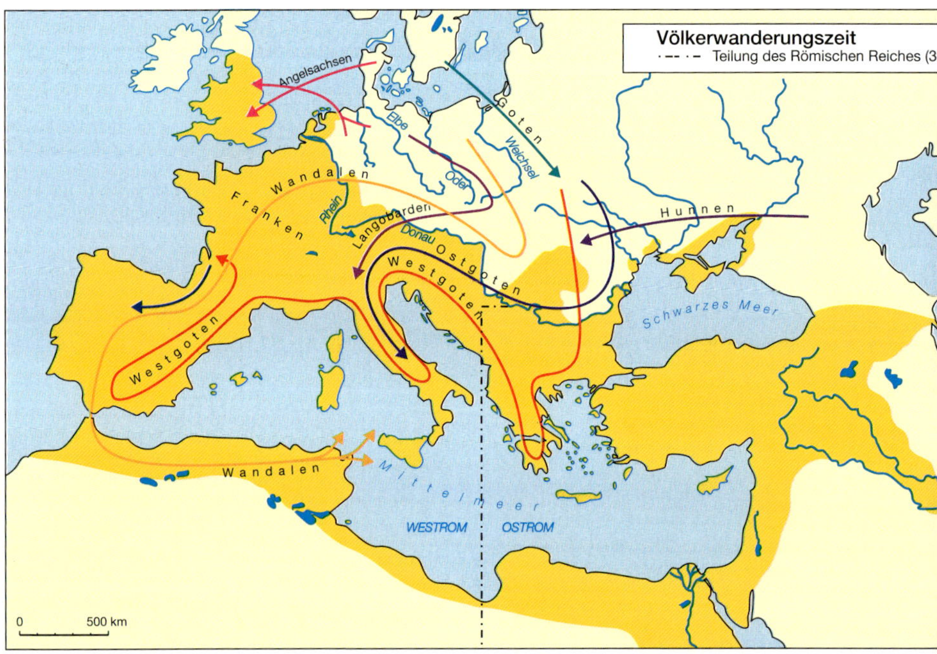

Germanenreiche entstehen

Das 4. bis 6. Jahrhundert kann als Höhepunkt der Völkerwanderung angesehen werden. Vor allem auch der Einbruch der Hunnen in Südrussland um 370 löste eine weiträumige Wanderbewegung aus.
Die überlegene Kampfweise des Reitervolkes war gefürchtet. Sie überrannten das germanische Ostgotenreich und trieben die Ostgoten nach Westen.
Die Westgoten flüchteten Richtung Süden und drangen über die Donau ins Römische Reich ein. Sie eroberten Rom, plünderten die Stadt und errichteten das erste Germanenreich auf römischem Boden. Die Wanderungen der Gotenvölker setzte auch andere Germanenvölker in Bewegung. Viele Germanenstämme siedelten in neuen Gebieten.
Im 6. Jahrhundert drangen die Langobarden von Norden in das Donaugebiet ein. Später folgten die Awaren. 568 fand die germanische Wanderung mit dem Zug der Langobarden nach Italien ein Ende.
Im Verlauf des 6. Jh. entstanden die sogenannten barbarischen Königreiche Europas. Im Norden wurden heidnische angelsächsische Staaten gegründet. In Gallien gewannen die Franken unter Chlodwig Einfluss. Seine Söhne eroberten die Provence und Burgund.
Zwischen 568 und 636 gab es, neben dem Byzantinischen Reich (Ostrom), drei große Barbarenreiche, das Reich der Franken, das Reich der Langobarden und das Reich der Westgoten.
Die Kaiser in Ravenna gerieten immer stärker in Abhängigkeit zu verschiedenen Germanenfürsten bis der hunnische Heermeister Odoaker den letzten Kaiser absetzte. Das Westreich hörte auf zu existieren.

Auch das Ostreich ist in Gefahr

Der Oströmische Kaiser Justitian versuchte während seiner Regierungszeit (527–565) eine Rückeroberung der Gebiete Westroms. Sein Ziel, das ursprüngliche Reich wieder herzustellen, erreichte er nicht.
Etwa 639 wurde das Byzantinische Reich (Ostreich) von allen Seiten angegriffen. Dazu kam es in religiösen Fragen zu Streitigkeiten zwischen Kaisern und Papsttum. Ostrom verlor zunehmend an Bedeutung und Einfluss. Die Päpste, die von den Langobarden immer mehr bedroht wurden und sich der religiösen Politik der Kaiser Ostroms widersetzen, wandten sich dem Westen und den Franken zu.
Die Völkerwanderung hat die Landkarte Europas gründlich verändert. Die neuen Gruppierungen der Völker und das Christentum waren Ausgangspunkte für das abendländische Mittelalter.

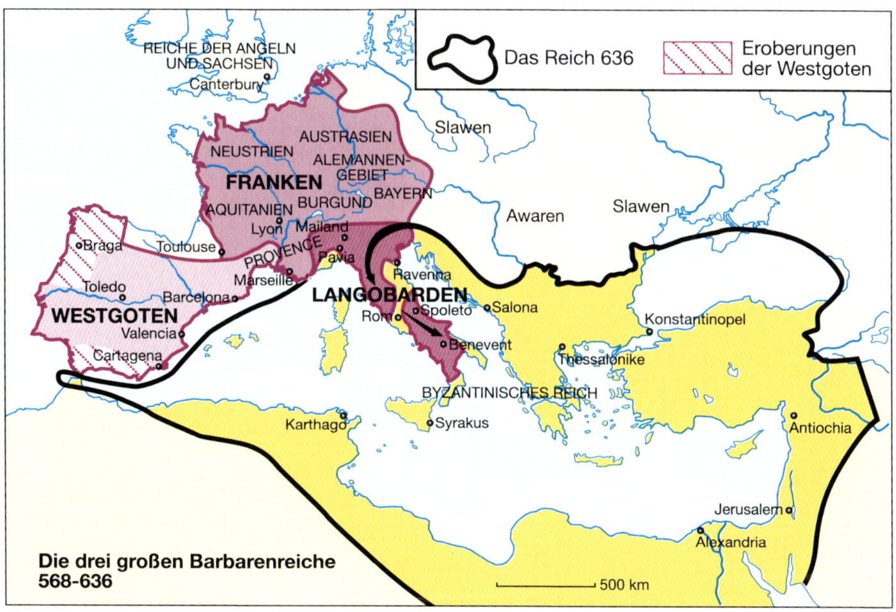

Die drei großen Barbarenreiche 568-636

1. Es gab zwei wesentliche Gründe, die die Völker veranlassten, sich neue Siedlungsplätze zu suchen. Nenne sie.
2. Betrachte die beiden Karten genau und vergleiche sie. Welche grundlegenden Veränderungen kannst du feststellen?
3. Das Wort Barbaren stammt von den Römern. Schlage in einem Lexikon nach, was es bedeutet und vergleiche, ob es seine Berechtigung hat.
4. Welche Volksstämme werden auf der Karte (rechte Seite) in den Gebieten genannt, die die Germanen verlassen haben?
5. Die Karte auf dieser Seite zeigt vier große Reiche. Eines davon verschwindet, drei bleiben bestehen. Welches ist vermutlich das schwächste?

... und wie war es bei uns am Limes?

Einfall ins Römische Reich

Um 260 n. Chr. gelang den Franken und Alamannen der Durchbruch. Zunächst konnten sich die Römer in Teilgebieten noch halten. Nach und nach gelang es den Alamannen, ihren Siedlungsraum auszuweiten. Um 450 n. Chr. hatten sie auch das Gebiet links des Rheins in ihrem Besitz. Man spricht von der alamannischen Landnahme. Der Rhein war nicht mehr Grenze zum Römischen Reich. Gleichzeitig erstarkten die Franken, die wiederum die Alamannen um 500 weiter in den Süden verdrängten.

Die Alamannen

Die Alamannen gingen vermutlich im wesentlichen aus den Sueben hervor. Funde aus Reihengräbern deuten auf eine Herkunft aus dem unteren Elbegebiet hin. Von ihren Nachbarn wurden sie auch Sweben genannt (heute Schwaben). Alamannen finden sich auch im französischen Wort „Allemagne“ für Deutschland. Später gliederten sich die Alamannen in Schwaben, Deutschschweizer und Elsässer.

Die Germanen hatten eine andere Lebensweise als die Römer. Viele der prunkvollen Steinbauten und Städte der Römer verfielen. Die Masse der Bevölkerung lebte auf weilerähnlichen Höfen oder Einzelhöfen. Oft wurde altes römisches Siedlungsland wieder genutzt. Dabei spielten auch die Römerstraßen und bestimmte Vorteile der Siedlungsplätze eine Rolle. Die Neusiedlungen waren ganz selten identisch mit den Plätzen der Römersiedlungen. Noch heute kann man oft an den Endsilben der Ortsnamen alamannische oder fränkische Gründungen erkennen. Die Endung „-ingen“ deutet auf alamannischen, die Endung „-heim“ auf fränkischen Ursprung hin.

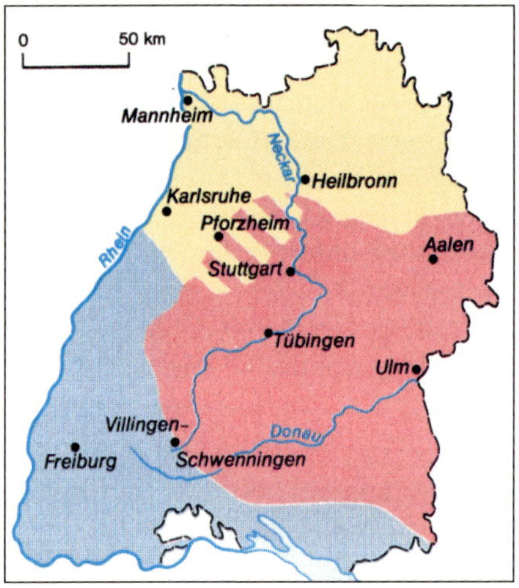

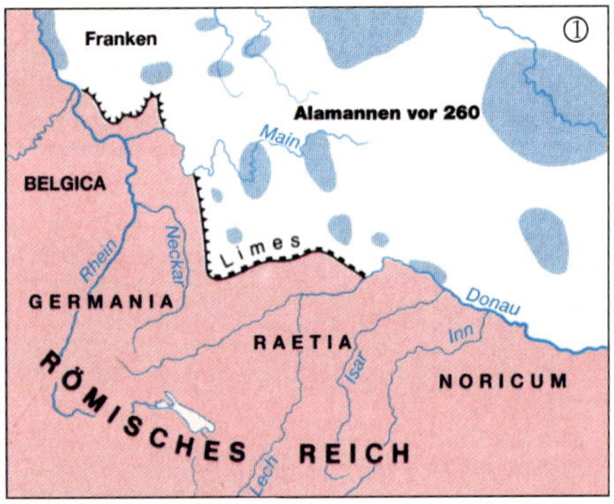

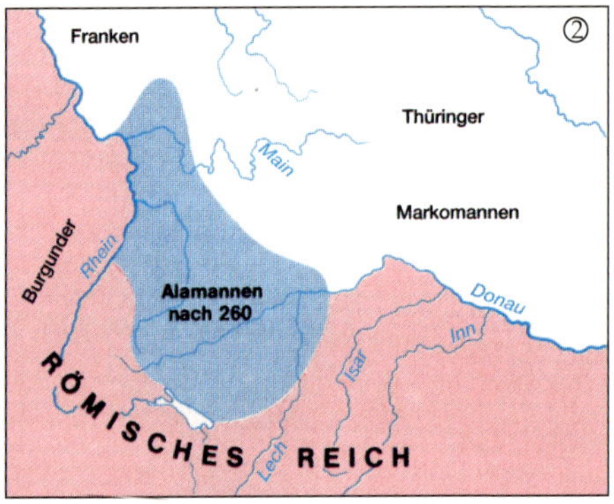

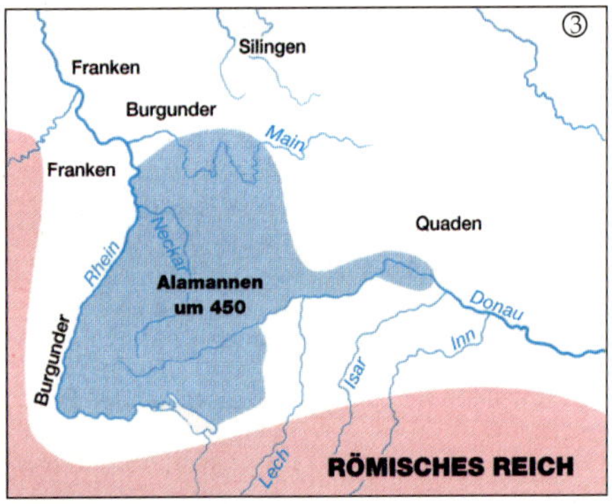

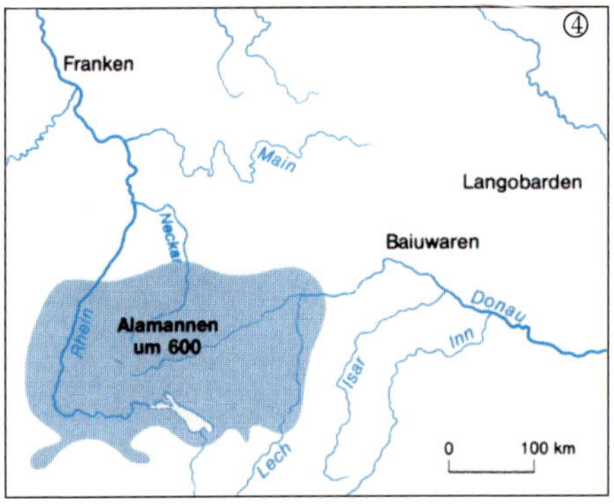

1. Beschreibe mithilfe einer heutigen Karte die Veränderungen des Siedlungsgebiets der Alamannen. Nenne Gebiete und Ortsnamen von heute zur besseren Orientierung.
2. Versuche mithilfe der Texte und der Karten herauszufinden, welchen Landesteilen von Baden-Württemberg welche Dialekte zuzuordnen sind: Alemannisch, Fränkisch, Schwäbisch.

Überfall am Limes

Rekonstruktion eines alamannischen Gehöftes mithilfe der Pfostenspuren in der Siedlung Sontheim im Stubental

WIE MAN SICH INFORMATIONEN AUS HISTORISCHEN KARTEN ZUGÄNGLICH MACHT:

1. Wichtig ist zu erkennen, um welches Gebiet es sich auf der Karte handelt. Dazu benötigt man möglicherweise einen Atlas von heute.
   Hilfen: Ortsnamen, das Kartenbild, die Legende einer Karte, die Bezeichnung der Karte.
2. Über welches Thema oder Ereignis gibt die Karte Auskunft, wo ergänzt sie den Text oder die Bilder?
   Hilfen: Ortsnamen, das Kartenbild, die Legende einer Karte, die Bezeichnung der Karte.
3. ACHTUNG:
   Meist sind in den Karten die Flüsse, Seen und Meere eingezeichnet, auch wenn es sich nicht um physische Karten handelt. Dadurch kann man sich besser zurechtfinden.
4. Wie sehen die Detaildarstellungen auf der Karte aus: Was bedeuten
   - die Linien
   - die Symbole
   - die schriftlichen Eintragungen
   - die Pfeile
   - die unterschiedliche farbige Gestaltung?
5. Der Maßstab:
   Damit man sich eine Vorstellung von den Entfernungen machen kann, ist auf den meisten Karten der Maßstab eingezeichnet. Manchmal kann es bei der Deutung und Aussage einer Karte von Wichtigkeit sein, den Maßstab zu berücksichtigen.
6. Karten werden häufig als Ergänzung zum Text verwendet. Die Frage dabei ist am Ende: Welche ergänzenden Informationen liefert eine Karte zum Thema?

Frühes Christentum

Römer und Christentum

Die Religion der Römer kannte eine große Zahl Göttinnen und Götter. Durch Opfergaben erhoffte man sich als Gegenleistung Schutz und Unterstützung in allen Lebenslagen.
Zur Zeit der frühen Kaiser war Rom eine Stadt, in der viele Religionen geduldet waren und praktiziert wurden. Die Römer gestatteten den unterworfenen Völkern die Ausübung ihrer bisherigen Religion. Im Laufe der Zeit wurde es immer wichtiger, den Kaiser als Gottheit zu verehren. Darin sah man ein Zeichen politischer Verlässlichkeit gegenüber dem Kaiser.
Als Anhänger einer sehr alten und traditionellen Religion waren die Juden von dieser Verpflichtung befreit. Den Christen aber billigte man dies nicht zu. Die Römer empfanden das Christentum als provozierend und gleichzeitig auch faszinierend. Faszinierend deshalb, weil diese Religion die Orientierungslosigkeit beseitigte und Ordnung in die Vielfältigkeit der Götterwelt brachte. Provozierend wegen der Lehre von *einem* Gott, die man bisher nur von den Juden kannte. Die Christen stellten sich nach Meinung der Römer gegen das Römische Reich, sie wurden deshalb als Feinde angesehen.

Jesus Christus

Ein Jude mit dem Namen Jesus wurde zur Regierungszeit des Augustus in Betlehem geboren. Im Alter von etwa dreißig Jahren begann er seine Lehre zu verkünden. Er predigte Nächstenliebe und ermahnte die Menschen, nicht zu sündigen. In der Hoffnung, er sei der erwartete Messias, stieg die Zahl seiner Anhänger. Für sie war er Jesus Christus (der Gesandte). Sie selbst nannte man Christen. Aber auch die Zahl seiner Feinde wuchs. Das oberste Glaubensgericht der jüdischen Priester verurteilte ihn wegen Gotteslästerung zum Tode. Das Urteil wurde vom römischen Statthalter Pilatus bestätigt. Er ließ Jesus kreuzigen, eine Hinrichtungsart, die nur für Sklaven und Verbrecher bestimmt war. Nach seinem Tod wurde seine Lehre durch eifrige Anhänger weiter verbreitet. Auch unter römischen Bürgern fand der neue Glaube Zuspruch. In der Folge entstanden überall im Römischen Reich kleine christliche Gemeinden. Ganz unspektakulär und ohne großes Aufsehen verbreitete sich heimlich eine neue Religion, das Christentum.

Wie lebten die frühen Christen

Die ersten Christen gehörten wahrscheinlich noch zur jüdischen Gemeinde. Es kam dann zum Streit zwischen Juden und Judenchristen um die Frage, ob auch Nichtjuden Christen werden können. Juden und Christen trennten sich.
Die Christen hielten sich von den heidnischen Tempeln fern. Sie trafen sich zu Gottesdiensten in Privathäusern. In solchen Häusern, auch Hausgemeinden genannt, versammelten sich die Getauften: Männer, Frauen, Freie,

Verbreitung des Christentums und die Missionsreisen des Apostel Paulus

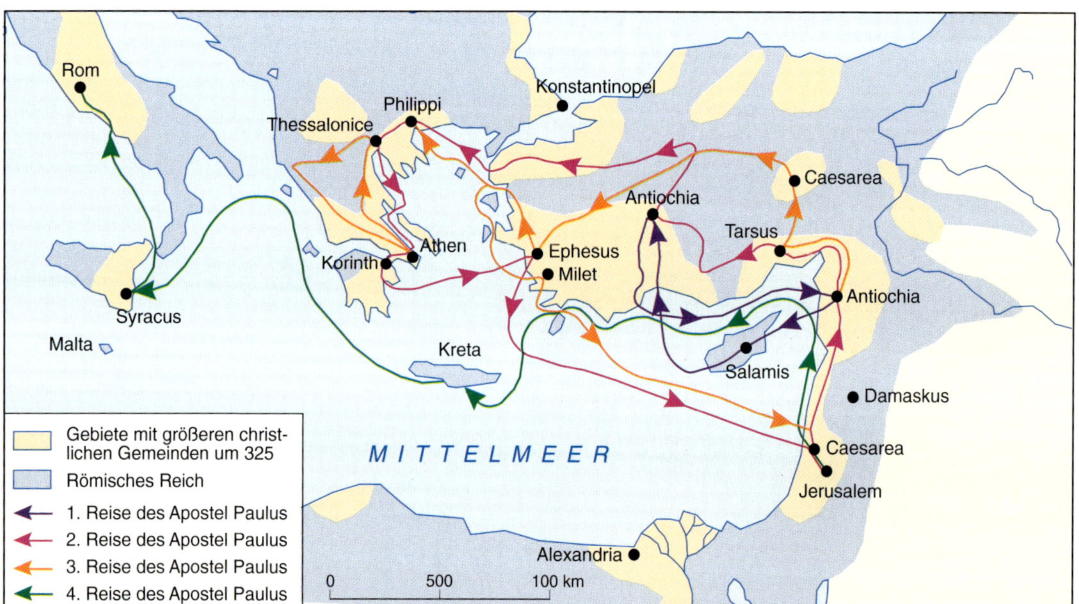

Sklaven, Arme, Reiche, Griechen und Menschen aus anderen Ländern. Es herrschte Gleichheit, was deutlich die Beziehungen zwischen den verschiedenen Menschen prägte und verbesserte. Am „Herrenmahl", einer Art Gottesdienst in Erinnerung an das letzte Abendmahl Christi, durften nur Getaufte teilnehmen, während zu den Wortgottesdiensten auch Ungetaufte zugelassen waren. In besonderen Taufgottesdiensten wurden diejenigen in die Gemeinde aufgenommen, die sich taufen ließen.

Die Solidarität der christlichen Gemeinden überzeugte viele Menschen. Jeder konnte die Fürsorge für die Armen, Kranken und Sterbenden erleben. Auch der Gemeinschaftssinn wurde bewundert, war doch jeder für den andern da. Stand und Herkunft spielten keine Rolle.

Bis sich die neue Religion durchgesetzt hatte, mussten die Christen allerdings sehr viel Leid über sich ergehen lassen. Während der Zeit der Christenverfolgungen, z.B. unter Kaiser Nero, kamen viele von ihnen grausam ums Leben.

Der Apostel Paulus

Nachfolgend der Wortlaut einer Gerichtsverhandlung gegen den Christen Justinus, der sich weigert, dem Standbild des Kaisers ein Opfer zu bringen. Justinus wird aufgefordert, den Göttern zu gehorchen. Er antwortet:

Q „Es kann kein Vorwurf vor Gericht und kein Grund für einen Prozess sein, wenn jemand den Geboten gehorcht, die unser Erlöser Jesus Christus gegeben hat."

Richter: „Welcher Lehre folgst du?"

Justinus: „Ich habe mich bemüht, alle Lehren der Philosophen kennen zu lernen. Zuletzt habe ich mich für die allein wahre Lehre der Christen entschieden. Ich folge dieser Lehre mit der Kraft meiner festen Überzeugung."

Richter: „Was ist das für eine Überzeugung?"

Justinus: „Sie lautet: Wir verehren den Gott der Christen, den wir für den einzigen Gott und den Schöpfer der sichtbaren und unsichtbaren Welt halten."

Richter: „Wo haltet ihr euere Versammlungen ab?"

Justinus: „Wo jeder kann und mag ..."

Richter (zu Justinus und den Mitangeklagten): „Wenn ihr nicht den Göttern gehorcht, wird man euch erbarmungslos strafen."

Justinus: „Das ist gerade, was wir erhoffen: für unseren Herrn Jesus Christus den Tod zu erleiden [...].

Der Richter verkündet das Urteil: „Weil diese den Göttern nicht opfern wollen und sich so dem Befehl des Kaisers widersetzen, sollen sie ausgepeitscht werden und sind, nach dem Gesetz, zur Enthauptung verurteilt."

(Aus den Märtyrerakten des 2. Jh., hrsg. v. Rahner, abgedruckt in: H. v. Hentig, Hellas und Rom, S. 373ff.)

Münze Kaiser Konstantins

Kaiser Konstantin

Da die Christen sich trotz Verfolgung und Folter als Staatsbürger nichts zu Schulden kommen ließen und das Reich von äußeren Feinden bedroht war, gaben die römischen Kaiser nach. 313 n. Chr. verfügte Kaiser Konstantin im Toleranzedikt von Mailand die Religionsfreiheit für die Christen. Konstantin näherte sich dem Christentum bereits an, behielt aber noch den heidnischen Titel des „pontifex maximus" (oberster Priester) bei. Unter Kaiser Theodosius wurde der christliche Glaube dann zur Staatsreligion (391 n. Chr.); Kirche und Staat wurden jetzt eng verbunden.

Durch die Bedeutung des Christentums im Römischen Reich fanden entscheidende Weichenstellungen für das christliche Mittelalter statt.

?

1. Warum wurden die Christen vor allem von den Römern verfolgt?
2. Welche Informationen lassen sich aus der Karte ablesen? Beachte die Legende und das Thema der Karte.
3. Berichte in einem Kurzreferat über Jesus Christus und seine Lehre.

Zum König geboren? Chlodwig, ein Herrscher der Franken

Wie wird man König?

Die Antwort ist auf den ersten Blick klar. Man wird als Sohn oder Tochter eines Königs geboren und erbt das Amt. Die Frage ist damit aber nur beantwortet, wenn es einen regierenden König gibt.
Aber wie hat es angefangen? Wir stellen diese Frage für das frühe Mittelalter und untersuchen sie an der Person Chlodwigs, der an der Schwelle des Übergangs von der Antike zum Mittelalter vom germanischen Heerführer zum König der Franken aufstieg und von 482–511 herrschte.

Um 498 ließ sich Chlodwig I. von Bischof Remigius von Reims taufen.

Heereskönigtum der Germanen

König sein: Viele möchten es, aber nur einer kann das Amt rechtmäßig bekleiden.
Das Herrschaftsrecht eines Königs muss gegenüber denen, die seiner Königsherrschaft unterstehen, begründet werden. Nach germanischer Vorstellung waren herausragende Tüchtigkeit, Mut, Stärke, Erfolg, Glück in Kriegs- und Friedenszeiten und die Abstammung von einem berühmten Vorfahr die Grundlage für den Anspruch, königliche Herrschaft auszuüben. Im Besitz dieses „Königsheils", so bezeichnete man zusammengefasst das Vorhandensein solcher Eigenschaften, war nach der Überzeugung der Menschen zu Beginn des Mittelalters nur eine einzige Familie. Die „Königsfamilie" besaß diese für das gesamte Volk so segensreichen Eigenschaften aufgrund ihrer besonderen Stellung und Nähe zu den germanischen Göttern. Folgerichtig konnten nur Mitglieder der Königsfamilie (des Königsgeschlechts) König werden. Die Thronfolge innerhalb dieser Familie war für einen langen Zeitraum und in der Regel auf die männlichen Familienmitglieder beschränkt.

Wer war Chlodwig? Ein Kurzporträt

In der Völkerwanderungszeit hatten sich viele germanische Stämme auf weströmischem Gebiet festgesetzt. Die Staaten, die die Germanen dort errichteten, waren Königreiche. Das heißt, an der Spitze stand ein König, der über Land – ein bestimmtes umgrenztes Gebiet – und Leute – die in diesem Gebiet lebenden Menschen – herrschte. Dies gilt auch für das Volk der Franken, das aus vielen kleinen Stämmen bestand. Ursprünglich am Niederrhein beheimatet, wanderten sie in das linksrheinische Rhein-Moselgebiet sowie in das heutige Belgien und Frankreich ein (s. Karte auf S. 113). Dort errichteten sie eigene kleine Gebietsherrschaften, man könnte auch sagen kleine Königreiche, an deren Spitze der jeweilige Stammesfürst stand. Der Fürst Chlodwig war einer von ihnen. Er gehörte dem Geschlecht der Merowinger an. Zu einem Geschlecht gehören alle Angehörigen eines Familienverbandes. Der Name eines solchen Geschlechts leitet sich häufig von dem Stammvater ab. Dieser hieß in unserem Fall Merowech. Chlodwig war ehrgeizig, machtbesessen und in der Wahl seiner Mittel zur Durchsetzung seiner Machtinte-

?

Zum König geboren? Wie wird man König? Eine Geschichtskarte, ein Bild und ein Darstellungstext stehen euch als Grundlage für die Untersuchung zur Verfügung. Notiert alle Informationen, die ihr gefunden habt, und ordnet sie den beiden Fragestellungen zu.

1. Wie wird eine Person rechtmäßiger König und wie kann sie somit den Grundstein für Erbnachfolge legen?
2. Herrschen bedeutet Macht über Land und Leute auszuüben. Wie gelingt es, Herrschaft für sich zu beanspruchen und sicherzustellen, sodass die Menschen, die dieser Herrschaft unterworfen sind, diese auch auf Dauer anerkennen und sich ihr unterordnen?
3. Mithilfe der Karte kannst du dich darüber informieren, welche Gebiete zum Reich Chlodwigs und seiner Söhne gehörten.
4. Überlege, welche Probleme die Verwaltung eines so großen Reiches verursacht und welche Aufgaben daraus erwachsen.

ressen nicht zimperlich. Es gelang ihm, die übrigen Fürsten und deren Familien auszuschalten und sich im Jahre 482 n. Chr. zum König aller Franken zu machen. Dabei waren Hinterlist, Verrat, Gewalt und Mord im Spiel. Chlodwig wurde zum Begründer des Frankenreiches, das in den Folgejahren durch ihn und seine Söhne zum europäischen Großreich wurde.
Eine ganz maßgebliche Rolle spielte dabei die Entscheidung, zum Christentum überzutreten. Als er in einer Schlacht gegen die Alamannen an den Rand einer Niederlage geriet, rief er den Gott der Christen um Hilfe an. Nach dem Sieg trat er zum christlichen Glauben über.

Ein Schritt mit tief greifenden Folgen für die weitere Entwicklung. Das Frankenreich und die römisch-katholische Kirche gingen dadurch eine für beide Seiten vorteilhafte Verbindung ein, von der jede Seite profitierte. Die kirchlichen Einrichtungen (vertreten z.B. durch den Papst, Bischöfe oder Klostervorsteher) wurden zur Stütze des Königtums und halfen bei der Regierung und Verwaltung des Reiches. Im Gegenzug sahen Papst und Bischöfe in dem Frankenkönig in gewisser Weise einen Schutzherrn für die Kirche. Dieses Zusammenwirken von weltlicher und geistlicher Herrschaft war einer der Grundpfeiler des gesamten Mittelalters.

WIE MAN INFORMATIONEN AUS TEXTEN UND BILDERN/KARTEN STRUKTURIERT UND VERKNÜPFT:

TEXTE:
1. Texte genau lesen, unbekannte Begriffe nachschlagen oder erfragen.
2. Den Text noch einmal lesen und dabei Stichworte aufschreiben.
3. Herausfinden, in welche Handlungsabschnitte man einzelne Textstellen aufteilen kann – dazu jeweils eine Überschrift finden oder ein Stichwort zuordnen.

BILDER/KARTEN:
4. Bilder und Karten genau ansehen, auf die Details/Legende achten.
5. Feststellen, welchen Beitrag das Bild/die Karte zum Thema der Seite leistet:
   - zentrale Aussage erkennen;
   - herausfinden, welche Details wichtig sind und welche nicht so sehr;
   - dazu muss man das Thema, das bearbeitet oder vermittelt werden soll, genau kennen.
6. Dem Bild eine eigene Bildunterschrift geben, aus der die wichtigste Information oder die wichtigsten Informationen des Bildes hervorgehen.

AUSWERTUNG:
7. Die aus Texten und Bildern/Karten gewonnenen Informationen einander zuordnen:
   - gleiche oder ähnliche Aussagen,
   - zusätzliche Informationen zu einem Themenbereich,
   - ggf. neue Oberbegriffe finden,
   - evtl. grafische Darstellung als Übersicht.

Bonifatius – „Apostel der Deutschen“

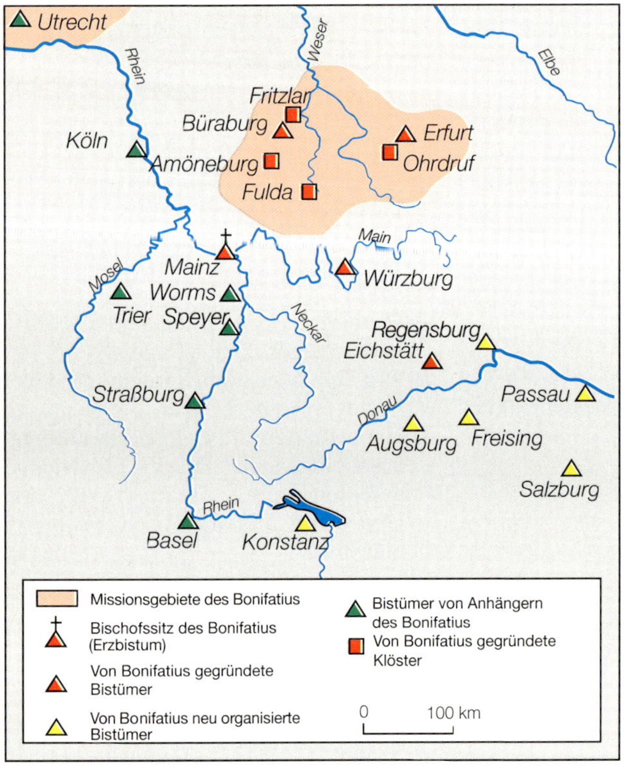

Das Wirkungsfeld des Bonifatius

WAS IST BEI DER BETRACHTUNG VON BILDERN UND KARTEN BESONDERS ZU BEACHTEN?

Bilder, Karten und Texte beinhalten manchmal sehr verschiedene Informationen auf verschiedene Art.

1. BILDER

a) Bilder sind oft Dokumente, die in der Darstellung der Personen, Gebäude und des Umfeldes die Sichtweise der Zeit, in der sie entstanden sind, widerspiegeln.
Das ist z.B. bei den Bildern dieser Seite durch folgende Fragen erkennbar:
- Wie wird Bonifatius dargestellt?
- Wie viele Personen sind auf den Bildern und wie sind sie gekleidet?
- Welche Stimmung verraten ihre Gesichtsausdrücke?
- Was tragen sie in den Händen?
- Was verraten diese Bilder darüber, wie Bonifatius 100 Jahre nach seinem Tod gesehen wurde?

b) Bilder sind oft Ausschnitte aus einem Ganzen und sie spiegeln nicht selten das Empfinden und die Meinung des Urhebers wider.

c) Aussagen von Bildern sind oft nur dann wertvoll und vermitteln Erkenntnisse, wenn sie durch Textinformationen ergänzt werden.

2. KARTEN

Karten sind bewusste Darstellungen. Sie wurden extra angefertigt, um etwas Bestimmtes zu vermitteln. Karten können Informationen bündeln oder auch Übersicht schaffen. Oft benötigt man auch hier zusätzliche schriftliche Informationen.

Zwei Szenen aus dem Leben des Bonifatius

„Der es gut macht“

Eine seltsame Überschrift – aber so lautet die Übersetzung des Namens Bonifatius.
Bonifatius wurde um 672/673 n. Chr. als vornehmer Angelsachse im Königreich Wessex geboren. Schon als Kind kam er in ein Kloster. Er wurde Leiter einer Klosterschule und begann dann mit seiner Mission. Darunter verstand man die „Bekehrung der Heiden zum Christentum“. Begonnen hatte die Missionierung der heidnischen Germanenstämme schon mit dem Übertritt Chlodwigs und seines Frankenreiches zum römisch-katholischen Glauben. Seine Nachfolger förderten die Ausbreitung des Christentums durch irisch-schottische und später angelsächsische Missionare. Einer davon war Bonifatius. Er missionierte bei den Hessen, den Thüringern und den Friesen. Er war nicht nur ein guter Missionar, sondern auch ein Organisationstalent. Er unterstellte die fränkische Kirche dem Papst in Rom. So schaffte er die wichtige Verbindung vom Frankenreich zur römisch-katholischen Kirche. Beim Versuch die Friesen zu bekehren, wurde Bonifatius 754 zusammen mit 52 Gefährten erschlagen.
Bonifatius festigte das Christentum und erreichte durch viele Klostergründungen die Festigung des Glaubens und die Entfaltung kirchlichen Lebens.

Ein Zeitgenosse berichtet

Der Mönch Willibald, hat über das Leben des Bonifatius berichtet. Das Bild und die Texte des Willibald sind übrigens die einzigen Quellen, die über Bonifatius Auskunft geben. Nachfolgend Auszüge aus seiner Schrift.

Bonifatius in Hessen

Q „Viele Hessen empfingen die Taufe. Andere aber, […], wiesen den reinen Glauben unversehrter Wahrheit zurück. Einige opferten heimlich, andere offen an Bäumen und Quellen; andere betrieben geheime Seherei, Weissagungen, Zauberei und Beschwörungen. Bonifatius unternahm es, eine Eiche von seltener Größe, die mit altem Namen die Donarseiche hieß, im Beisein der Gottesknechte zu fällen. Als er nun in voller Entschlossenheit Axthiebe gegen den Baum geführt hatte – es stand eine große Heidenmenge dabei, die Bonifatius heftig verfluchte –, da wurde nach kurzem Anhieb sogleich die ungeheure Masse der Eiche durch göttliches Wehen von oben her bewegt, der Äste Enden brachen und sie stürzten zur Erde. Wie durch höheres Wirken zerbrach sie in vier Teile. Bei diesem Anblick priesen die Heiden […] den Herrn, ließen von ihrem früheren bösen Willen ab und glaubten. Nun baute Bonifatius aus dem Holze dieses Baumes ein Bethaus.“

Bonifatius in Thüringen

Q „Der Ruf von seiner heiligen Predigt verbreitete sich weitum und wuchs so, dass sein Name im größten Teil Europas erklang. Und so kamen aus den Gauen Englands sehr viele Gottesknechte zu ihm, Männer, die im Lesen, Schreiben und anderen Künsten sehr bewandert waren. Sehr viele von ihnen unterwarfen sich seinen klösterlichen Einrichtungen und predigten […] das Gotteswort.“

Bonifatius in Friesland

Q „Er zog also durch ganz Friesland, verdrängte den heidnischen Kult, schaffte irrtumsvolle Gebräuche ab, predigte und erbaute nach Zerschmetterung der Götzenbilder mit großem Eifer Kirchen. Nachdem des Glaubens Glanz in Friesland leuchtete, schlug er am Boornfluss, nur von seinen Begleitern umgeben, die Zelte auf. Er hatte den Festtag der Taufe dem Volk ansagen lassen. Aber am festgesetzten Tag kamen statt Freunden Feinde. Eine gewaltige Feindesmenge stürzte mit geschwungener Waffe, mit Speer und Schild, ins Lager. Wie Bonifatius den Ansturm des tobenden Haufens vernahm, berief er sofort seine Gottesknechte. Er verbot ihnen den Kampf mit den Worten: „Lasst vom Streit ab. Wir werden doch durch das Zeugnis der Heiligen Schrift belehrt, nicht Böses mit Bösem zu vergelten“. Nachdem er mit solcher Mahnung und Lehre seine Jünger angefeuert hatte, fiel sofort die wütende Heidenhorde mit Schwertern und Kriegswaffen über sie her […].
Jauchzend warf sich das Heidenvolk auf die Siegesbeute. Das Lager wurde zerstört, die Beute […] verteilt.“

(Zit. nach: J. Bühler, Das Frankenreich, Leipzig 1923, S. 415ff; bearbeitet)

?

1. Was erzählen Bilder und Karte über das Leben des Bonifatius?
   a) Die beiden Bilder zeigen zwei Szenen aus dem Leben des Bonifatius. Sie wurden mehr als hundert Jahre nach seinem Tod gemalt.
   Betrachtet jedes Bild möglichst genau. Achtet dabei auf Details. Geht vom Bildmittelpunkt aus.
   b) Deutet dann Bilder und Karte. Versucht herauszufinden, was Bonifatius in seinem Leben getan hat und wie sein Leben geendet hat.
2. Vergleicht dann das Ergebnis mit den Informationen der Texte. Was habt ihr richtig erkannt, was müsst ihr verbessern?

Wie wurden die Karolinger Herrscher im Frankenreich?

Was erzählen die Quellen?

Der Mönch Einhard (um 770–840) entstammte einer ostfränkischen Familie. Er berichtet über die letzten fränkischen Könige aus dem Geschlecht der Merowinger:

Q „Das Geschlecht der Merowinger, aus dem die Franken ihre Könige zu wählen pflegten, endete […] mit König Hilderich, der auf Befehl des römischen Papstes [Zacharias] abgesetzt, geschoren und ins Kloster geschickt wurde. Aber [er war] schon längst ohne alle Lebenskraft und hatte außer dem […] Königstitel nichts Ruhmvolles [mehr] an sich, denn die Mittel und die Gewalt der Regierung waren in den Händen der Pfalzvorsteher, die Hausmeier hießen und denen die ganze Regierung [übertragen war]. Dem König blieb nichts übrig, als zufrieden mit dem bloßen Königstitel, mit langem Haupthaar und ungeschorenem Bart auf dem Throne zu sitzen und den Herrscher zu spielen, die […] Gesandten anzuhören und [zuvor] gelernte Antworten zu erteilen. […] Außer dem nutzlosen Königstitel und einem unsicheren Lebensunterhalt, den ihm der Hausmeier nach Gutdünken zumaß [besaß er] noch ein einziges […] wenig einträgliches Hofgut […], auf dem er ein Wohnhaus hatte und Knechte in geringer Zahl. Überall, wohin er sich begeben musste, fuhr er auf einem Wagen, den ein Joch Ochsen zog und ein Rinderhirte nach Bauernweise lenkte. So fuhr er nach dem Palast, so zu der öffentlichen Volksgemeinde, die jährlich […] tagte. […] Die Staatsverwaltung aber besorgte der Hausmeier."

(Einhard, Leben Karls d. Großen; in: Quellen zur karolingischen Reichsgeschichte 1, übers, v. R. Rau (Wissenschaftliche Buchgesellschaft) Darmstadt 1955)

Die fränkischen Reichsannalen

Die Reichsannalen sind Jahrbücher. Sie berichten über für wichtig erachtete Ereignisse und Vorgänge im Frankenreich. Geschrieben wurden sie von Mönchen in Klöstern.

Q „Bischof Burkhard von Würzburg und der Kaplan Fulrad wurden von Pippin zu Papst Zacharias gesandt, um wegen der Könige im Frankenreich zu fragen, ob es gut sei, den als König zu bezeichnen, der die Macht habe, statt den, der ohne königliche Macht blieb. Zacharias gab den Bescheid, es sei besser, den als König zu bezeichnen, der die Macht habe. Um die Ordnung nicht zu stören, ließ er kraft seiner päpstlichen Autorität den Pippin zum König machen. Pippin wurde nach der Sitte der Franken zum König gewählt und gesalbt von der Hand des Erzbischofs Bonifatius und dann von den Franken in Soisson zum König erhoben. Hilderich aber, der (so genannte) Scheinkönig, wurde geschoren [Haare und Bart abgeschnitten] und ins Kloster geschickt."

(Zit. nach: Materialien für den Geschichtsunterricht, Das Mittelalter, (Diesterweg) Frankfurt a.M., S. 76, bearbeitet)

Ein karolingischer Herrscher wird von der Hand Gottes gekrönt.

Die Macht der Hausmeier

Nach dem Tod Chlodwigs herrschten seine vier Söhne als Könige der Franken in ihren Reichsteilen. Das Reich blieb als Ganzes erhalten. Alle vier waren bestrebt, das Reich insgesamt weiter zu vergrößern; z.B. wurden die Thüringer und Burgunder unterworfen und die Baiern gerieten in Abhängigkeit.
Doch schnell war zu erkennen, dass es an einer starken Persönlichkeit fehlte, um diese riesigen Gebiete politisch und staatlich zu verwalten. Am Ende kam es zur Dreiteilung des Reiches und schlimmen Machtkämpfen die das Reich verkleinerten und zur Bedeutungslosigkeit der Merowingerkönige führten.
Zeitgleich übernahmen die Hausmeier (Hausälteste, hohe Beamte) die Leitung der königlichen Güter, die Staatsgeschäfte und bekleideten hohe Positionen im Adel. Sie waren die eigentlichen Herrscher geworden, allerdings zunächst ohne Königstitel.
Ein berühmter Hausmeier war Karl Martell, der dem Adelsgeschlecht der Karolinger angehörte. Durch seinen Sieg über die Araber bei Tours und Poitiers im Jahre 732, hatte er den Ansturm der Araber auf Europa aufgehalten. Die Araber mussten sich nach Spanien zurückziehen. Nach ihm regierten zunächst seine Söhne Karlmann und Pippin. Nachdem Karlmann 747 in ein Kloster eintrat, wurde Pippin Alleinherrscher.
Pippin schloss ein Bündnis mit dem Papst. Er ließ sich von ihm seinen Anspruch auf das Königtum bestätigen und wurde 751 von fränkischen Adeligen zum König der Franken erhoben und von Bonifatius als erster fränkischer König im Auftrag des Papstes gesalbt. Damit lag das Königsheil nun in den Händen der Karolinger. Pippin führte zwei Feldzüge gegen die Langobarden und schenkte dem Papst die eroberten Gebiete. Sie bildeten die Grundlage für das Entstehen des späteren Kirchenstaats (Pippinsche Schenkung). Er vertrieb die Araber aus Spanien und bereitete die Herrschaft seines Sohnes Karl vor.

Ein Mosaikbild aus dem 9. Jahrhundert zeigt den Heiligen Petrus, der dem Sohn Pippins, Kaiser Karl dem Großen, die Fahne Roms als Zeichen der weltlichen Macht und Papst Leo III. die Stola als Zeichen der geistlichen Macht überreicht.

Von Mitte des 8. bis Mitte des 9. Jh. gelang es den Karolingern einen großen Teil des Abendlandes ins Fränkische Reich einzugliedern.

Bündnis mit dem Papst

Nach dem Bruch zwischen Rom und dem oströmischen Byzanz (Konstantinopel) gehen die Päpste ein Bündnis mit dem fränkischen Herrscherhaus ein. Die römische Kirche bestätigt damit die Rechtmäßigkeit des Anspruchs der Karolinger auf den fränkischen Thron; im Gegenzug schützt der Frankenkönig den Papst vor Übergriffen der Langobarden.
Bei der Krönung Pippins ist nicht mehr das Geblütsrecht (heidnisch germanisches Brauchtum) maßgeblich für den Erhalt der Königswürde, sondern die kirchliche Salbung, d.h. Königtum von Gottes Gnaden (vgl. das Bild auf S. 116). Damit beginnt eine lang anhaltende, aber nicht immer konfliktfreie Verbindung und Machtverteilung zwischen Kirche und Staat.

?

1. Notiere dir Stichworte zu den beiden Quellen. Was wird erzählt?
2. Was sind Hausmeier?
3. Wie war es dem Karolinger Pippin möglich, die Merowinger abzusetzen? Erinnere dich an den Begriff Königsheil.
4. Das Bild zeigt zwar den Sohn Pippins, steht aber symbolisch für den Beginn einer wichtigen Zusammenarbeit, die das Mittelalter bestimmt. Was ist gemeint?
5. Schreibe eine kurze Zusammenfassung über das Thema „Von den Merowingern zu den Karolingern".

Ausblicke, Einblicke ...

Flucht, Vertreibung und Migration – nicht nur ein Thema der Vergangenheit

Auch heute noch sind weltweit Millionen von Menschen auf der Flucht

Die Heimat verlieren, in der Fremde ein neues Zuhause suchen: Das war das Schicksal von Menschen in der Vergangenheit und ist es an vielen Orten der Welt auch heute noch. Familien oder Einzelne sind aus mehr oder weniger freiem Entschluss geflohen, weil ihnen die Lebensgrundlage entzogen oder sie vertrieben wurden. Andere suchen nach dem Glück, nach Wohlstand und Sicherheit, mal als Gastarbeiter, andere als Flüchtlinge. Mit jeder Flucht, jeder Vertreibung (Deportation), jedem Verlassen der Heimat ist ein Einzelschicksal verbunden.

Weltweit gibt es auch heute noch Kriege und damit verbunden Flucht und Vertreibung. Hier nun einige Beispiele aus der jüngeren Geschichte zu Flucht und Emigration, Vertreibung und Auswanderung (Migration).

Der Physiker Albert Einstein, die Dichter Kurt Tucholsky und Hilde Domin emigrierten während der Zeit des Nationalsozialismus nach Amerika, Schweden und England. Alle waren jüdischer Abstammung und von Verfolgung, Diskriminierung und Antisemitismus bedroht. Vielen Juden gelang noch vor Ausbruch des Zweiten Weltkrieges 1939 die Flucht, der Großteil von ihnen wurde aber in Konzentrationslagern interniert und umgebracht. Wenigen gelang es unterzutauchen, sie wechselten häufig ihre Unterkunft und wurden von mutigen Menschen unterstützt. Es war ein Leben in ständiger Angst vor Entdeckung. Das Kriegsende 1945 brachte zwar Frieden, zuvor flohen jedoch viele Deutsche aus Ostmitteleuropa. Unmittelbar nach Kriegsende kam es zur vollständigen Ausweisung, Zwangsumsiedlung oder Vertreibung der in den deutschen Siedlungsgebieten in Polen, der Tschechoslowakei und Ungarn verbliebenen Deutschen. Die Menschen mussten ihr gesamtes Hab und Gut zurücklassen und eine Reise in eine ungewisse Zukunft begann. Viele von ihnen starben, sie erfroren oder verhungerten, andere mussten teilweise unendliche Strapazen und Ängste bewältigen, bevor sie in Zwischenlagern untergebracht wurden und langsam ein neues Leben aufbauen konnten. Von den Einheimischen wurden sie nicht immer mit offenen Armen empfangen, obwohl sie doch für ihr Leid nicht verantwortlich waren.

Flüchtlinge im Kosovo-Krieg

In den 50er Jahren des 20. Jahrhunderts gab es zu wenig Arbeitskräfte in der Bundesrepublik Deutschland. 1960 stellten die deutschen Behörden fest, dass die Arbeitskraftreserven aus dem Ausland kommen mussten. Abkommen mit beteiligten Ländern, darunter Italien und die Türkei, wurden geschlossen. 1961 kamen die ersten 2100 türkischen „Gastarbeiter“ nach Deutschland, damit begann eine nun seit mehr als 40 Jahren andauernde Migrationsgeschichte. Die türkischen Arbeiter waren begehrt, 1964 wurden sie sozialrechtlich mit ihren deutschen Kollegen weitgehend gleichgestellt. Ein Wende brachte der Anwerberstopp 1973. Während sich 37 Prozent der türkischen Staatsbürger 1982 länger als 10 Jahre in der Bundesrepublik aufhielten sind es heute rund 60 Prozent, viele haben inzwischen einen deutschen Pass. Drei Viertel aller 15-Jährigen wurden in Deutschland geboren, rund 2,1 Millionen Türken leben in Deutschland. Eine Rückkehr planen die wenigsten von ihnen. Türken leisten heute einen wichtigen Beitrag zur deutschen Wirtschaft, viele türkische Jugendliche nutzen die Bildungs- und Berufschancen. Für sie stellt sich die Frage, wo ihre Heimat ist: in Deutschland, dessen Sprache sie sprechen oder in der Türkei, dem Land, aus dem ihre Familien stammen?

In Europa, z.B. in Bosnien-Herzegowina (1,5 Mill. Flüchtlinge und Vertriebene) oder im Kosovo (rund 300 000 Menschen, die Minderheiten angehören), in Afrika und in anderen Teilen der Erde wurden und werden Menschen vertrieben. Trotz des Einsatzes von Schutztruppen gelingt es nicht immer, ihnen die Rückkehr zu sichern, obwohl eine Vertreibung strafbar und eine Verletzung der Menschenrechte ist.

Überblick ...

Erste Völkerwanderung

Bevölkerungswachstum und Klimaschwankungen und damit verbundene Notlagen und Hungersnöte veranlassten Menschen zu ersten großen Völkerwanderungen im 2. Jahrhundert n. Chr. Um 260 n. Chr. gelang es den Alamannen und Franken den Limes zu durchbrechen.
Veränderungen im Römischen Reich (politische Spannungen, Spaltung in Ost- und Weströmisches Reich) hatten zur Folge, dass den eindringenden Völkern kein ausreichender Widerstand mehr entgegengesetzt werden konnte.

Höhepunkt

Im 4.–6. Jahrhundert n. Chr. gibt es die meisten Völkerwanderungen. Hunnen brachen 370 n. Chr. in Südrussland ein und lösten eine Wanderbewegung aus: Die germanischen Ostgoten flohen nach Westen, die Westgoten nach Süden. Im 6. Jahrhundert drangen die Langobarden von Norden in das Donaugebiet ein, gefolgt von den Awaren. Mit dem Zug der Langobarden nach Italien endete 568 n. Chr. gleichzeitig die germanische Wanderung. Bis 636 gab es das Byzantinische Reich und drei große Barbarenreiche (Franken, Langobarden, Westgoten).
Das abendländische Mittelalter wurde geprägt von den neuen Gruppierungen der Völker und dem Christentum.

Veränderungen am Limes

Der Limesdurchbruch erfolgte um 260 n. Chr., rund 200 Jahre später hatten die Alamannen auch das Gebiet links des Rheines in ihrem Besitz (alamannische Landnahme). Um 500 drängten die Franken die Alamannen weiter in den Süden. Vermutlich gingen die Alamannen aus den Sueben (Schwaben) hervor. Die Germanen hatten eine andere Lebensweise als die Römer. Sie lebten in weilerähnlichen Höfen oder Einzelhöfen. Die prunkvollen Steinbauten der Römer zerfielen. Bei Ortsnamen deutet die Endung „-ingen" auf alamannischen, die Endung „-heim" auf fränkischen Ursprung hin.

Das Christentum

Während der Regierungszeit des Augustus wurde Jesus in Bethlehem geboren (das Jahr „1" unserer Zeitrechnung). Im Alter von 30 Jahren begann er seine Lehre zu verkünden. Die Zahl seiner Anhänger wuchs ebenso wie die seiner Feinde. Wegen angeblicher Gotteslästerung wurde er zum Tode verurteilt. Der christliche Glaube verbreitete sich dennoch weiter, trotz drohender Verfolgung und Folter. Römer waren fasziniert vom Christentum, da es die Orientierungslosigkeit beseitigte und sie es als provozierend empfanden, weil es die Lehre von nur einem Gott predigte. Kaiser Konstantin gab den Christen im Jahre 313 Religionsfreiheit. Im Jahre 391 wurde das Christentum Staatsreligion.

Chlodwig – Aufstieg eines Königs

482 n. Chr. gelang es dem Merowinger Chlodwig, sich zum König aller Franken zu machen. Dazu war ihm jedes Mittel recht. Das Frankenreich wurde durch ihn und seine Söhne später zum europäischen Großreich. Von entscheidender Bedeutung war sein Entschluss, dem Christentum beizutreten. Der Papst wurde Stütze des Königtums, der König Schutzherr für die Kirche. Dieses Zusammenspiel von weltlicher und geistlicher Herrschaft war Grundpfeiler für das gesamte Mittelalter.

Bonifatius und die Missionierung der Germanen

Bonifatius heißt übersetzt: „Der es gut macht". Begonnen hatte die Missionierung der Germanenstämme schon mit dem Übertritt Chlodwigs zum christlichen Glauben. Der Angelsachse Bonifatius war auch als bedeutender Missionar in Hessen, Thüringen und Friesland unterwegs. Er unterstellte die fränkische Kirche dem Papst. 754 n. Chr. wurde er bei einem Missionierungsversuch gemeinsam mit 52 Gefährten erschlagen. Zuvor hatte er das Christentum durch eine große Zahl an Klostergründungen gefestigt.

Die Karolinger werden Herrscher im Frankreich

Machtkämpfe führten zur Schwächung der Merowingerkönige. So wurden die Hausmeier aus dem Adelsgeschlecht der Karolinger zu den eigentlichen Herrschern im Frankreich. Einem von ihnen, Pippin, gelang es, sich selbst zum König zu machen (751), indem er ein Bündnis mit dem Papst schloss und dadurch die Zustimmung der Adeligen gewann.

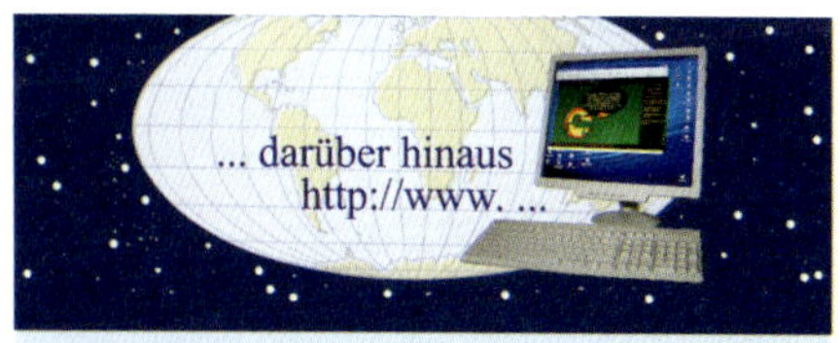

www.zdf.de/ZDFde/inhalt/5/0,1872,2006981,00.html
www.dsg.ch/voelwa.htm
www.layline.de/geschichte/Hunnen_0.html
www.zum.de/Roemerzeitung/UNTERGAN.HTM
www.lsg.musin.de/Geschichte/rom/voelkerwanderung.htm
www.nordzeit.de/christianisierung.htm
www.mesken.de/voelkerw.htm

Lernzirkel

Station 1: Lernkartei

Fertige diese Karteikarten an und erkläre die Begriffe auf der Rückseite.

- Alamannen und Franken
- Völkerwanderung
- Bonifatius, Mission
- Frühes Christentum
- Einfall der Hunnen
- Ostrom, Westrom
- Merowinger
- Chlodwig und das Frankenreich
- Karolinger

Station 2: Bildmemory

Erinnere dich an die Zusammenhänge und Ereignisse, bei denen diese Bilder eine Rolle spielten.

1

3

5

2
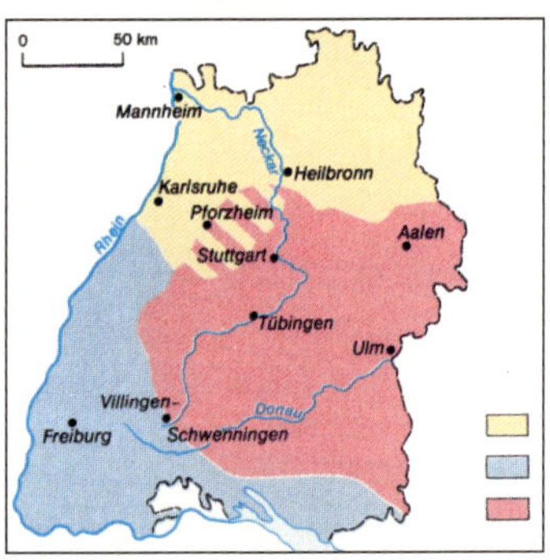

4

6

Station 3: Kreativ schreiben

Schreibe eine kurze Geschichte, in der das abgebildete Ereignis den Kern bildet.

Station 4: Mode aus der Zeit der Franken

Tunika und Kreuzbandwickel zum Selbernähen

Du brauchst:

für die Tunika:
- zwei Stoffstücke (Nessel oder Baumwolle), je 50x70 cm bzw. 50x90 cm (je nachdem, ob du eine kürzere Tunika für einen Jungen oder eine längere für ein Mädchen nähen willst)
- zwei Stoffstücke (Nessel oder Baumwolle), je 40x20 cm
- Nadel, Nähgarn, Schere, Stecknadeln

für die Kreuzbandwickel:
- vier Meter Saumband (in einer anderen Farbe als deine Hose)
- evtl. zwei Sicherheitsnadeln

Nähanleitung:

1. Für Vorder- und Rückenteil der Tunika schneidest du zwei Stoffstücke zu: je 50x70 cm bzw. 50x90 cm.
2. Schneide den Halsausschnitt leicht rund aus.
3. Lege beide Teile rechts auf rechts (d.h. mit den beiden späteren Außenseiten) aufeinander und stecke die Kanten mit Stecknadeln fest.
4. Nähe beide Teile an Schulter und Seiten zu (siehe die Wellenlinien in der Skizze).
5. Umsäume den unteren Saum und den Halsausschnitt (siehe die Doppellinie in der Skizze).
6. Schneide zwei Ärmel zu: 40x20 cm.
7. Klappe sie in der Mitte rechts auf rechts aufeinander und nähe beide Hälften zu einer Röhre zusammen (siehe Wellenlinie in der Skizze).
8. Stecke die Seite (a) der Ärmelröhre rechts auf rechts an die entsprechende Stelle (a) des Vorder- und Rückenteils.
9. Wenn du willst, kannst du den Saum an der Unterkante, Ärmeln und Halsausschnitt mit einer aufgenähten Borte verzieren oder mit einem Stoffmalstift ein Muster aufmalen.
10. Für die Kreuzbandwickel nimmst du pro Bein zwei Meter Saumband. Lege die Mitte des Bandes über den Fußrücken und wickle das Band gleichmäßig kreuzförmig bis zur Wade. Dort kannst du die beiden Bandenden verknoten oder mit einer Sicherheitsnadel feststecken.

EUROPÄISCHES MITTELALTER

Kaiser, Könige, Fürsten und die Kirche – Herrschaft im Mittelalter

Welche Herrschaft ist gerecht?

Gewalt und Kampf als Mittel der Durchsetzung eigener Interessen (mittelalterliche Darstellung)

„Was sind Königreiche anderes als große Räuberhaufen, wenn ihnen die Gerechtigkeit fehlt?“
So fragte der Kirchenvater Augustin (354–430) zu Recht, denn mehrfach hatten damals die germanischen Heerkönige der Goten, Wandalen, Langobarden u.a. Rom, Italien, ja die ganzen Mittelmeerländer ausgeplündert und zerstört. Noch heute kennt das Sprichwort den Ausdruck, wenn sinnlose Zerstörungswut sich austobte, die Barbaren hätten „gehaust wie die Wandalen“.

Könige der Germanen

Wie waren solche Gesellen zu Königen geworden? Tüchtige und ebenso skrupellose Adlige machten sich zu alleinigen Heerführern ihres Stammes, indem sie ihre Rivalen um die Führung durch offenen Kampf, Bestechung und hinterlistigen Mord ausschalteten, und sie hielten sich an der Macht, solange sie ihrer Gefolgschaft den Sieg und reiche Beute in Form von Gold, Silber oder fruchtbarem Land und kriegsgefangenen Sklaven garantierten. Konnten sie das nicht, liefen ihnen ihre Anhänger davon und suchten sich einen neuen Herrn, dem das „Königsheil“ – die Gunst und Hilfe der heidnischen Götter nicht nur im Krieg, sondern auch für eine gute Ernte oder reiche Beute – zugeschrieben wurde.
War aber das eroberte Land geplündert und zerstört, wovon sollte dann das Volk leben? Es war eine ganz andere Sache, ein erobertes und im Krieg zerstörtes Land zu verwalten.

?

1. Beurteile die Art und Weise der Regierung der Adeligen, die sich mit Gewalt, List und Krieg zum König gemacht hatten. Wie sieht das Volk einen solchen König?
2. Stelle Vermutungen an, was Augustin unter „gerechter Herrschaft“ versteht.

Theoderich der Große

Es gab auch andere Könige, die erobertes Land befriedeten und eine funktionierende Verwaltung aufbauten, z.B. der Gotenkönig Theoderich der Große (453–526), der über Italien herrschte, nachdem die Germanen dort im 5. Jahrhundert die Macht übernommen hatten.

Über seine Herrschaft berichtet der römische Geschichtsschreiber Prokop:

Q „Nach der Ermordung des Odovakar herrschte Theoderich unangefochten über Goten und Italiker. Namen und Hoheitszeichen des Kaisers anzunehmen, hielt er nicht für angezeigt, sondern ließ sich zeitlebens König nennen – so pflegen nämlich die Barbaren ihre Heerführer zu bezeichnen –, in Wirklichkeit war das Verhältnis seiner

Untertanen zu ihm ganz wie zu einem Kaiser. Seine gewaltige Hand sorgte für Gerechtigkeit allerwegen und war ein starker Schirm für Recht und Gesetz. Vor Einfällen benachbarter Barbaren bewahrte er sein Land; seine Weisheit und Tapferkeit waren gefürchtet und geehrt weit in die Runde. Weder ließ er sich irgendein Unrecht gegen seine Untertanen zuschulden kommen noch ließ er einem andern Derartiges durchgehen. So war Theoderich dem Namen nach ein widerrechtlicher Eindringling, in Wirklichkeit aber ein rechter Kaiser, nicht um Haaresbreite geringer als irgendeiner von denen, die sonst diese Würde bekleidet haben. […] Nach einer Regierung von 37 Jahren starb er, der Schrecken seiner Feinde, von seinen Untertanen aufs Tiefste betrauert."

(aus: Diesterweg, Grundzüge der Geschichte, Oberstufe Ausg. B, Quellenband I Von der Urzeit bis zum Absolutismus, Best. Nr. 7376, S. 127 Prokop von Caesarea, Gotenkrieg I 1, Übertragung von D. Coste)

Natürlich war es leichter, einem König wie Theoderich zu gehorchen, zumal er auch Christ wie seine Untertanen war. Augustin nämlich hatte gelehrt, dass man einige christliche Kaiser nicht deshalb glücklich preise,

Q „weil sie recht lange regierten oder weil sie eines ruhigen Todes sterbend die Herrschaft ihren Söhnen hinterließen oder weil sie die Feinde des Staates zähmten oder weil sie die Aufstände der Bürger gegen ihre Regierung zu verhüten oder zu unterdrücken vermochten. Solche und ähnliche Gaben und Tröstungen in einem mühseligen Leben verdienten sich auch einige (heidnische) Dämonenanbeter, die nicht zum Reiche Gottes gehören […]. Glücklich nennen wir sie vielmehr, wenn sie eine gerechte Herrschaft führen, wenn sie […] eingedenk bleiben, dass auch sie nur Menschen sind; wenn sie ihre Macht in den Dienst der Majestät Gottes stellen, um seine Verehrung nach Kräften auszubreiten, wenn sie Gott lieben, fürchten und verehren, […] wenn sie langsam sind im Strafen und rasch entschlossen im Verzeihen."

(aus: a. a. O. S. 143 De Civitate Dei, Joseph Fischer: Der Gültige Gottesstaat, 1948, S. 66f.)

Germanische Lebensweise, römische Kultur, christlicher Glaube

In den überwiegend von Germanen bewohnten Gebieten hatten die Bewohner für Städte, Straßen, Bäder und Gutshöfe keine Verwendung. Ihre Häuser waren aus Holz, Lehm und Stroh gebaut. Die römische Kultur konnte sich nur in wenigen germanischen Herrschaftsgebieten erhalten.
Kenntnisse und Techniken der romanischen Bevölkerung (Bau von Steinhäusern, Obst- und Weinbau, Geld und Handel) wurden z.B. von den Franken gern übernommen.
In Gebieten mit überwiegend romanischer Bevölkerung pflegte man auch weiterhin römische Lebensweise. Germanen und Römer lebten nebeneinander, aber nicht miteinander. Man beherrschte die Sprache des jeweils anderen nicht. Mischehen waren verboten.

Theoderich d. Große (453–526 n. Chr.)

Erst als die Germanen Christen wurden, änderte sich das. So vermischten sich allmählich beide Kulturen miteinander. Auf römischen, christlichen und germanischen Grundlagen entstand das mittelalterliche Europa.

Grabmal Theoderichs d. Großen in Ravenna. Die Deckenplatte ist aus einem Stück gehauen und ca. 300 t schwer.

?

1. Wer waren Theoderichs Untertanen?
2. Warum achteten ihn auch die italischen Bewohner wie einen Kaiser?
3. Welche Charaktereigenschaften und welche Haltung kennzeichnen den glücklichen König?
4. Was ist Voraussetzung, um zum „Reiche Gottes" zu gehören? Schreibe dir Notizen dazu auf.
5. Hätte der Kirchenvater Augustin den König Theoderich für einen gerechten Herrscher gehalten? Begründe deine Meinung.
6. Haben die Gründe, die Theoderich als gerechten Herrscher ausweisen, auch für die heutige Politik Gültigkeit?

Karl der Große – Kaiser des christlichen Abendlandes

Reiterstatue Karls des Großen aus dem 9. Jahrhundert

„… der von Gott gekrönte Augustus, der große friedliebende Kaiser der Römer, der das Kaiserreich durch Gottes Gnaden beherrscht, König der Franken und Langobarden" – so lautete sein Titel.

Nachdem Karl die Herrschaft im Frankenreich übernommen hatte, erweiterte er es durch zahlreiche Kriege. Während seiner Regierungszeit erreichte das Frankenreich seine größte Ausdehnung. Karl war als Herrscher eines europäischen Großreiches der wohl mächtigste König in Europa. In seinem Reich lebten viele Völker unterschiedlicher Herkunft mit verschiedenen Sprachen und Lebensgewohnheiten. Er bemühte sich, sie so weit wie möglich zu einen, und war außerdem ein großer Bauherr und Förderer von Bildung, Wissenschaft und Kultur. Er gilt als „Vater Europas" und wird vor allem von Franzosen und Deutschen verehrt, denn aus seinem Reich entwickelten sich Deutschland und Frankreich.

Um das Staatsgebiet (über eine Million Quadratkilometer) nach außen zu schützen, errichtete er Grenzmarken. Als Regierungssitze wurden zahlreiche Pfalzen gebaut, denn der König war ständig unterwegs. Vor allem aber musste er eine funktionierende Verwaltung aufbauen. Wie es möglich war, ein so riesiges Reich unter den damaligen Bedingungen zu regieren, erfahrt ihr auf den nächsten Seiten (und S. 138).

Kaiser und Mensch, Ereignisse aus seinem Leben

742 – Geburtsjahr, ältester Sohn der Grafentochter Bertrada und König Pippins.
– Geburtsort unbekannt.
– Kindheit unbekannt.

768 – König Pippin stirbt, die Söhne Karl und Karlmann erben das Reich und teilen es.

770 – heiratet die Tochter des Langobardenkönigs Desiderius;
– verlässt ein Jahr später seine Ehefrau, weil er sich in die dreizehnjährige Hildegard verliebt hat.

771 – Karls Bruder Karlmann stirbt; Karl wird zum Alleinherrscher des Frankenreichs.

772 – beginnt einen grausamen Krieg gegen die Sachsen (er dauert 30 Jahre);
– sie werden schließlich unterworfen und zum Christentum gezwungen.

773 – Papst Hadrian I. bittet um Hilfe gegen die Langobarden; Karl eilt zu Hilfe und belagert Pavia.

774 – unterwirft die Langobarden, nimmt König Desiderius gefangen und macht sich zum König der Langobarden;
– zieht erstmals in Rom ein;
– sieht sich als Schutzherr der Kirche.

778 – Geburt des Sohnes Ludwig (später mit dem Beinamen „der Fromme");
– führt Krieg in Nordspanien, schwere Niederlage bei Roncevalles.

781 – Sohn Ludwig wird mit drei Jahren in Orléans zum König von Aquitanien gekrönt;
– Karl macht Eroberungen in Italien;
– sein Sohn Karlmann wird König von Italien.

783 – heiratet die ostfränkische Grafentochter Fastrada.

785 – zieht gegen die Bretonen und nach Spanien in den Krieg.

788 – setzt Herzog Tassilo von Bayern ab und vereinigt Bayern mit dem Frankenreich. Die Awaren, ein asiatisches Reiternomadenvolk, bedrohen Italien und Bayern; sie werden von Karl abgewehrt.

?

1. Nach dem Durcharbeiten der Seiten kannst du den Titel des Kaisers sicher erklären. Nämlich …
2. Erstelle über die Lebensdaten Karls eine Tabelle mit folgenden Punkten: Jahr, Ereignis, Privates, Aufenthaltsort.
   Welches ist wohl das wichtigste Ereignis für Karl?
3. Wie sieht dein persönliches Kaiserbild jetzt aus?
4. Wie wirkt der Kaiser als Reiterstatue auf dich?

789 – beginnt einen Feldzug gegen die Slawen.
791 – zieht mit seinem Heer gegen die Awaren;
– nach einem vierjährigen Krieg: Erweiterung des Einflussgebietes bis an den Plattensee (Ungarn).
792 – durch einen Pilz wird ein großer Teil der Getreideernte vernichtet. Das führt zu einer Hungersnot im Reich.
793 – plant aus strategischen Gründen den Bau eines Kanals, der Rhein, Main und Donau miteinander verbinden soll (Baubeginn im Spätsommer, wurde nie beendet).
25. Dezember – feiert in Würzburg mit seiner Gemahlin Fastrada Weihnachten.
794, 23. März – feiert mit seinem Hofstaat das Osterfest in Frankfurt.
794 – Königin Fastrada stirbt. Die Töchter Theodrada und Hiltrud gingen aus dieser Verbindung hervor.
799 – trifft Papst Leo III. in Paderborn (der Papst war in Rom einer Verschwörung von Adeligen entkommen, die ihm einen unchristlichen Lebenswandel vorgeworfen hatten);
– Papst bittet um Hilfe, Karl sagt sie ihm zu.
800 – Rom, am 25. Dezember: Kaiserkrönung in der Peterskirche durch Papst Leo III.;
– Titel: Römischer Kaiser;
– bemüht sich um eine Reform der Reichsverwaltung.
804 – endgültige Unterwerfung der Sachsen.
807 – Einigung mit dem oströmischen Kaiser über die gleichberechtigte Existenz beider Reichsteile.
809 – der Sohn Karl stirbt.
810 – der Sohn Pippin stirbt.
813 – lässt seinen Sohn Ludwig in Aachen im Alter von 25 Jahren zum Mitregenten erheben.
814, 28. Januar: Tod des Kaisers in Aachen, Todesursache: Lungenentzündung;
– hinterlässt acht Töchter und acht Söhne, erbberechtigt ist nur Ludwig (die anderen Kinder stammen aus verschiedenen nichtehelichen Verbindungen);
– der Sohn Ludwig erbt das Reich.

Unter der Regierung seines Sohnes Ludwig des Frommen spielen die Bischöfe eine entscheidende politische Rolle. Um die Einheit des Reichs zu erhalten, stellen sie sich gegen die Söhne Ludwigs. Dies führt zum Krieg zwischen dem Kaiser und seinen Söhnen. Nach dem Tod des Kaisers wird das Reich im Vertrag von Verdun im Jahre 843 in drei Teile geteilt.
Unter den Karolingern werden viele Klöster, Kathedralen und Paläste gebaut. Auch Klosterschulen und Schreiberwerkstätten werden eingerichtet. Vieles davon ist uns bis heute erhalten geblieben.

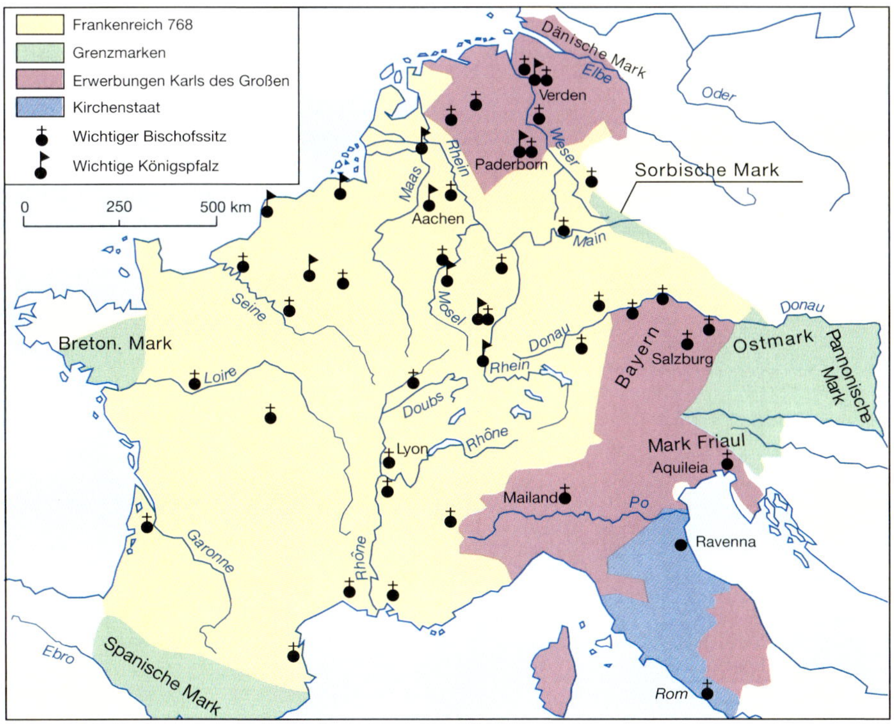

1. Betrachte die Karte genau:
   a) Wie viele Königspfalzen sind eingezeichnet?
   b) Wie viele Bischofssitze kannst du ermitteln?
   c) Welche Marken sind namentlich genannt? Schreibe sie auf.
   d) Welches besondere Gebiet wird erwähnt?
2. Was sagt die Karte aus über
   a) die Entwicklung des Frankenreiches unter Karl d. Gr. und
   b) die Organisation der Herrschaft in diesem Reich?

Regierungsalltag im Frankenreich

Von einem Herrscher erwarteten die Untertanen, dass er sein Land gerecht und vorausschauend regiert und den inneren und äußeren Frieden erhalten kann. Dazu benötigte er ein Heer und eine Menge Menschen, die ihm halfen, das Reich zu verwalten. Zu diesen musste er Vertrauen haben und sich auf sie verlassen können. Also hatte er die schwierige Aufgabe, darüber nachzudenken, aus welchem Personenkreis sie stammen sollten. Es waren meist Mitglieder der eigenen Familie und Menschen aus dem Kreis derjenigen, mit denen der König zusammenlebte. Wie die Grafik erkennen lässt, war die Organisation straff und überschaubar aufgebaut: Hohe Beamte des persönlichen Gefolges, wie Mundschenk, Seneschall, Marschall und Kämmerer, die Verwalter der Marken (Markgrafen) und die Überbringer der königlichen Befehle und Kontrolleure, die Königsboten, hatten eindeutig bestimmte Aufgaben zu erledigen.

Könige waren oft mit einem großen Gefolge unterwegs. Nur durch persönliche Anwesenheit des Königs konnten manche Streitfälle geregelt werden. Der König musste z.B. Gesetze und Verordnungen erlassen, Urkunden ausstellen, Recht sprechen, verliehene Rechte und Pflichten erneuern und sich mit einflussreichen Adeligen und Bischöfen beraten.

Karl der Große z.B. teilte das Reich in mehr als 100 Gaue oder Grafschaften auf. Heute würde man dazu Verwaltungsbezirke sagen. Männer, denen er besonders vertraute, sollten diese Gebiete verwalten. Sie wurden zu Grafen ernannt. Auch die Bischöfe waren vertrauenswürdige Personen. Sie wurden ebenfalls mit Verwaltungsaufgaben betraut.

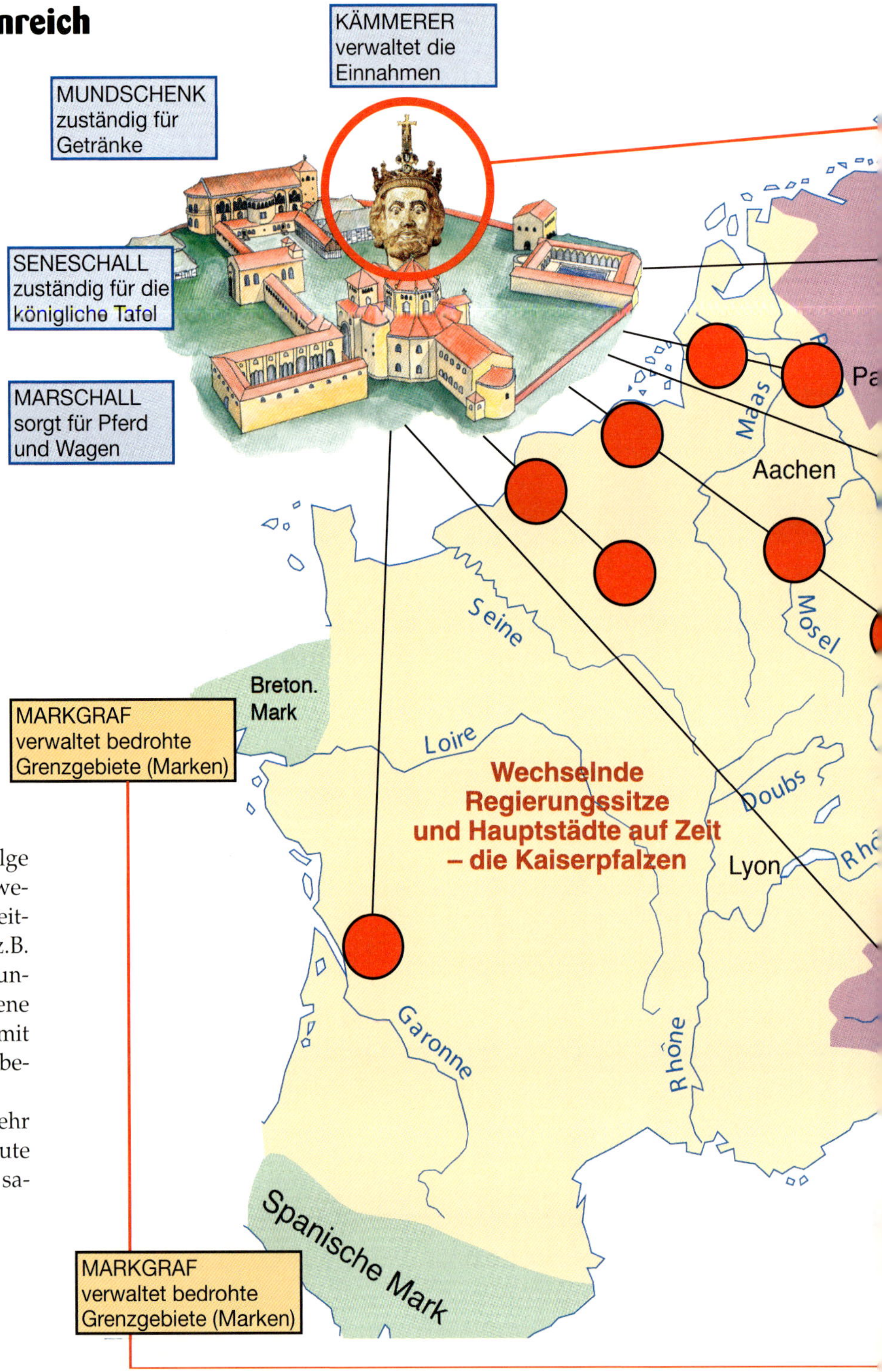

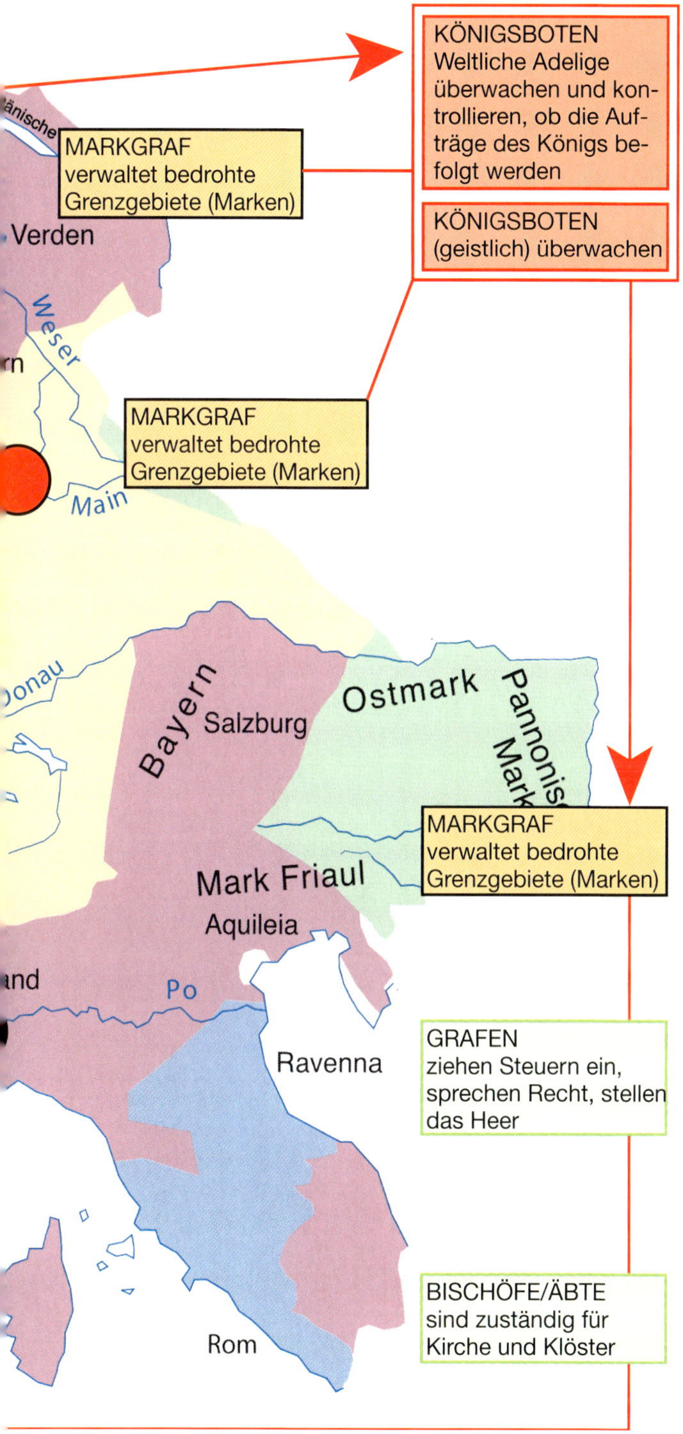

INFORMATIONEN AUS EINER KOMPLIZIERTEN GRAFISCHEN DARSTELLUNG GEWINNEN:

1. Beachte, dass eine Grafik die Dinge oft symbolisch zeigt und zuordnet! Auf dieser Seite z.B. stehen die roten Punkte für Pfalzen, aber sie zeigen nicht alle Pfalzen und Standorte!
2. Lies zunächst den Begleittext und notiere Stichworte dazu. Kläre Begriffe, die nicht verstanden wurden.
3. Suche in der Grafik die Darstellungen, die im Text erwähnt wurden.
4. Suche den zentralen Punkt der grafischen Darstellung und notiere, was dort zu sehen ist und was erklärt wird.
5. Schau dir die Pfeile und Linien genau an und versuche herauszufinden, welche Bedeutung sie haben und welche Elemente sie warum miteinander verbinden.
6. Schau dir die Farbgebung der einzelnen Elemente genau an. Oft hat auch Farbe entscheidende Bedeutung und hilft Dinge zu trennen oder zuzuordnen.
7. Mithilfe einer grafischen Darstellung kann man sich viele geschriebene Zeilen sparen. Wenn man eine solche Darstellung genau begriffen hat, dann lassen sich mit ihrer Hilfe Zusammenhänge und Abläufe erklären.

Tipp: Freies mündliches Vortragen kann man gut vorbereiten, wenn man sich mithilfe einer Grafik eine Übersicht (Struktur) schafft und sich die einzelnen Informationen zu den verschiedenen Stichworten und Symbolen einprägt. Auch hier gilt: Wer das oft macht, bekommt Übung und Routine.

?

1. Wo liegt der Ausgangspunkt dieser grafischen Darstellung?
2. Was bedeutet es, dass die Felder verschiedene Farben haben?
3. Versuche zu vervollständigen. Es ist oft mehr als ein Wort einzusetzen!
   „Die roten Punkte stehen symbolisch für … und geben keine vollständige Information über … . Der … regiert von der Kaiserpfalz aus. Seine Weisungen nehmen folgenden Weg … . Damit alles funktioniert, hat er eine Reihe von Ämtern geschaffen, z.B. … . Verantwortlich sind die Amtsinhaber für … . Auch eine Kontrolle findet statt. Dafür hat der Kaiser … ."
4. Gibt es auch heute eine gegliederte Staatsverwaltung, um Deutschland zu regieren? Was weißt du darüber?

„Meine Freunde, deine Freunde – meine Feinde, deine Feinde“

Lohn für Arbeit oder Lehen für Leistungen

Heute bekommen Personen, die für den Staat arbeiten, Lohn oder Gehalt. Geldwirtschaft kannten die Franken aber nicht. Sie zahlten überwiegend in Naturalien, also z.B. mit Vieh oder Nahrungsmitteln.
Die mittelalterlichen Herrscher waren kraft ihres Königsamtes Herren über den größten Landbesitz. Seit Karl dem Großen belohnten die Könige und Kaiser die Arbeit derer, die für sie Kriegsdienste, Verwaltungsaufgaben oder Dienste am Königshof übernahmen, mit der Vergabe von Land. Im Mittelalter bedeutete der Besitz von ertragreichem Ackerland, dass man wohlhabend war. Die Herzöge, Grafen, Bischöfe oder Äbte bekamen dieses Land allerdings nicht geschenkt, sondern zu Lehen: Sie bekamen es, zusammen mit den Menschen, die dort wohnten, auf Lebenszeit zur eigenen Nutzung ausgeliehen. Zahlreiche mittelalterliche Bilder stellen diesen feierlichen, nach festen Regeln ablaufenden Übergabeakt dar. Bei der Vergabe des Lehens schwört der Lehnsempfänger, auch Vasall genannt, Treue und Dienst. Der Lehnsherr, der Verleiher des Landes, verspricht seinem Vasallen dafür Schutz und Treue (Zuverlässigkeit).
Wer sein Lehen direkt aus der Hand des Königs erhielt, wurde als Kronvasall bezeichnet. Er gehörte vom gesellschaftlichen Rang her dem hohen Adel an und war berechtigt, geliehenes Land an andere Adelige, an Untervasallen, weiterzuverleihen. Die Untervasallen waren nur dem eigenen Lehnsherren gegenüber zum Dienst und zur Treue verpflichtet. Es gab keine Treueversprechen gegenüber dem König. Dies war in Streitfällen zwischen Kronvasallen und König wichtig, denn Streit gab es nicht selten. So entstand im Laufe der Zeit eine ganze Kette von Lehnsverhältnissen im Reich, auf denen die gesellschaftliche und staatliche Ordnung beruhte.
Es gab auch Lehnsfrauen. Quellen aus dem 13. Jahrhundert belegen, dass unter bestimmten Voraussetzungen auch Frauen ein Lehen übernehmen konnten, wenn der Lehnsherr zustimmte. Oft kam das jedoch nicht vor.
Diese Lehnsordnung blieb jahrhundertelang bestehen. Sie erfuhr allerdings einige schwer wiegende Veränderungen. Karls Nachfolger vergaben nicht nur Landgüter als Lehen, sondern auch hohe kirchliche Ämter (Bischofsämter, Abtsstellen) und hohe weltliche Verwaltungsämter (Grafen- und Herzogsämter).
Seit dem 9. Jahrhundert setzten einflussreiche Adelsfamilien durch, dass ihre Lehen (Land und Ämter) erblich wurden. Die Machtposition des Königs wurde dadurch eingeschränkt, während die Macht der Kronvasallen, der hohen Reichsfürsten, zunahm.
Im Verlauf des Hochmittelalters verfolgte der hohe Adel vermehrt eigene Machtinteressen und war daher für den König keine verlässliche Hilfe mehr. Er verweigerte zum Teil sogar in manchen Fällen den Kriegsdienst. Deshalb bezogen die Könige zunehmend auch nichtadlige Personen in das Lehnssystem mit ein. Diese nahmen z.B. Aufgaben als Burgverwalter (Vogt) und berittene Krieger für den König wahr. Sie nannten sich Ritter. In Lebensstil und Lebensweise glichen sie sich dem alten Adel an. In der gesellschaftlichen Rangfolge wurden sie deshalb dem niederen Adel oder so genannten Dienstadel zugeordnet.

?

1. Lies den Text genau durch. Schau dir die Bilder und die Grafik an. Versuche dann, die nachfolgenden Begriffe zu erklären.

   Lohn, Gehalt = ?
   Naturalien = ?
   Herzöge = ?
   Grafen = ?
   Bischöfe = ?
   Äbte = ?
   Vasall = ?
   Kronvasall = ?
   Lehnsherr = ?
   Untervasallen = ?
   Lehnsverhältnis = ?
   Lehnsfrauen = ?
   Lehnsordnung = ?
   Reichsfürsten = ?
   Vogt = ?
   Ritter = ?
   Niederer Adel = ?
   Dienstadel = ?

2. Warum konnte der König das Land nicht jedem schenken?
3. „Geliehen ist nicht geschenkt.“ Ein Vorteil für den König, auf den ersten Blick. Aber das Lehnssystem hatte nicht nur Vorteile. Finde heraus, welche Nachteile damit verbunden waren. Denke an die Ämter und an die Erblichkeit der Lehen innerhalb der Adelsfamilien.
4. Wie beurteilst du die Stellung der Bauern in dieser Gesellschaft?

Lehnseid und Lehnsvertrag zwischen dem König und einem Untertan

Der König übergibt ein Lehen an einen Bischof und an einen weltlichen Fürsten. Symbolisch überreicht er ein Zepter und eine Fahne.

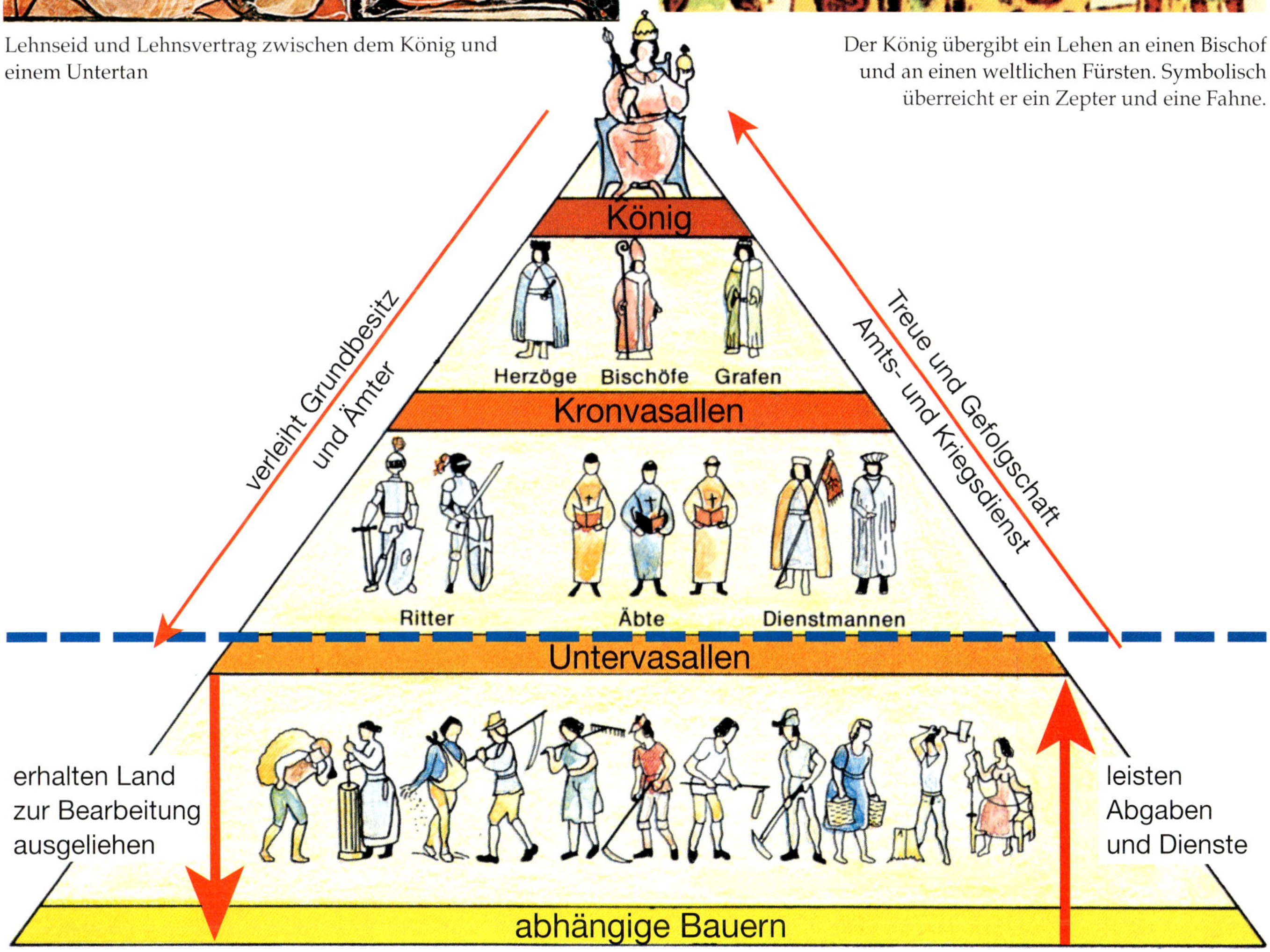

Otto der Große wird Herrscher im Reich der Deutschen

Rückblick

Keine hundert Jahre nach Karl dem Großen war sein mächtiges Reich durch mehrfache Teilungen und inneren Zwist wieder zerfallen. Schließlich bildeten sich das Westfränkische und das Ostfränkische Reich heraus, aus denen sich später Frankreich und das Deutsche Reich entwickelten. Italien und Burgund waren wieder selbstständig geworden.

Heinrich und Otto der Große

Der letzte Karolinger im Ostfränkischen Reich empfahl vor seinem Tode Herzog Heinrich von Sachsen als seinen Nachfolger. Und weil das Land damals von Slawen und Ungarn gleichzeitig bedroht wurde, fanden sich die Herzöge der deutschen Stämme schließlich bereit, Heinrich als ihren König anzuerkennen. Tatsächlich gelang es ihm, die Grenzen durch Anlage von Burgen und Errichtung neuer Markgrafschaften sicherer zu machen. Vor seinem Tod 936 empfahl Heinrich seinen Sohn Otto als Nachfolger.

Der Mönch Widukind von Corvey berichtet in seiner Sachsengeschichte über diese Königswahl, die das Muster für die Wahl des ostfränkischen Königs – später „Deutscher König" genannt – werden sollte:

Q „Nachdem Heinrich, […], gestorben war, erwählte sich das Volk der Franken und Sachsen seinen […] Sohn Otto zu seinem Fürsten, und als Ort für die allgemeine Wahl bestimmte man die Pfalz von Aachen. Dort versammelten sich die Herzöge und […] Grafen mit der übrigen Schar der vornehmsten Vasallen […] setzten den neuen Herrscher auf einen hier errichteten Thron und machten ihn nach ihrer Weise zum König, indem sie ihm […] Treue gelobten und Hilfe gegen alle Feinde versprachen.
Während das von den Herzögen und den übrigen Großen vorgenommen wurde, erwartete der oberste Bischof mit der ganzen Priesterschaft und allem Volk unten in der Kirche den Einzug des neuen Königs. Als dieser eintrat, ging ihm der Bischof entgegen, ergriff mit seiner Linken die Rechte des Königs und schritt […] vor bis in die Mitte des Heiligtums. Hier blieb er stehen, wandte sich zu dem Volke […] und rief: ‚Seht, hier führe ich Euch den von Gott erwählten und vom Herrn des Reichs, von Heinrich, bezeichneten, jetzt aber von allen Fürsten zum König erhobenen Otto zu; gefällt Euch diese Wahl, so bezeugt das, indem Ihr die Hände zum Himmel erhebt.' Darauf hob alles Volk (das heißt: die Menge der übrigen Adeligen, keinesfalls das einfache Volk) die Rechte in die Höhe und wünschte mit lauter Stimme: ‚Heil dem neuen Herrscher'."

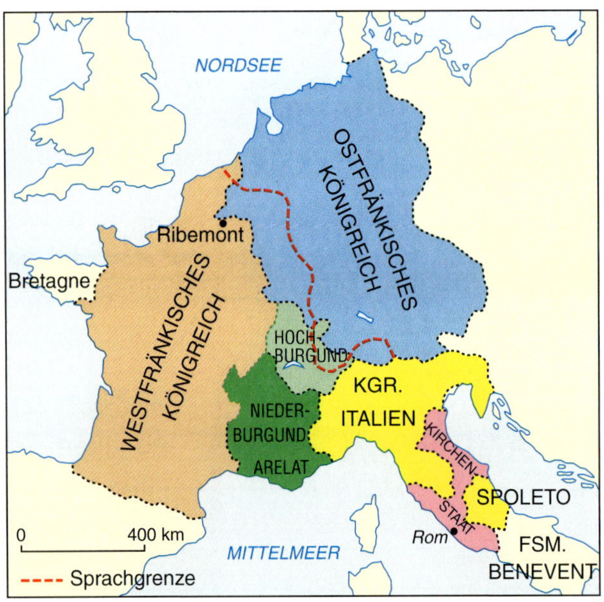

Damit waren die traditionellen Schritte der Wahl eines germanischen Heerkönigs getan, ein Treuegelöbnis war gegeben worden. Durch den zustimmenden Zuruf hatten alle die Wahl be-

1. Die Karte zeigt den Zerfall des Frankenreichs. Was hat sich geändert? (Vgl. die Karte auf S. 127.)
2. Wer konnte schon vor der Wahl des Königs eine Empfehlung geben?
3. Die Wahl:
   a) Wo findet sie statt?
   b) Wer wählt?
   c) Gibt es Gegenkandidaten?
   d) Wie werden die Stimmen gezählt?
   e) Ist das überhaupt eine Wahl in unserem Sinne?
   f) Welche Handlung bestätigt die Wahl des Königs?
4. Nach welchem Vorbild wurde bei diesem Teil der Feier gehandelt?

stätigt (Akklamation). Es folgten nun die feierlichen religiösen Zeremonien, durch die der König zum Herrn „von Gottes Gnaden“ und gerechten christlichen Herrscher gemacht wurde.

Hören wir wieder Widukind:

Q „Dann schritt der Bischof mit […] dem König hinter den Altar, auf dem die königlichen Insignien lagen, das Schwert mit dem Wehrgehänge, der Mantel mit den Spangen, der Stab mit dem Zepter und die Krone.
Der Bischof trat nun zum Altar, nahm das Schwert […] und sprach, zum König gewandt: ‚Empfange dies Schwert, vertreibe damit alle Feinde Christi, Barbaren und schlechte Christen, da dir durch göttliche Autorität alle Macht im ganzen Frankenreiche gegeben ist, zu dauerndem Frieden aller Christen.‘
Dann nahm er den Mantel, […] bekleidete ihn damit, indem er sagte: ‚Dieses Gewand […] möge dich ermahnen, dass du im Eifer des Glaubens glühen und im Schutz des Friedens verharren sollst bis an dein Ende.‘
Darauf ergriff er den Stab und das Zepter und sprach: ‚Durch diese Zeichen gemahnt, halte deine Untertanen in väterlicher Zucht, reiche vor allem den Dienern Gottes, den Witwen und Waisen die Hand des Erbarmens und niemals möge deinem Haupt das Öl der Barmherzigkeit mangeln, auf dass du jetzt und in Zukunft mit ewigem Lohn gekrönt werdest.‘
Darauf wurde er von den Bischöfen mit geweihtem Öl gesalbt und […] gekrönt, und als die ganze Weihe […] vollzogen war, führte man ihn auf den Thron […]. Nachdem man hierauf den Lobgesang angestimmt und das Messopfer feierlich begangen hatte, stieg der König herab und ging zur Pfalz.“

Die Reichsinsignien sind heute in der Schatzkammer der Wiener Hofburg zu sehen.

Das Fest war noch nicht beendet. Jetzt begab man sich in den Pfalzpalast. Wieder lesen wir bei Widukind:

Q „Otto trat zu der […] mit königlichem Prunk gedeckten Tafel und ließ sich mit […] allem Volk nieder; die Herzöge aber warteten auf. Der Lothringer Herzog Giselbert (Kämmerer) […] ordnete die ganze Feier; Eberhard (Herzog von Franken, Truchsess) besorgte den Tisch, Hermann (Herzog von Schwaben, Mundschenk) stand den Schenken vor, Arnulf (Herzog von Bayern, Marschall) sorgte für die ganze Ritterschaft und für die Wahl und Absteckung des Lagers. […] Der König aber ehrte danach jeden von den Fürsten gemäß seiner Freigebigkeit mit einem angemessenen Geschenk und entließ die Menge mit aller Fröhlichkeit.“

(Nach: Widukind von Corvey, Sachsengeschichte II, 1ff., gekürzt und bearbeitet)

?

1. Beschreibe die einzelnen Schritte der kirchlichen Zeremonie.
2. An welche Aufgaben und Pflichten des Königs erinnert ihn der Bischof?
3. Wie stellt die Quelle das Verhältnis von Kaiser und Fürsten dar? Welche Rolle spielt die Kirche?

Die Macht des Kaisers und Entwicklungen in der Kirche

Sicherung und Ausbau des Reiches nach außen

Otto I. erschien schon seinen Zeitgenossen als ein großer König und Kaiser. Die Bedrohung von außen durch die häufigen Raubzüge der Ungarn bis in die Mitte des Reiches beendete er 955 mit einem entscheidenden Sieg (Schlacht auf dem Lechfeld). Im heutigen Ostdeutschland ließ er eine feste Kette von Grenzmarken zur Sicherung der Reichsgrenzen bauen. Um die Slawen zu christianisieren, richtete er das Erzbistum Magdeburg ein. Burgund, Lothringen und die Herrschaft über Italien band er in seinen Herrschaftsbereich mit ein. In den vielfältigen politischen Auseinandersetzungen in Italien ergriff er Partei für das Papsttum und übernahm im Stil der fränkischen Könige die Schutzherrschaft über die Stadt Rom, den päpstlichen Kirchenstaat und die gesamte Christenheit.
Als Gegenleistung ließ er sich vom Papst zum römischen Kaiser krönen. Das Kaisertum war sozusagen von den Franken auf die „Deutschen" übergegangen. Deutsche Königswürde und römische Kaiserwürde, die vom Papst verliehen wurde, gaben dem Reich den späteren Namen: „Heiliges Römisches Reich Deutscher Nation". Von nun an wurden nur noch deutsche Könige römische Kaiser. Einerseits war dies eine Auszeichnung für die deutschen Könige, drückte sich in dem Titel doch eine Vorrangstellung in Europa aus, andererseits aber auch eine doppelte Belastung, da sie in der Folgezeit ständig in die politischen Auseinandersetzungen in Italien und die Machtkämpfe um die Frage der Vorrangstellung – Papst über Kaiser oder Kaiser über Papst – verwickelt waren.

Die Frauen rechts und links des Throns stehen symbolisch für die Länder Germania, Francia, Italia und Alamannia. Gezeigt wird die Huldigung Ottos II. (Sohn und Nachfolger Ottos I.) durch diese Länder (Buchmalerei, um 983).

Ausbau der Königsmacht im Reichinnern

Im Reichsinnern konnte Otto nur mit sehr viel Mühe und in langwierigen Auseinandersetzungen seinen Herrschaftsanspruch gegen die Herzöge durchsetzen. Eine ganze Reihe von Verschwörungen und Aufständen stellten Ottos Königsherrschaft vor harte Bewährungsproben. Stammesherzöge und Grafen sowie sogar sein Bruder und sein Sohn erhoben sich mit Waffengewalt gegen seine Königsherrschaft. Sie wollten ihre eigene Landesherrschaft stärken bzw. strebten danach, selber König zu werden. Otto erfuhr von diesen Plänen und es gelang ihm nur mit sehr viel Mühe, sich zu behaupten.
Auf Dauer musste er aber gegen derartige Bedrohungen neue, verlässliche Bundesgenossen finden. Das brachte ihn auf eine Idee.

Bischöfe vererben kein Lehen

Otto der Große vertraute hauptsächlich den geistlichen Fürsten (Erzbischöfen, Bischöfen und Äbten). Sie alle hatten keine Familieninteressen und bei ihrem Tod fiel das Lehen zurück an den Kaiser, was es ihm ermöglichte, jederzeit neue Leute seines Vertrauens einzusetzen. Wer Kirchenfürst werden wollte, musste das Vertrauen des Königs haben. Für treue Dienste gab es Bischofssitze, Prälaturen oder Abteien mit ihren jeweiligen Herrschaftsbereichen.
Kirchliche Verwaltungen waren durch den Fleiß und die strenge Arbeit der Mönche wirtschaftlich erfolgreicher als die der weltlichen Fürsten. Es lohnte sich, die Kirche zu fördern. Sie wurde unter Otto d. Gr. zum geistigen und wirtschaftlichen Rückgrat des Reiches.

Gefahren für die Kirche

Die Gefahr einer Entfremdung der Kirchenfürsten von ihrer eigentlichen Aufgabe, der Seelsorge, sah Otto nicht. In der nachfolgenden Zeit kritisierte man aber genau aus diesem Grund Ottos Herrschaftssystem.

Einsetzung eines Bischofs durch den Kaiser (Investitur)

Kritik und Reformen

Ende des ersten Jahrtausends gab es viele Missstände in der Kirche. Reiche Klöster hatten oft nichtgeistliche, weltliche Adelige als Äbte, die ausschließlich an deren Einkünften Interesse hatten und kaum im Kloster anwesend waren. Die Mönche vernachlässigten ihre Pflichten. Gebet und Gottesdienst rückten in den Hintergrund, üppige Feste und Feierlichkeiten waren wichtiger.

Äbte und Bischöfe, die ihr Amt vom König erhielten, hatten zahlreiche weltliche Aufgaben zu erledigen. Bewerber für ein solches Amt mussten oft erhebliche Geldsummen an den König bezahlen, um das Amt zu erhalten.

Schlimmer noch waren die Verhältnisse in Rom. Die Päpste hatten Einfluss und Macht verloren. Der römische Adel versuchte den jeweils eigenen Kandidaten zum Papst zu machen. Das war ein Grund dafür, dass es manchmal zwei Päpste gab, die sich bekämpften. Der Zustand der Kirche wurde von manchen Menschen als Skandal empfunden. Unzufriedene sammelten sich in einigen wenigen Klöstern, von denen bald kraftvolle Anstöße zu Reform und Erneuerung ausgingen. Zwei davon waren Cluny in Burgund (gegründet 910) und Hirsau im Schwarzwald (1069). Der Gründer von Cluny hatte von Anfang an das Kloster direkt dem Papst unterstellt. Ein Umstand, der es den Mönchen ermöglichte, sich darauf zu konzentrieren, die Regeln des hl. Benedikt zu erfüllen (Stundengebet, Gottesdienst, Schweigen und Disziplin). Das Vorbild wirkte und immer mehr Klöster schlossen sich der Reformbewegung an.

Wesentliche Forderungen konzentrierten sich auf so genannte Irrlehren:

1. Nichteinhaltung des Zölibats (Priesterehe),
2. Kauf geistlicher Ämter (Simonie),
3. Einsetzung (Investitur) von Geistlichen durch „Laien", also durch Nichtpriester wie z.B. adelige Grundherren oder auch Könige.

Die Grundidee war eine reine Priesterkirche. Sie sollte von frommen, im Lebenswandel vorbildlichen Priestern geführt werden. Die Laien sollten sich unterordnen.

König Heinrich III. (1039–1056) hatte die Überzeugung, als „Gesalbter Gottes" auch für die Kirche große Verantwortung zu tragen. 1046 zog er mit einem Heer nach Italien, setzte drei Päpste ab und sorgte in der Nachfolge für reformerisch gesinnte Päpste. Einer, der spätere Papst Leo IX. (1049–1054), umgab sich mit einer Gruppe von begeisterten Reformern. Im Sinne der Forderung „Freiheit der Kirche" wurden 1059 neue Bestimmungen für die Papstwahl erlassen. Kardinäle hatten nun den entscheidenden Einfluss. Damit wurden auch die Mitwirkungsrechte des deutschen Kaisers stark eingeschränkt. Der Konflikt blieb vorerst noch aus, denn der zukünftige Kaiser Heinrich IV. war damals noch ein Kind. Die Konflikte zwischen Kaiser und Papst aber waren schon vorhersehbar.

WIE MAN SICH EINEN LANGEN UND INFORMATIVEN TEXT ERSCHLIEẞT:

1. Den gesamten Text langsam und mit Konzentration lesen. Dabei alle Wörter notieren, die unbekannt sind.
2. Die unbekannten Wörter nachschlagen oder erfragen.
3. Den Text nochmals konzentriert lesen, nach den einzelnen Abschnitten Lesepausen einlegen und versuchen, sich den Inhalt in Gedanken klar zu machen.
4. Systematisch Abschnitt für Abschnitt lesen und Stichworte aufschreiben. Man sollte anschließend in der Lage sein, mithilfe dieser Stichworte den Inhalt des Textes mündlich wiederzugeben.
5. Die gelesenen Inhalte durch eine grafische oder tabellarische Darstellung strukturieren (zuordnen, klassifizieren, Themen bilden, Schwerpunkte setzen). Ein nützliches Hilfsmittel ist die Methode, die Bereiche durch Rechtecke, Kreise oder andere geometrische Figuren zu bündeln und mithilfe von Pfeilen oder Linien Verbindungen oder Folgen aufzuzeigen.
6. Farbige Gestaltung der Elemente der schriftlichen oder schriftlich-grafischen Darstellung, z.B. gleiche Farben für gleiche Vorgänge usw.
7. Steht ein Computer zur Verfügung, lassen sich solche Darstellungen mit einem Computerprogramm interessant und anschaulich erstellen.

Streit zwischen Kaiser und Papst

Heinrich IV. bittet die Markgräfin Mathilde von Tuszien und den Abt Hugo von Cluny in Canossa um Vermittlung im Streit mit Papst Gregor VII.

Investiturstreit

Der so genannte Investiturstreit war einer der größten Konflikte im Mittelalter. Er spaltete das christliche Europa in viele Lager auf, die sich mit allen möglichen Mitteln und großer Heftigkeit bis auf den Tod bekämpften. Hauptkontrahenten in diesem Streit in der zweiten Hälfte des 11. und am Beginn des 12. Jahrhunderts waren der deutsche König Heinrich IV. (1050–1106), die deutschen Fürsten und Papst Gregor VII. sowie dessen Nachfolger.

?

1. Wie hat sich das Verhältnis zwischen Kaiser und Papst bzw. Kirche verändert?
2. Welche Rolle spielen die Fürsten in diesem Streit? Überlege, warum Kaiser Heinrich den Bußgang nach Canossa angetreten hat.

Eine Chronik der Ereignisse

April 1073:
Hildebrand, ehemals Mönch und eifriger Reformer, wird ohne Zustimmung des deutschen Königs zum Papst gewählt und nennt sich Gregor VII.

1075:
Papst Gregor VII. verbietet König Heinrich IV. jede Bischofseinsetzung.

Juni 1075:
Heinrich IV. setzt, gegen den Willen des Papstes, einen Erzbischof und zwei weitere Bischöfe in Italien ein.

Dezember 1075:
Der Papst fordert den König zur Buße auf und droht ihm mit Exkommunikation.

Januar 1076:
Heinrich setzt Gregor VII. ab. Gregor setzt Heinrich IV. ab, verhängt den Kirchenbann über ihn und entbindet damit alle Untertanen von ihrem Treueeid.

Januar 1077:
Der Papst befindet sich auf einer Reise zu den deutschen Fürsten und hält sich auf der Burg der Markgräfin Mathilda in Canossa auf. Heinrich nimmt die beschwerliche Reise über die winterlichen Alpen nach Canossa auf sich. Er erscheint im Büßergewand, barfuß und fastend vor der Burg und erzwingt so die Lösung des Kirchenbanns. Damit hat er wieder freie Hand, um seine Herrschaft gegen die aufständischen Fürsten zu verteidigen.

1080:
Gregor bannt Heinrich erneut.
Heinrich zieht mit einem starken Heer nach Italien, setzt Gregor VII. ab und lässt einen Gegenpapst wählen.

1084:
Heinrich erobert Rom. Der Gegenpapst krönt ihn zum Kaiser. Gregor VII. flieht und stirbt ein Jahr später.
Es kommt anschließend zu jahrzehntelangen Kämpfen und Auseinandersetzungen zwischen König, Fürsten und Päpsten in Deutschland und Italien.

1122:
Erst Heinrich V., Sohn und Nachfolger Heinrichs IV., und Papst Calixt II. einigen sich. Sie legen ihre Streitigkeiten in einem Vertrag (Wormser Konkordat) bei.

Heinrich IV., Plastik vom Karlsschrein in Aachen (12. Jh.)

Diese Darstellung stammt aus dem Sachsenspiegel: Sie wird als die „Lehre von den zwei Schwertern“ bezeichnet.

Die streitenden Parteien einigen sich

Kaiser und Papst einigen sich im sog. Wormser Konkordat auf Regeln bei der Besetzung von Bischofsstühlen.

a) Die Position des Kaisers

Q „Ich, Heinrich, von Gottes Gnaden Imperator Augustus der Römer, verzichte aus Liebe zu Gott und der heiligen römischen Kirche und zum Herrn Papste Calixtus und wegen meines Seelenheiles zugunsten Gottes und der heiligen Apostel Petrus und Paulus und der heiligen römischen Kirche auf alle Investitur mit Ring und Stab, und ich gestatte in allen Kirchen, die in meinem Regnum und Imperium liegen, kanonische Wahl und freie Weihe.“

b) Die Position des Papstes

Q „Ich, Bischof Calixtus, (servus servorum Dei) Diener der Diener Gottes, gestehe dir, o mein geliebter Sohn Heinrich, von Gottes Gnaden Imperator Augustus der Römer, das Recht zu, dass die Wahlen von Bischöfen und Äbten im Deutschen Reiche, die zum Regnum gehören, in deiner Gegenwart geschehen sollen, frei von Simonie und Gewalttat; sollte zwischen den Parteien dabei Streit entstehen, dann sollst du mit […] (Kirchenvertretern) gemeinsam beraten und entscheiden und dem Würdigsten deine Zustimmung und Hilfe leihen. Der Erkorene aber soll von dir mit dem Zepter die Regalien erhalten und dir dafür das leisten, was er von Rechts wegen schuldig ist.“

(Zit. nach: Mittelalter, ausgewählt und kommentiert von R. Mokrosch und H. Walz, Neukirchener Verlag, Neukirchen/Vluyn [3]1989, S. 68)

?

1. Betrachte das Bild oben rechts: Wer ist wer?
2. Die Bildunterschrift „Die Lehre von den zwei Schwertern“ wird symbolisch durch die handelnden Personen der Abbildung dargestellt. Wie ist sie zu verstehen?
3. Sind die Regelungen des Wormser Konkordats eindeutig und so gefasst, dass keine Konflikte mehr entstehen können?

Geteilte Macht – halbe Macht

Trotz des Wormser Konkordats schwelte der Streit zwischen Kaisern und Päpsten um die Bischofseinsetzung noch zweihundert Jahre weiter. Die weltliche und die geistliche Macht unterschieden sich immer deutlicher voneinander und konkurrierten um die Vorrangstellung. Die geistliche Position gab den Päpsten gegenüber den Königen die Möglichkeit des Kirchenbanns. Da ein König ohne den Segen der Kirche niemals anerkannt worden wäre, war seine Macht hierdurch eingeschränkt, denn er war vom Papst bzw. von der Kirche abhängig.
Die Fürsten und Bischöfe hatten sich Freiheiten und Freiräume geschaffen, die ihnen z.T. großen Einfluss verliehen. Sie hatten Ansprüche und regierten selbstbewusst in ihren Herrschaftsgebieten: keine leichte Ausgangssituation für zukünftige Herrscher.

Die Verhältnisse der Mächtigen zueinander ändern sich – Friedrich II.

Starke Könige oder mächtige Fürsten?

Deutsche Könige wurden von einem nicht genau bezeichneten Kreis von Fürsten gewählt oder besser gesagt bestätigt (gekürt). Hatte ein verstorbener König keinen Sohn, konnten die Fürsten einen neuen Kandidaten wählen (küren). Wichtig dabei war, dass mächtige Fürsten einem Kandidaten zustimmten und die Krönungsrituale eingehalten wurden: Wahl und Krönung am richtigen Ort und durch die richtigen Personen. Die Reichsinsignien als sichtbare Zeichen der königlichen Macht mussten in Händen des Kandidaten sein. Die Fürsten befanden sich dabei oft im Konflikt zwischen ihren eigenen Interessen und dem Wohl des Reiches. Ein starker König konnte ihnen gefährlich werden, aber die Reichsinteressen erfolgreich wahrnehmen. Ein schwacher Kandidat hingegen garantierte die Eigenständigkeit, war aber ein Risiko für die Regierung des Reichs. Wie oft in solchen Situationen gab es entweder Kompromisskandidaten oder Streit und Gegenkandidaten. Jahrelanger Streit und Bürgerkrieg konnten die Folge sein.

Friedrich II. (1194–1250)

Entwicklungen

Zur Zeit Ottos I. gab es im deutschen Reich fünf Herzogtümer. Im 13. Jahrhundert bot sich bereits ein anderes Bild. Neben den Herzogtümern gab es eine Fülle von Grafschaften, Bistümern und Abteien, die sehr selbstbewusst über ihren Besitz herrschten. Bei der Ausübung ihrer Herrschaft und insbesondere bei größeren Kriegszügen waren die Könige und Kaiser immer auf die Hilfe dieser Fürsten angewiesen. Seit dem 12. Jahrhundert nutzten die Fürsten diese Abhängigkeit, um selbst mehr Macht und Eigenständigkeit zu erlangen. Wer würde bei diesem Kräftemessen auf Dauer gewinnen: Kaiser oder Fürsten? Zwei entscheidende Wendepunkte auf dem Weg der Fürsten zu mächtigen eigenständigen Landesherren sind mit den Namen Friedrich II. und Kaiser Karl IV. verbunden.

Friedrich II: Wie regiere ich mein Reich?

Friedrich II. (1194–1250) herrschte über ein beeindruckendes Reich oder richtiger gesagt über mehrere Reiche. Durch sein väterliches Erbe war er Herzog von Schwaben sowie König und Kaiser des Reiches und Burgunds. Von seiner Mutter erbte er die Königswürde Siziliens und Neapels. Dies fiel ihm aber keineswegs in den Schoß, vielmehr musste er seine Ansprüche kämpfend durchsetzen. Schließlich eroberte er mit einem Kreuzzug und durch Eheschließung auch noch das Königreich Jerusalem.
Sein Problem bestand nun vor allem darin, mit einer Vielzahl von Machtträgern auskommen zu müssen. Dabei

?

1. Erkläre mit eigenen Worten, was im Gesetz Friedrichs II. von 1232 festgelegt wurde.
2. Deine Meinung: Welche Vor- und Nachteile ergeben sich für die Fürsten und für den König?

wollte Friedrich in erster Linie seinen Herrschaftsanspruch durchsetzen, d.h. Nachfolger der alten römischen Kaiser sein. Dafür zog er sich schließlich aus Mitteleuropa in sein süditalienisches Königreich zurück.
Damit setzte er den Anfangspunkt einer besonderen Entwicklung von Königs- und Fürstenherrschaften im deutschen Reich, die andere europäische Länder so nicht mitgemacht haben. In einem Gesetz von 1232 zugunsten der Fürsten räumte er diesen weitgehende Rechte bei der Regierung ihrer Gebiete ein.

Gesetz Friedrichs II. zugunsten der deutschen Reichsfürsten von 1232

Q „Im Namen der heiligen und unteilbaren Dreifaltigkeit, Friedrich II., durch Gottes gnädige Fügung Kaiser der Römer und immer Augustus, König von Jerusalem und Sizilien […] Wir haben ihren [der Fürsten] Bitten gnädige Gewährung gegönnt, weil wir erwarten [dadurch] […] auch uns und das Reich gebührend zu fördern.

1. […] so gestehen wir ihnen für immer zu, dass keine Burg oder Stadt auf geistlichem Gebiet […] von uns oder einem anderen [Fürsten] errichtet werden darf, ganz gleich mit welcher Begründung.
2. Neue Märkte sollen alte in keiner Weise stören. […]
4. Alte Straßen sollen nicht ohne den Willen der Benutzer verlegt werden. […]

Friedrich der II. gewährt der Stadt Asti ein besonderes Recht (Privileg), das auf einer Urkunde festgehalten wurde.

6. Ein jeder Fürst habe freien Gebrauch seiner Freiheiten, Gerichtsbefugnisse, Grafschaften und Zehnten, nach den Gewohnheiten seines Landes […]
8. Ohne Zustimmung des Landesherren darf niemand die Gerichtsstätte verlegen. […]
12. Eigenleute der Fürsten, Edlen, des Dienstadels und der Kirchen sollen in unseren Städten keinen Schutz mehr finden.
13. Eigentum und Lehen der Fürsten, Edlen, des Dienstadels und der Kirchen, das sich in den Händen unserer Städte befindet, soll zurückgegeben und darf nicht wieder weggenommen werden. […]
16. Unsere Städte sollen nicht wissentlich einen Landschädling oder gerichtlich Verurteilten oder einen Geächteten aufnehmen; bereits Aufgenommene sollen ausgewiesen werden.
17. Im Lande eines Fürsten wollen wir keine neue Münze schlagen lassen, durch welche die Münze des Fürsten im Werte gemindert werden könnte."

(Text sprachlich verändert und gekürzt nach: Geschichte in Quellen, Mittelalter, a.a.O. 568f.)

Jagdschloss Friedrichs II. – Castel del Monte

Die Verhältnisse der Mächtigen zueinander ändern sich – Karl IV.

Karl IV. (1316–1378): Neuregelung der Wahlbestimmungen

Nach dem Tode Friedrichs, der keinen Sohn als Nachfolger hinterließ, kam es zum Teil zu kriegerischen Auseinandersetzungen um die Kaiserwürde. 1273 wurde Rudolf von Habsburg zum Kaiser gewählt, ein Graf, der nicht zu den großen Reichsfürsten zählte. Die deutschen Fürsten achteten darauf, dass niemand aus ihrem Kreis als König zu mächtig werden konnte. Auch die Wahlbestimmungen wurden in den folgenden Jahren verändert. 1338 legten die Reichsfürsten fest, dass ein Kaiser auch ohne Bestätigung durch den Papst gewählt werden konnte. 1356 erließ Kaiser Karl IV. ein Reichsgesetz, genannt die „Goldene Bulle", in dem die Zahl der wahlberechtigten Fürsten (sieben „Kurfürsten") und der Wahlgang genau festgelegt wurden.

Die „Goldene Bulle" von 1356

Q „[…] Wenn nun die Kurfürsten oder ihre Gesandten in vorerwähnter Form und Weise diesen Eid geleistet haben, sollen sie zur Wahl schreiten und fortan die Stadt Frankfurt nicht verlassen, bevor die Mehrzahl von ihnen der Welt oder Christenheit ein weltliches Oberhaupt gewählt hat, nämlich einen römischen König und künftigen Kaiser […]
[…] bestimmen wir, dass, wer besagtermaßen zum römischen König gewählt worden ist, sogleich nach vollzogener Wahl, bevor er in irgendwelchen anderen Angelegenheiten oder Geschäften aus Vollmacht des heiligen Reiches seine Tätigkeit beginnt, allen und jeden geistlichen und weltlichen Kurfürsten […] alle ihre Privilegien, Briefe, Rechte, Freiheiten und Vergünstigungen, alte Gewohnheiten und auch Würden und alles, was sie vom Reich bis zum Tage seiner Wahl empfangen und besessen haben, ohne Verzug und Widerspruch durch seine Briefe und Siegel bestätigen und bekräftigen soll; […]
Wir verordnen daher […], dass von jetzt an künftig auf ewige Zeiten die berühmten und großmächtigen Fürstentümer [der weltlichen Kurfürsten] […], die Länder, Gebiete, Lehen- und Vasallitätsverhältnisse und alles andere, was zu ihnen gehört, nicht getrennt, geteilt oder unter irgendeiner Bedingung zersplittert werden dürfen, sondern es soll, damit sie vielmehr immerdar in ihrer gänzlichen Vollständigkeit verbleiben, der erstgeborene Sohn in ihnen nachfolgen, und ihm allein soll Recht und Herrschaft zustehen […]."

(Zit. nach: Geschichte in Quellen, Mittelalter, München (BSV) 1970, S. 772ff.)

Karl IV. (1316–1378) und die Kurfürsten

1. Versuche mit eigenen Worten schriftlich zu formulieren, was in der Goldenen Bulle steht.
2. Deine Meinung: Welche Vor- und Nachteile ergeben sich für die Fürsten und für den König?
3. Der Augsburger Maler und Holzschnittmeister Hans Burgkmair d. Ältere hat 1510 seine Sicht der Herrschaft in Deutschland dargestellt (rechts). Sein „Reichsadler" hat etwas mit Friedrichs II. Weichenstellungen zu tun. Versuche dies zu erklären. Es gibt eine Entwicklungslinie bis ins heutige Deutschland (Tipp: Bundesländer).

EINE SCHWIERIGE TEXTQUELLE ERARBEITEN:

1. Den Autorentext zur Textquelle und zum geschichtlichen Umfeld genau lesen.
2. Die Textquelle einmal lesen und versuchen den Inhalt im Gedächtnis zu erfassen.
3. Überlege in einem nächsten Schritt, was durch die Quelle besonders genau erklärt, nachgewiesen oder belegt werden soll.
4. Nachdem du den gesamten Text zusammenhängend gelesen hast, gehst du nun schrittweise vor. Die Textquelle wird Satz für Satz noch einmal gelesen. Die Begriffe, die nicht bekannt sind oder die man nicht einordnen kann, solltest du notieren.
5. Die unbekannten Begriffe erfragen oder in einem Lexikon nachschlagen. Die Erklärungen zu den notierten Worten dazuschreiben.
6. Die Quelle noch einmal Satz für Satz durchlesen und dabei die Erklärungen der bisher unbekannten Begriffe einbeziehen.
7. Versuche mit eigenen Worten, den Inhalt der Quelle wiederzugeben. Manchmal hilft es, Sinnabschnitte zu bilden oder sich Teilüberschriften beim Gliedern aufzuschreiben.
8. Erst wenn du den Text so erarbeitet hast, kannst du die Arbeitsaufgaben, die sich auf den Gesamtzusammenhang des Themas beziehen, lösen.

Reichsadler (1510)

Ausblicke, Einblicke ...

Karl der Große – ein Reisekaiser

Was braucht ein Kaiser, wenn er als Herrscher an vielen Orten vom „Sattel“ aus regiert?

Reisen im Mittelalter, eine beschwerliche Angelegenheit

Das Reich Karls des Großen reichte von der Elbe bis nach Spanien und von der Nordsee bis nach Italien. Der Kaiser war ständig unterwegs in seinem Reich, ein Reisender in Sachen Politik. Im Jahr 800 etwa legte er rund 3 000 Kilometer zusammen mit seinem königlichen Hof zurück. Das erforderte exakte Planungen und ein detailliertes Regelwerk.
Man schätzt, dass Karl der Große innerhalb von 24 Jahren etwa 82 000 Kilometer zurückgelegt hat. Natürlich gab es damals keine Züge und keine Flugzeuge – Karl der Große war zu Pferd unterwegs und das auch noch auf schlecht befestigten Straßen. Mit ihm reiste der königliche Hof, insgesamt etwa 150 Personen, die königliche Familie, die Hofkapelle, die Kanzlei, Geistliche, Schreiber, Gäste und Gesinde. Gemeinsam zogen sie von Königshof (Pfalz) zu Königshof. Wer welche Aufgabe zu erledigen hatte, regelte eine detaillierte Pfalzordnung. Reiseleiter waren in erster Linie der Seneschall, außerdem der Mundschenk und der Marschall, sie waren zuständig für Speisen, Getränke und die Pferde. Dem Tross eilte der Quartiermacher voraus, er hatte dafür zu sorgen, dass die Unterkünfte vorbereitet wurden und genügend Vorräte vorhanden waren. Eine Person konsumierte pro Tag zwei Kilo Fleisch und Getreide und drei Liter Wein oder Bier. Für einen Kurzaufenthalt auf einer Pfalz mussten also mehr als 200 Schafe oder Schweine, mindestens zwei Tonnen Getreide und 30 Hektoliter Bier vorhanden sein.
Begleitet wurde der König während seiner Reisen außerdem von einem Kämmerer. Unter der Oberaufsicht der Königin sammelte er die Abgaben und Steuern, Strafgelder, Geschenke und die Kriegsbeute ein. Auf der Reise bezahlte er Rechnungen, er beaufsichtigte das Silber zum Prägen der Münzen und die Truhen mit wertvollem Inhalt: Kleider, Schmuck und liturgische Gerätschaften. Die Bediensteten des königlichen Hofes hatten, so beschreibt Hinkmar von Reims in einer Abschrift der Pfalzordnung: „... vor allem dafür zu sorgen, dass die gesamte Hofhaltung der Würde und dem Glanze des königlichen Palastes entsprach. Sie mussten ihr Augenmerk darauf richten, dass immer zur richtigen Zeit das Notwendige beschafft wurde, damit alles vorhanden war, was man eben brauchte.“
Mit dabei war auch der Erzkanzler. Ihm waren Schreiber und Notare unterstellt, er hatte die Aufsicht über das Archiv mit Dokumenten und Urkunden. Die gesamte schriftliche Verwaltung wurde in dieser Kanzlei erledigt, Staatsbesuche, Hoftage und Kirchensynoden vorbereitet. Außerdem waren ihm Geistliche unterstellt, die die religiösen Feiern des Hofes vorbereiteten und Reliquien bewahrten. Der Erzkanzler beriet den König bei der Besetzung von Kirchenämtern und leitete oftmals Gerichtsverhandlungen.
Während der Abwesenheit des Königs verwalteten Adlige (Pfalzgrafen) oder Geistliche (Bischöfe oder Äbte) den Königshof und die dazugehörenden Ländereien. Pfalzen gab es zum Beispiel in Aachen und Worms.
Das germanische Wort Pfalz lässt sich von den beiden Wörtern Palatin und Palast herleiten. Kaiser Augustus hatte seinen Palast auf dem Palatinshügel in Rom errichtet (auf lateinisch heißt Palast „palatium“). Viele Pfalzen entstanden aus ehemaligen, teilweise noch vorhandenen römischen Anlagen, die um- und ausgebaut wurden. In der Regel kennzeichnen vier Hauptteile die Pfalzen Karls des Großen: Wohn- und Wirtschaftsgebäude, daneben Repräsentationsbauten, in denen Gäste empfangen, Feste gefeiert und Hoftage abgehalten wurden, und schließlich Bereiche für religiöse Zwecke. Die achteckige Pfalzkapelle in Aachen beispielsweise ist auch heute noch zu bewundern, sie ist eine Meisterleistung karolingischer Baukunst, noch heute Kernstück des Aachener Doms und war Krönungskapelle für 36 deutsche Könige. Im Jahr 805 wurde sie von Papst Leo III. geweiht.

Überblick …

Das mittelalterliche Europa hat römische, christliche und germanische Wurzeln.

Könige der Germanenreiche

Adlige germanische Heerführer sammelten Anhänger um sich, nannten sich König, eroberten und plünderten fremdes Land und hatten wenig Interesse an der Wiederherstellung geordneter Verhältnisse.
Der Christ Theoderich der Große war anders (453–526). Er herrschte 37 Jahre lang über Goten und Italiker. Er war bei seinen Untertanen beliebt und von Feinden gefürchtet.

Karl der Große (742–814)

Er war Kaiser des christlichen Abendlandes und christianisierte die Sachsen. Als „Reisekaiser“ herrschte er über ein riesiges Staatsgebiet (eine Million Quadratkilometer). Er richtete Pfalzen und an den Grenzen Marken und Gaue ein und hatte einen großen Stab von ergebenen „Mitarbeitern“: Pfalzgrafen, Markgrafen (Äbte, Bischöfe oder Adlige), Erzkanzler, Kämmerer, Seneschall und andere. Karl ließ sich im Jahr 800 vom Papst zum Kaiser krönen. Nach seinem Tod herrschte sein Sohn Ludwig der Fromme. Nach Ludwigs Tod wurde im Vertrag von Verdun (843) das Reich in drei Teile geteilt. Unter den Karolingern wurden viele Klöster, Kathedralen und Paläste gebaut.

Lehnswesen

Der König belohnte seine Vertrauten mit Lehen, d.h. er gab ihnen Land, auf dem Menschen wohnten und es bewirtschafteten. Der Lehnsempfänger (Vasall) musste dem Lehnsherrn dafür Treue schwören und Dienst leisten, dieser bot ihm Schutz. Königsvasallen konnten ihr vom König erhaltenes Land weiterverleihen. So entstanden ganze Ketten von Lehnsverhältnissen. Karls Nachfolger verliehen auch kirchliche Ämter und hohe weltliche Ämter. Der Adel stärkte seinen Einfluss, als er im 9. Jahrhundert durchsetzte, dass Lehen erblich wurden. Adlige verfolgten zunehmend eigene Interessen. Streit und Probleme waren absehbar.

Das geteilte Reich

Schon 100 Jahre nach Karl d. Gr. war dessen Reich zerfallen. Burgund und Italien waren selbstständig geworden, das Reich geteilt in das Westfränkische und das Ostfränkische Reich (später werden daraus Frankreich und Deutschland).

Kirchenmacht, Königsmacht

Otto I., der Große (912–973), wurde schon zu Lebzeiten als außergewöhnlicher Herrscher gesehen. Die äußere Bedrohung durch die Ungarn beendete er 955 mit einem Sieg. Verschwörungen und Aufstände der Fürsten erschwerten ihm das Regieren. Es gelang ihm, seine Gegner zu besiegen. Lösungen sah er in der Kirche. Sie wurde zum Instrument der Macht und zum geistigen und wirtschaftlichen Rückgrat des Reiches. Kein Papst konnte ohne Zustimmung des Kaisers eingesetzt werden. Die vom Papst verliehene Kaiserwürde und die Königswürde der Deutschen ergaben den späteren Namen: „Heiliges Römisches Reich Deutscher Nation“ (bis 1806).

Investiturstreit

Durch den Streit um die Frage, wer das Recht hat Bischöfe einzusetzen, kam es zu einer Verschiebung der Machtverhältnisse. Die Kirche forderte dieses Recht für sich allein und verweigerte damit dem König auch das Recht, das Amt des Papsts maßgeblich zu bestimmen. Trotz Wormser Konkordat (1122) dauerte der Konflikt noch 200 Jahre. Die Päpste nutzten das Instrument des Kirchenbanns gegen den König.

Fürsten stärken ihre Macht

Im 13. Jahrhundert gab es eine Fülle von Grafschaften, Bistümern und Abteien, deren Regenten selbstbewusst herrschten und von denen die Könige oft abhängig waren. Friedrich II. (1194–1250) herrschte über ein riesiges Reich. 1232 räumte er den Fürsten weitgehende Rechte ein. 1338 legten die Reichsfürsten fest, dass ein Kaiser auch ohne die Zustimmung eines Papstes eingesetzt werden konnte. 1356 erließ Karl IV. ein Reichsgesetz, die „Goldene Bulle“. Wahlberechtigte und Wahlablauf für die Königswahl wurden darin genau festgelegt.

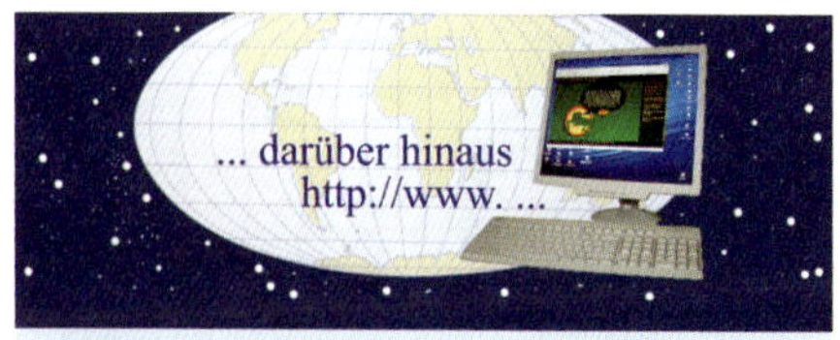

www.ibl.uni-bremen.de/lehre/lui/user/ag20/
www.ottonenzeit.de/ottonen/otto1.htm
www.isg.cs.uni-magdeburg.de/projects/pfalz/
www.eckhart.de/index.htm?begriffe.htm
www.cad.architektur.tu-darmstadt.de/stgallen/bildgal/
www.weltchronik.de/bio/cethegus/f/friedrich2.html
www.bi.fh-nuernberg.de/gobu/Schulerseite/Goldene_Bulle/goldene_bulle.html

Lernzirkel

Station 1: Lernkartei

Fertige diese Karteikarten an und erkläre die Begriffe auf der Rückseite.

- Otto der Große
- Wormser Konkordat
- Investiturstreit
- Goldene Bulle
- Markgraf
- Pfalz
- Friedrich II.
- Lehnswesen
- Karl der Große
- Kaiserkrönung
- Reisekönigtum
- Königsbote

Station 2: Bildmemory

Erinnere dich an die Zusammenhänge und Ereignisse, bei denen diese Bilder eine Rolle spielten.

Station 3: Informationen in einer Tabelle sammeln

Fertige eine Tabelle nach dieser Vorlage an!

Name:	Lebenszeit:	Bedeutende Leistungen/Ereignisse:	Nachfolge:
Karl der Große			
Otto der Große			
Heinrich IV.			
Friedrich II.			

Station 4: Eine schwierige Aufgabe lösen

1. Versuche eine Methode zu finden, um die heutigen Länder Europas in Umrissen auf die nebenstehende Karte zu übertragen.

2. Falls du die Aufgabe gut gelöst hast, kannst du die folgende Frage ohne Probleme beantworten:
Welche Länder findest du heute auf dem Gebiet des Frankenreichs zur Zeit Karls des Großen?

3. Warum sehen die Franzosen Karl den Großen ebenfalls als ihren König an?

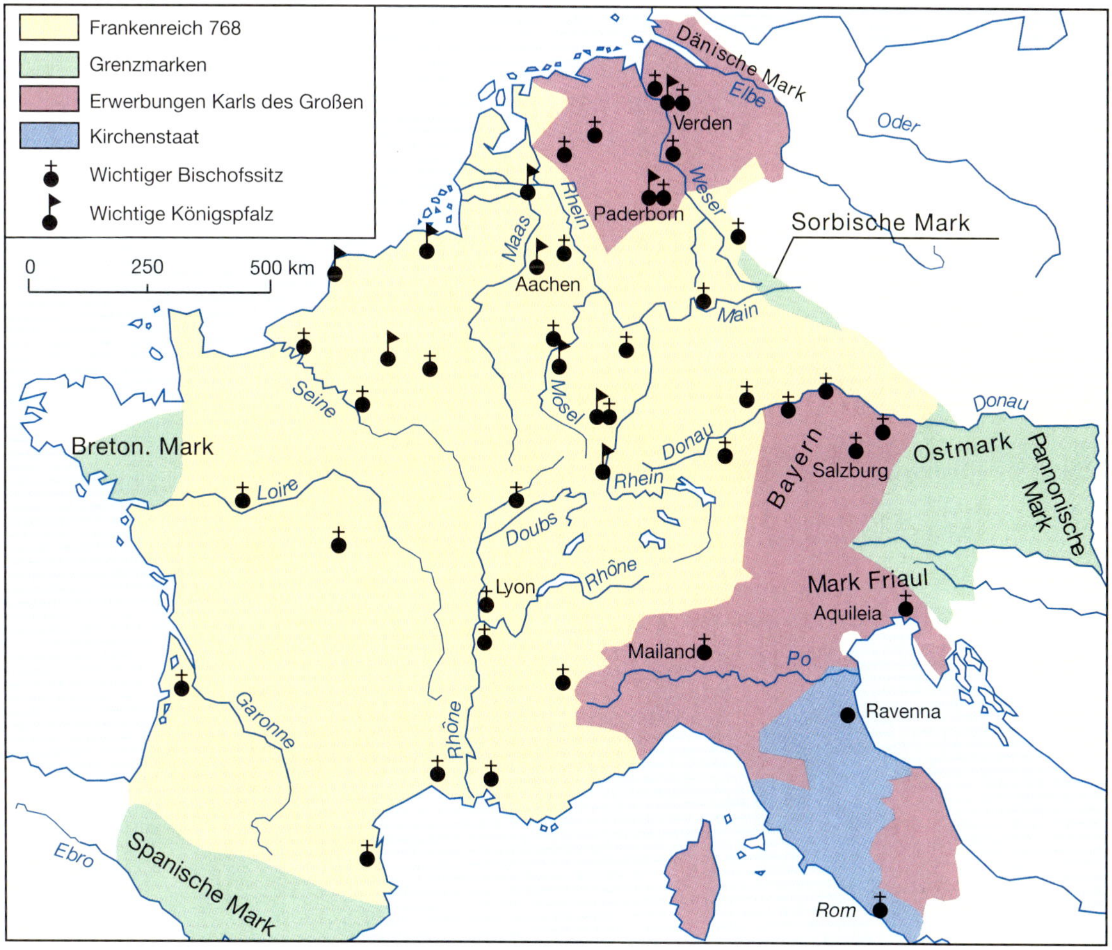

Alltagsleben in der mittelalterlichen Ständegesellschaft

Im Dorf: Das Leben der Bauern auf dem Land

Das Dorf – eine Insel im Wald

?

1. Meist holen wir unsere Nahrungsmittel aus dem Supermarkt; einiges kommt aus der ländlichen Umgebung, vieles jedoch aus dem Ausland. Die mittelalterliche Landbevölkerung aß nur eigene Erzeugnisse. Ihr könnt auf den Bildern einige Tätigkeiten erkennen, beschreibt sie.
2. Welche Nahrungsmittel werden erzeugt?

Ein Dorf im Mittelalter

Die Lage der Dörfer

Die Dörfer waren klein und bestanden meist nur aus drei bis acht Höfen. Man siedelte dort, wo die Klima- und Bodenverhältnisse günstig schienen. Oft waren die Dörfer weit entfernt voneinander und besonders im Winter monatelang von der Umwelt abgeschnitten.
Außer an Markttagen verließ man die Dorfgemeinschaft selten. Die Dörfer lagen teilweise inmitten großer Wälder. Diese dienten als Zufluchtsort für die Dorfbewohner, wenn Krieg wütete oder adlige Herren ihre Macht missbrauchten.
Außerdem fanden die Menschen im Wald Brennholz, Pilze und Beeren. Selbst Vieh wurde manchmal in den Wald getrieben, um Futter zu suchen. Jedoch barg der Wald auch Gefahren. Wilde Tiere und Räuberbanden bedrohten die Menschen. Auch konnte man sich in den undurchdringlichen Wäldern verirren.
Die Dorfbewohner errichteten ihre Höfe, Hütten und Stallungen in ausreichendem Abstand von ihren Nachbarn. Eine Verordnung besagte, dass Schweinestall, Backofen und Abort – falls vorhanden – mindestens drei Fuß vom Zaun des Nachbarn entfernt sein mussten. So sollten das Übergreifen eines Brandes und Geruchsbelästigung verhindert werden. Die Wege boten Platz für Ochsenkarren und Pferdewagen. Den Mittelpunkt des Dorfes bildete eine kleine Kirche, die von einem Zaun umschlossen wurde. Die Bauern stellten nahezu alles selbst her, was sie benötigten. Dazu gehörte die Herstellung von Kleidern, Geschirr, Körben und Werkzeugen. Wie viele Menschen auf dem Land lebten, kann man heute nicht mehr genau sagen. Schätzungen gehen davon aus, dass um 1300 in Mitteleuropa acht bis zehn Millionen Menschen in ländlichen Gebieten wohnten.

Ein Beispiel: Besiedlung um 500 n. Chr.

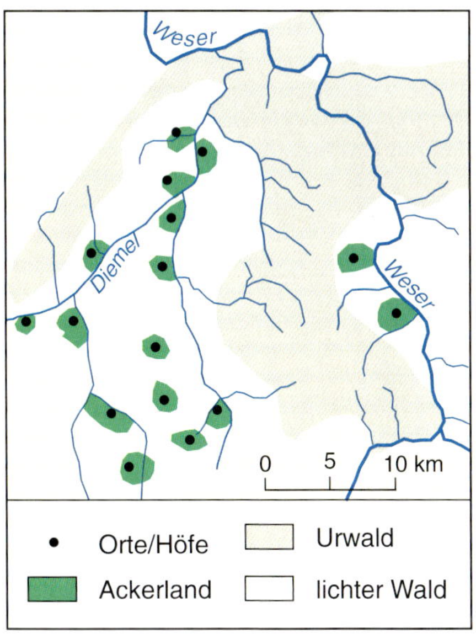

Besiedlung um 1300 n. Chr.

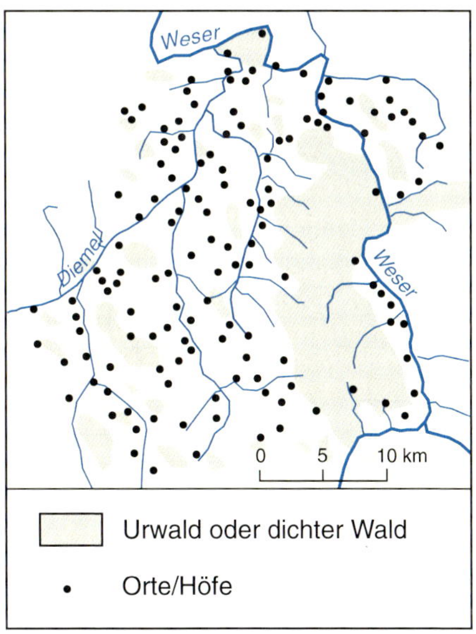

?

1. Macht euch Notizen zu Lage, Größe und Aussehen von mittelalterlichen Dörfern.
2. Welche Nachteile hatte die Lage der Dörfer für die Dorfbewohner?
3. Du führst einen Besucher durch das oben abgebildete Dorf.
4. Beschreibe die Veränderungen, die du auf den beiden Karten erkennen kannst.
5. Wie sieht ein Dorf heute aus, was ist noch wie damals und was hat sich verändert?

Alltag der Bauern

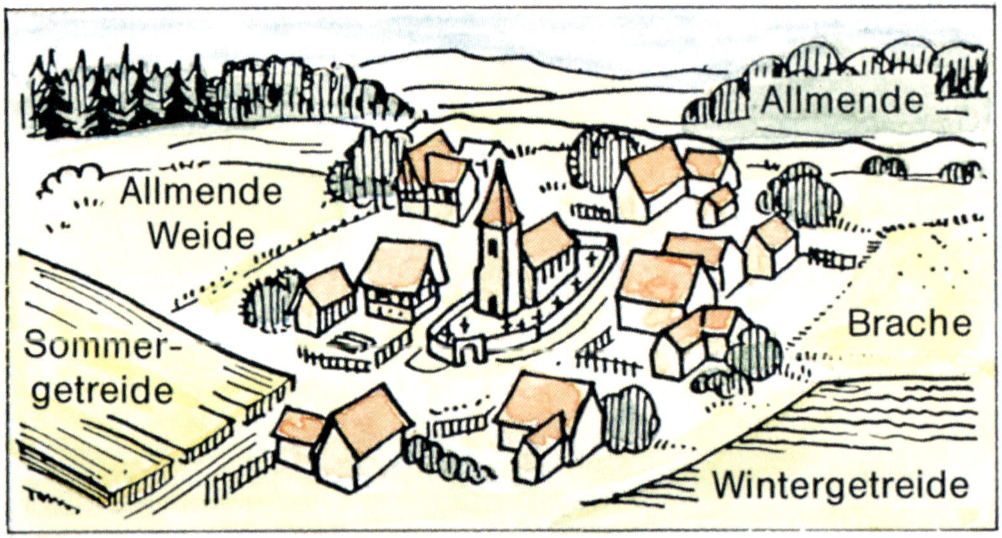

Dorfplan (Zeichnung)

Wohnverhältnisse

Gemütlich war es in den Bauernhäusern nicht. Die Familie baute ihr Haus selbst. Man vermischte Lehm mit Stroh und füllte die Masse auf Zweiggeflecht oder Matten. Das Dach war mit Stroh gedeckt. Wo es reichlich Steine gab, errichtete man die Mauern aus Steinen, die aufeinander geschichtet und mit getrocknetem Lehm verfugt wurden. Manchmal diente ein Loch oben im Dach als Kamin oder Schornstein, oft konnte der Rauch aber auch nur durch die strohgedeckten Ritzen entweichen. Außer den Flammen gab es keine Beleuchtung. Das Licht kam durch die Tür und Luken, die mit Flechtwerk geschlossen werden konnten. Zur Einrichtung des Hauses gehörten Tisch, Bänke, Hocker und Kisten. Ein Strohsack diente als Bett. Meist bestand das Wohnhaus nur aus einem Raum, der zugleich Arbeits-, Wohn- und auch Schlafraum war. Hier lebten Eltern, Kinder, Knechte, Mägde und unverheiratete Geschwister. Teilweise wohnten 12–20 Personen als Großfamilie unter einem Dach.

Über das Leben der Bauern wird berichtet:

Q „... die Hütten bestehen aus Lehm und Holz, ragen wenig über den Boden empor, sind mit Stroh gedeckt: Das sind ihre Häuser. Geringes Brot, Haferbrei oder gekochtes Gemüse ist ihre Speise, Wasser und Molken (Milch) ihr Getränk. Ein leinerner Rock, ein paar Stiefel, ein brauner Hut ist ihre Kleidung. [...]
In der Kirche kommen sie an Festtagen alle zusammen und hören die Messe, nachmittags verhandeln sie unter der Linde ihre Angelegenheiten: Die Jüngeren tanzen dazu nach der Musik des Pfeifers, die Alten gehen in die Schenke und trinken Wein."

(Zit. nach: G. Franz: Deutsche Agrargeschichte, Stuttgart (Ulmer), S. 9f., gekürzt)

Die Dorfgemeinschaft

Für die Bauern bot die Dorfgemeinschaft einen gewissen Schutz. Der Zusammenhalt war auch aus wirtschaftlichen Gründen nützlich.
So waren das Backhaus und die Mühle oft gemeinsames Eigentum. Jeder Bauer besaß einen kleinen Garten, aber Wald, Wiese und Wasser (Bach, Fluss) wurden gemeinsam genutzt. Das war die Allmende.
Aus der Mitte der Dorfgemeinschaft wurde ein Dorfvorsteher gewählt, der bei Streitigkeiten vermittelte. Die Nachbarschaft war ebenfalls sehr wichtig, denn man half sich beim Hausbau, beim Schlachten, bei Aussaat und Ernte.
Die Dorfgemeinschaft vermittelte Geborgenheit, jedoch gab es auch keine Geheimnisse: Jeder wusste alles.

?

1. Zeichne den Grundriss eines Bauernhauses. Du kannst es auch einrichten.
2. Sammle Informationen zu den Stichwörtern: Kleidung, Ernährung, Freizeit.
3. Erkläre den Begriff Allmende.
4. Diskutiert die Bedeutung der Dorfgemeinschaft früher und heute.

Arbeitsalltag im Dorf

Arbeitszeiten

Der Alltag der Bauern wurde durch die Jahreszeiten bestimmt. Viele bäuerliche Arbeiten waren nach dem Gebot der Kirche an Sonn- und Feiertagen verboten. Es wurde während des Sommers von morgens bis abends gearbeitet, um das Tageslicht zu nutzen. Häufig war der Bauer 14 bis 16 Stunden auf den Beinen. Im Winter hingegen hatte er weniger zu tun.

Arbeitsteilung

Die Männer arbeiteten auf den Feldern, die Frauen in Haus, Stall und Garten. Einen Haushalt ohne Frau zu führen war ganz unmöglich. Auch die Kinder mussten schon in jungen Jahren helfen. Ihre Aufgaben waren das Vieh zu hüten und Vögel von den Feldern zu scheuchen. Außerdem mussten sie bei allen anderen Arbeiten auch zupacken.
Eine schulische Ausbildung war auf dem Lande unbekannt.

Bauersfrau am Butterfass, im Vordergrund getöpferte Gefäße

Bauersfrau auf dem Weg zum Markt

In einem Gesetz von 789 steht:

Q „Wir bestimmen [...], dass an den Tagen des Herrn (den Sonntagen) [...] die Männer keine Feldarbeiten ausführen, weder in den Weinbergen arbeiten noch auf den Äckern pflügen oder Heu machen, noch Zäune errichten, noch den Wald roden oder Bäume fällen, noch Steine zurechtschlagen, noch Häuser bauen, noch im Garten arbeiten, noch zur Gerichtsverhandlung zusammenkommen, noch zur Jagd gehen.[...] Desgleichen dürfen die Frauen nicht weben noch Kleidung zuschneiden, noch nähen, noch sticken, noch Wolle rupfen, noch Flachs schlagen, noch in der Öffentlichkeit Kleidung waschen oder die Schafe scheren."

(Frauen im Mittelalter, Bd. 2, Düsseldorf, Campusverlag, 1984, S. 84)

ICH HABE SCHON EINIGES ERFAHREN. DESHALB KANN ICH VERMUTEN, DASS ...

1. ... die Bauern ihre Nahrungsmittel im Geschäft kauften.
   - stimmt ...
   - stimmt nicht ...
2. ... die Menschen in großen Dörfern lebten.
   - stimmt ...
   - stimmt nicht ...
3. ... die Dörfer in dichten Wäldern lagen.
   - stimmt ...
   - stimmt nicht ...
4. ... bei den Dorfbewohnern ein starker Zusammenhalt bestand.
   - stimmt ...
   - stimmt nicht ...
5. ... es eine Arbeitsteilung gab.
   - stimmt ...
   - stimmt nicht ...

Begründe deine Meinung mit Argumenten.

?

1. Leite aus dem Text und den Bildern ab, wie die Arbeit zwischen Männern und Frauen verteilt war.
2. Sprecht darüber, wie die Arbeitsteilung heute aussieht.

Fortschritte in der Landwirtschaft

Die Bauern ernähren immer mehr Menschen

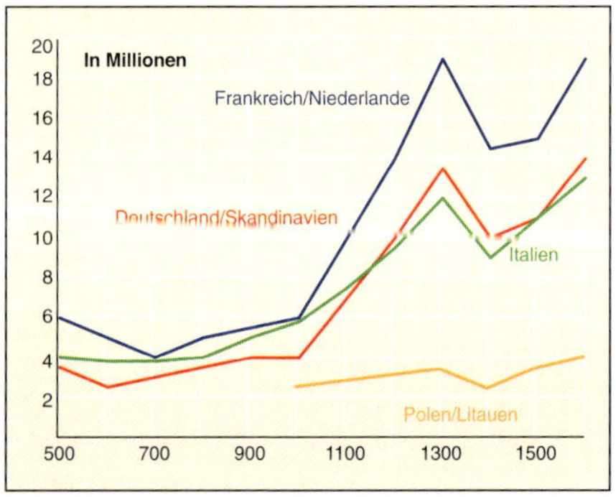

Bevölkerungsentwicklung in Europa

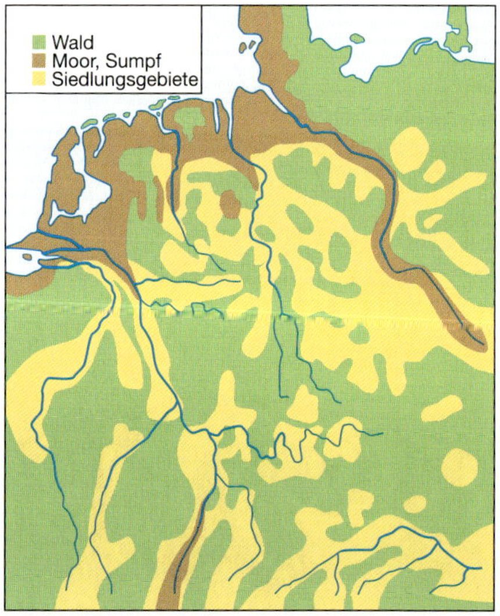

Pflügen mit Hakenpflug (Buchmalerei am Anfang des 9. Jahrhunderts)

Die Menschen wurden immer zahlreicher. Zwischen 650 und 1350 hatte sich die Bevölkerungszahl fast versiebenfacht. Die Felder reichten nicht mehr aus, um die Menschen ausreichend zu ernähren.

Wenn die Ernte schlecht war und die Vorräte nicht für den ganzen Winter ausreichten, verhungerten ganze Familien. Viele Bauern ließen sich als Rodungsbauern in den undurchdringlichen Wäldern nieder und drängten den Wald immer weiter zurück, um neue Anbauflächen zu erhalten.

Großen Einfluss auf eine bessere Ernährungslage hatten aber auch technische Erfindungen und Fortschritte in den Anbaumethoden, die zu einer Ertragssteigerung führten.

Bis ins 12. Jahrhundert hinein war der Hakenpflug im Einsatz. Er ritzte die Erde nur oberflächlich auf. Danach setzte sich der Räderpflug durch, der Furchen zog und die ausgehobene Erde wendete. Pferde lösten die wenig ausdauernden Ochsen als Zugtiere ab.

Fast alle Geräte – z.B. Spaten und Pflugschar – wurden durch die zunehmende Verwendung von Eisen statt Holz leistungsfähiger. Auch schwere Lehmböden konnten jetzt beackert werden.

Die Anspanntechnik änderte sich, sodass sich die Zugleistung um das 3- bis 4fache erhöhte. Dem Zugtier wurde nicht mehr ein Riemen um den Hals gelegt, sondern ein gepolsterter Ring wurde von der Brust abgestützt.

Räderpflug (Buchmalerei um 1500)

Räderpflug und Anspanntechnik (Rekonstruktionen)

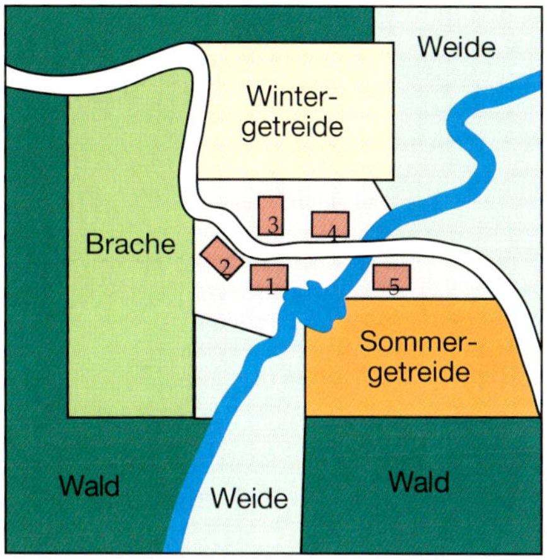

Schematische Zeichnung eines Dorfes mit Dreifelderwirtschaft (Wald und Weide = Allmende)

In Mühlen können große Getreidemengen in kurzer Zeit gemahlen werden. Die ersten Windmühlen tauchen in Europa um 1100 auf (Illustration aus dem 13. Jahrhundert).

Die Erfindung der Sense beschleunigt die Heuernte und erleichtert damit die Viehhaltung.

Bis ins 12. Jahrhundert war nur eine Hälfte des Ackerlandes bestellt worden. Die andere Hälfte lag brach, damit der Boden sich erholen konnte. Um 1200 löste die Dreifelderwirtschaft die herkömmliche Bodennutzung ab. Die einzelnen Felder eines Dorfes wurden in Großfelder zusammengefasst, wobei jeder Hof seinen eigenen Ackerstreifen erhielt. Die Bauern bearbeiteten ihren eigenen Streifen selbst, aber die Dorfgemeinschaft legte den Nutzen fest. Auf dem ersten Großfeld wurde Wintergetreide angebaut, auf dem zweiten Sommergetreide, das dritte lag brach und diente als Viehweide. Im nächsten Sommer änderte sich die Nutzungsart. Auf Großfeld 1 wuchs nun Sommergetreide, Feld 2 lag brach, Feld 3 erhielt Wintergetreide. Gegenüber der Zweifelderwirtschaft stiegen die Erträge deutlich, da immer zwei Drittel der Gesamtfläche genutzt wurden und die unterschiedlichen Pflanzen den Boden nicht so auslaugten. Missernten bei einer Getreidesorte konnten durch gute Ernten bei der anderen Saat ausgeglichen werden.

?

1. Entwirf einen Werbeprospekt, mit dem du für den neuen Räderpflug wirbst. Du kannst das Gerät auch zeichnen.
2. Du besuchst ein Dorf, in dem die Dreifelderwirtschaft noch unbekannt ist. Abends sitzt du mit den Bauern auf dem Dorfplatz und erklärst die Vorteile der Dreifelderwirtschaft. Spielt die Szene gemeinsam!
3. Beschreibe die Veränderungen in der Landwirtschaft.
4. Wenn du eine Zeitreise in die Vergangenheit machen könntest, was würdest du den Bauern über die Landwirtschaft heute erzählen?

Dreschflegel trennen die Getreidekörner sauber von den Ähren. Zuvor hatten Tiere die Körner austreten oder stampfen müssen: Verschmutzungsgefahr! (Illustration aus der 1. Hälfte des 16. Jahrhunderts)

Bauern und Herren

Im Mittelalter standen ganze Dörfer unter der Herrschaft eines Herrn, der meist auf einer Burg, einem Kloster oder auf einem Herrenhof wohnte. Es gab kaum freie Bauern, sondern fast alle waren abhängig von einem Grundherrn und mussten dessen Anordnungen gehorchen. Sie konnten nicht einfach ein Stück Land verkaufen oder erwerben und auch nicht von ihrem Land wegziehen. Als Hörige konnten sie von ihrem Herrn mitsamt ihrem Land, das sie bebauten, verschenkt oder verkauft werden.

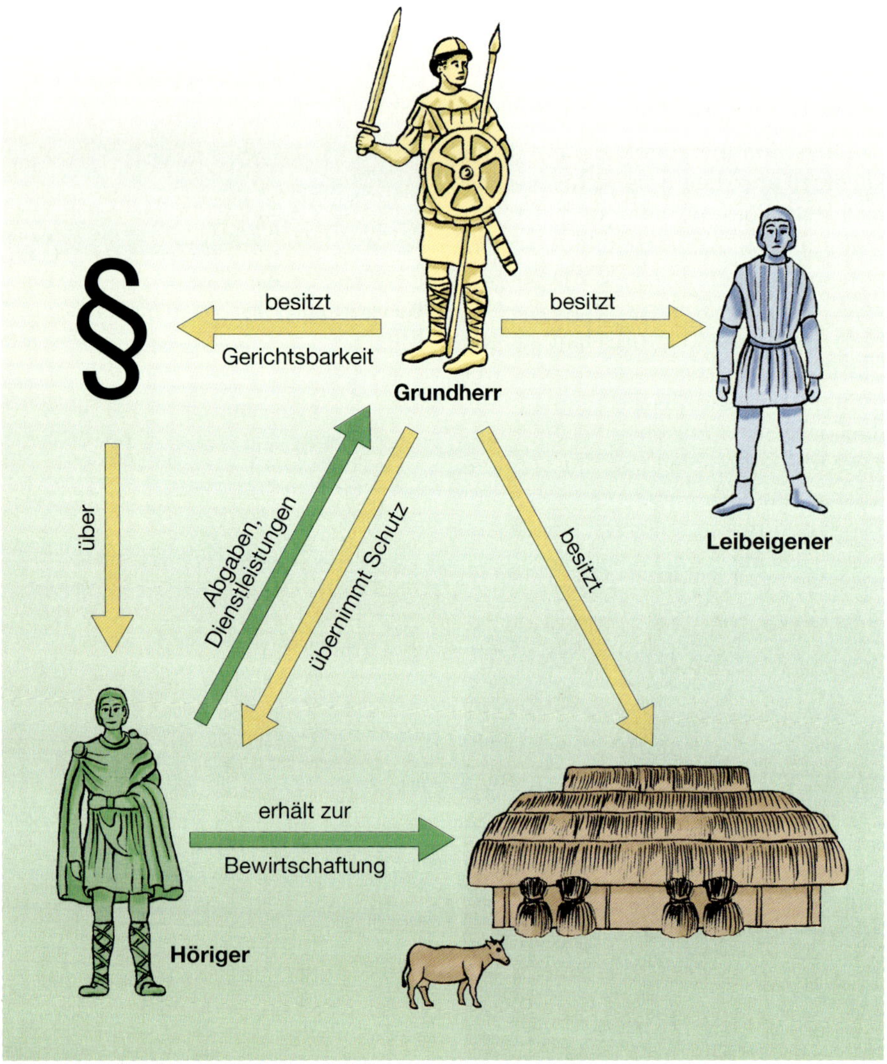

Das folgende Gespräch zwischen zwei Bauern hat nicht wirklich stattgefunden. Der Inhalt lässt sich aber aus vielen geschichtlichen Quellen aus dem 7. und 8. Jahrhundert herleiten.

Johann: Gott zum Gruße, Hinrich.
Hinrich: Gott zum Gruße. Es ist Monate her, seit wir uns gesehen haben. Was führt dich durch unser Dorf?
Johann: Ich war beim Grafen. Ich komme gerade von der Burg.
Hinrich: Hast du etwa auch …?
Johann: Ja, Hinrich. Ich habe meinen gesamten Besitz dem Grafen gegeben. Meine kleine Hütte, das Land mit allen Feldern und Wiesen.
Hinrich: Nie hätte ich das von dir gedacht. Ich glaube, ich bin bald der einzige Bauer aus allen Dörfern, der noch frei ist.
Johann: Glaube mir, Hinrich. Die Entscheidung war nicht einfach. Mein Hof hat sehr gelitten in den letzten Jahren. In jedem Frühjahr musste ich in den Krieg ziehen. Meine Frau und die Kinder konnten das Feld nur mit Müh und Not bestellen, auf allen Feldern war nicht tief genug gepflügt. Von der an-

---

Dem Grundherrn gehörte der Besitz. Er beschäftigte auf seinem Herrenhof die Leibeigenen, für die er sorgen musste und die ihm gehörten, die aber nicht wie z.B. bei den Römern als Sklaven behandelt werden durften. Die Hörigen (auch Hufner oder Hubner genannt) waren keine Leibeigenen, sondern Bauern, die Land des Grundherrn bewirtschafteten. Sie waren dem Grundherrn gegenüber zu Diensten und Abgaben verpflichtet, dafür sorgte er für ihren Schutz. Viele wichtige Posten am Herrenhof wurden von den Leibeigenen wahrgenommen. Sie hatten auch die größeren Chancen zum sozialen Aufstieg, warum wohl?

deren unerledigten Arbeit will ich gar nicht reden.
Hinrich: Ich verstehe, Johann. Als unfreier Bauer musst du nicht mehr in den Krieg ziehen. Du kannst in Ruhe zu Hause bleiben und deinen Hof versorgen. Das ist ein großer Vorteil, aber bedenke doch nur: Jetzt bist du nicht mehr dein eigener Herr. Das Land, das dein Vater und dein Großvater schon bearbeitet haben, es gehört jetzt nicht mehr dir. Der Graf wird alles bestimmen wollen.
Johann: Ganz so schlimm wird es schon nicht kommen. Es ist zwar richtig, dass mir das Land nicht mehr gehört. Aber der Graf hat es mir praktisch zurückgegeben, damit ich es für ihn bewirtschafte.
Hinrich: Aber das hat der Graf nicht aus reiner Menschenfreundlichkeit gemacht.
Johann: Das weiß ich auch. Ein Mönch im Kloster hat in einer Urkunde alles genau notiert. Ich habe mich zu Abgaben verpflichtet. In jedem Jahr muss ich vier Malter (ungefähr 500 kg) Korn abliefern, zwei gut gemästete Gänse und eine Kuh.
Hinrich: Jedes Jahr eine Kuh!
Johann: Sicher, das ist viel. Aber mein Schwert ist zerbrochen. Wenn ich wieder in den Krieg ziehen müsste, bräuchte ich ein neues Schwert. Du weißt, was der Schmied verlangt.
Hinrich: Ein Vermögen. Fünf Kühe habe ich ihm vor zwei Jahren gegeben. Es hätte fast meinen Ruin bedeutet. Aber sag, wie sieht es mit den Diensten aus? Wie oft musst du auf den Hof des Grafen kommen und auf den Feldern arbeiten, die er selbst bewirtschaftet?
Johann: Dieser Frondienst macht mir die größten Sorgen. Ich soll im Frühjahr, zur Ernte und im Herbst für jeweils zwei Wochen kommen.
Hinrich: Johann! Weißt du, was das bedeutet? Du kannst dich nicht um deinen Hof kümmern. Und in der Erntezeit verhagelt dir vielleicht dein Getreide, während du auf den Feldern des Grafen die Ernte einbringst. Wie konntest du dich nur darauf einlassen? Deine Familie wird Not leiden müssen.
Johann: Und was wäre aus uns geworden, wenn mich im letzten Kriegszug der Schwerthieb getroffen hätte? Dann wäre ich tot und Frau und Kinder säßen ohne Hilfe da.
Hinrich: Du wärst als freier Mann gestorben.
Johann: Als freier Mann – pah! Nichts hätten meine Frau und meine Kinder davon gehabt. Aber von heute an gibt es einen großen Unterschied, Hinrich. Meine Familie wäre nämlich gut versorgt, auch wenn ich nicht mehr lebe. Der Graf hat sich verpflichtet, uns zu beschützen und im Notfall zu helfen. Niemand müsste verhungern, niemand müsste den Hof verlassen. Er würde dafür sorgen, dass der Hof bewirtschaftet bleibt, bis mein ältester Sohn in der Lage ist, an meine Stelle zu treten.
Hinrich: Bist du sicher? Ihm gehört jetzt schon das meiste Land in der Umgebung. Er spricht Recht. Er baut auch eine neue Kirche und setzt den Pfarrer ein. Alle müssen vor ihm buckeln. Wo ist unsere Freiheit? Irgendwann wird der Graf seine Macht ausnutzen. Er wird immer mehr Dienste von dir fordern und immer höhere Abgaben. Deine Kinder und Enkel werden deine Entscheidung büßen müssen.
Johann: Das glaube ich nicht. Ich glaube eher, dass du auch bald ein abhängiger Bauer sein wirst. Vielleicht wird dein Grundherr nicht ein Graf, sondern die Äbtissin des Klosters.

Winter auf einem Bauernhof (Kalenderbild aus „Très Riches Heures" des Duc de Berry)

?

1. Welche Vorteile erwähnt Johann in dem Gespräch? Welche Nachteile sieht Hinrich? Lege eine Tabelle an.
2. Wie hättest du dich entschieden? Begründe deine Meinung.

Grundherrschaft

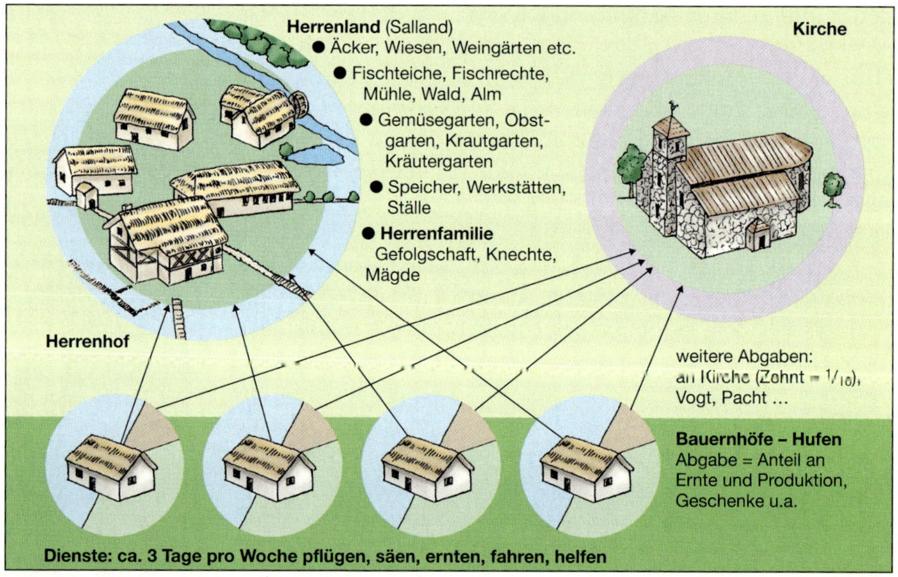

Es gab Adlige und freie Bauern mit eigenem Grundbesitz, außerdem Unfreie, d.h. Hörige und Leibeigene.
Überall in Europa waren Grundherrschaften entstanden. Es gab riesige Grundherrschaften, die aus zahlreichen Dörfern und Hunderten von Menschen bestanden. Oft kannten die Bauern ihren Grundherrn nicht mehr persönlich, sondern nur noch dessen Verwalter, der Meier genannt wurde und für einen Teil des Besitzes zuständig war. Er bewirtschaftete einen großen Hof und sammelte die Abgaben der Bauern ein. Er war außerdem zuständig für die Organisation der Frondienste. Oft war der Transport von Vieh und Getreide sehr mühsam und umständlich. Durch das Aufkommen der Geldwirtschaft konnte man später Abgaben und Dienste durch Geldzahlungen begleichen. Es gab vielfältige Gründe, warum sich die Bauern einem Grundherrn unterstellten. Freiwillig unterwarfen sie sich ihm, damit er für sie den Kriegsdienst übernahm. Viele Bauern traten jedoch unfreiwillig in die Abhängigkeit eines Grundherrn ein. Sie wurden von großen und einflussreichen Grundherrn unter Druck gesetzt und hatten keine Möglichkeiten, sich dagegen zu wehren. Im hohen Mittelalter gab es fast keine freien Bauern mehr. Die hörigen Bauern erhielten vom Grundherrn das Land, meist auf Lebenszeit, zur Bewirtschaftung. Sie waren ihrem Herrn zu Treue und Gehorsam verpflichtet, dieser musste ihnen dafür „Schutz und Schirm" bieten. So war es möglich, dass er bei Missernten die Abgaben erließ oder senkte und mit Nahrungsmitteln aushalf. Außerdem schützte er seine Bauern im Krieg. Allerdings nahmen nicht alle Grundherrn diese Aufgaben wahr. Oft konnte der Bauer das Leihegut auch vererben. Andererseits konnte der Grundherr den Bauern zusammen mit dem Boden an einen anderen Herrn verkaufen. Im Laufe der Zeit erlangten die Bauern weitgehende wirtschaftliche Selbstständigkeit, die mit einer Lockerung der persönlichen Abhängigkeit einherging. So konnten die Bauern später zu Dienstmannen und adligen Rittern aufsteigen. Leibeigene dagegen waren persönlich und rechtlich von einem Herrn abhängig und arbeiteten als Knechte und Mägde auf dem Herrenhof. Die Leibeigenschaft wurde vererbt. Im Gegensatz zur Sklaverei waren die Dienste der Leibeigenen begrenzt und genau festgeschrieben.

SAMMELN UND STRUKTURIEREN

Ihr habt nun viele Informationen zur Grundherrschaft erhalten:

1. Texte sorgfältig lesen und unbekannte Wörter nachschlagen.
2. Stichworte aufschreiben und Informationen aus dem Text zuordnen.
3. Ergebnisse übersichtlich darstellen, z.B. als Tabelle.
4. Diese Stichpunkte zur Grundherrschaft helfen dir dabei, die gesammelten Informationen zu strukturieren:
   a) Größe
   b) Verwaltung
   c) Gründe
   d) Rechte des Herrn
   e) Aufgaben/Pflichten des Bauern
   f) Vor- und Nachteile der Grundherrschaft
5. Stelle die Ergebnisse übersichtlich dar (Astdiagramm oder Tabelle).

?

1. Abgaben früher und Steuern heute: Sprecht darüber.
2. Beschreibe die Abbildungen. Es sind bestimmte Situationen dargestellt.

Im Kloster: Nonnen und Mönche beten und arbeiten

Die ersten Nonnen und Mönche

Idealdarstellung eines Nonnenklosters, eine Abbildung aus einer französischen Handschrift des frühen 14. Jahrhunderts

Das Wort Mönch kommt von dem griechischen Wort „monos" und bedeutet allein. Und die ersten christlichen Mönche lebten wirklich abseits allen Lebens in der ägyptischen Wüste in vollkommener Einsamkeit. Hier führten sie ein karges und entbehrungsreiches Leben, denn Jesus hatte gesagt: „Verschenke alles und folge mir nach." Einige seiner Anhänger nahmen das wörtlich und trennten sich von ihrem Hab und Gut. Andere fromme Menschen lebten zwar auch in großer Abgeschiedenheit, aber sie bildeten jeweils mit anderen Mönchen oder Nonnen eine Gemeinschaft, die Klöster. Geleitet wurden die Klöster von einem Abt oder einer Äbtissin. Sie bildeten eine unabhängige Gemeinschaft für sich.

?

Fragen zum Bild. Sieh dir die Abbildung genau an!

1. Was geschieht in der oberen Bildhälfte?
2. Wer ist die Nonne mit dem Krummstab?
3. Was macht die Nonne an den Seilen?
4. Welches Amt hat wohl die Nonne mit dem großen Schlüsselbund?
5. Aus den Fenstern des oberen Stockwerks schauen Novizinnen zu – welche Rolle spielen sie im Klosterleben?
6. Unten ist der Kreuzgang des Klosters zu sehen. Was spielt sich da ab?

Um sich von der sündigen Welt abzuschirmen, waren die Klosteranlagen von einer Mauer umgeben.

Benedikt von Nursia

Q „Einst lebte ein ehrwürdiger Mann mit dem Namen Benedikt. […] Er entstammte einer vornehmen Familie aus der Gegend von Nursia und wurde nach Rom auf die Schulen gesandt. Aber er verachtete seine Studien, ließ das Elternhaus und seines Vaters Reichtum hinter sich und trachtete danach, ein geistliches Leben zu führen, weil er Gott allein gefallen wollte."

(Zit. nach: Mike Corbishley, Das Buch vom europäischen Mittelalter, Arena Verlag, 1991, S. 21)

Da sich viele Sagen um das Leben Benedikts ranken, ist es schwer, über sein wirkliches Leben Aussagen zu machen. Nachdem er drei Jahre als Einsiedler in einer Höhle gelebt hatte, gründete er das Kloster Monte Cassino bei Neapel. Nach seinen Regeln, den Benediktsregeln, lebten bald überall Menschen in klösterlichen Gemeinschaften.
Wenn sich ein Neuling (Novize) nach jahrelanger Probezeit für ein Leben im Kloster entschied, lebte er nach dem Grundsatz „Ora et labora"(= „Bete und arbeite"). Er musste ein feierliches Gelübde ablegen, ein Leben in Armut, Gehorsam und Ehelosigkeit zu führen.

Aus den Regeln Benedikts:

- Den Weisungen des Abtes ist absolut zu gehorchen – ohne Zögern, Murren oder Widerspruch.
- Kein Mönch darf persönliches Eigentum besitzen, alles Notwendige wird vom Abt verteilt.
- Stillschweigen ist wichtig, nur selten sollen die Mönche Gelegenheit zum Gespräch haben.
- Alle sollen angekleidet in einem Saal schlafen, auf ein Zeichen hin erheben sich alle zum Gebet.
- Müßiggang ist der Feind der Seele, deshalb sollen sich die Brüder zu bestimmten Zeiten mit Handarbeit oder göttlicher Lesung beschäftigen.
- Das Kloster soll so angelegt sein, dass sich alles Lebensnotwendige innerhalb der Klostermauern befindet, denn draußen herumzustreifen schadet der Seele der Mönche.

Klöster im Mittelalter

In unserer heutigen Zeit haben viele Klöster Nachwuchssorgen. Fast die Hälfte der Ordensmitglieder sind über 65 Jahre alt. Nur wenige können sich heute noch vorstellen, ein ganzes Leben nach den Regeln Benedikts zu leben. Das Leben der Menschen im Mittelalter war wesentlich enger mit dem Glauben und der Religion verknüpft als heute. Frömmigkeit und der Wunsch, ein Leben im Dienste Gottes zu führen, waren Anlass, in ein Kloster einzutreten. Für adelige Töchter und Söhne, deren Einkünfte für ein standesgemäßes Leben nicht ausreichten, bedeuteten die Klöster auch Versorgung. Wohlhabende Familien mit vielen Kindern gaben ein Kind Gott zum Geschenk und übergaben es einem Kloster. Außerdem bot das Kloster in den Wirren der Zeit Schutz und Unterschlupf. Auch für Menschen aus ärmeren Schichten war die Versorgung ein Grund, ins Kloster einzutreten, jedoch war hier oft eine tiefe Volksfrömmigkeit der ausschlaggebende Grund.

Benedikt von Nursia

Als Nonne konnte sich eine Frau aus dem Adel einen Rang erwerben, der sie nach ihrem Ansehen und ihrer Leistung einem Mann ebenbürtig machte.

1. Erkläre anhand der Regeln die Pflichten der Mönche.
2. Warum gingen trotz der strengen Regeln so viele Menschen ins Kloster?
3. Schreibe Stichworte auf und trage vor, was du über Benedikt von Nursia weißt.

Alltag im Kloster

Die Bildunterschrift für die Abbildung unten heißt frei übersetzt: „Florus übergibt seinen Sohn. Der Abt macht eine Zusage. Florus gibt dem Abt Grundbesitz". Die Aufnahme in ein Kloster war also nicht immer ein Akt der Frömmigkeit, sondern auch ein Geschäft. Unser Kloster, so denkt der Abt, hat zunächst einmal einen Bewohner und Esser mehr. Wenn der Junge nach vielen Jahren seine Ausbildung beendet hat, ist er bestimmt ein guter Mönch. Unser Kloster hat außerdem mehr Grundbesitz. Der Vater denkt vielleicht, dass er zwar Land verloren hat, aber für seinen Sohn gesorgt ist. Wir wollen nun sehen, was Florus' Sohn im Kloster erwartet.

Übergabe eines Kindes an das Kloster

Gottesdienst und Schule

In den Klosterschulen lernten die Neulinge lesen und schreiben sowie das Abfassen von Briefen und Urkunden. Das war notwendig, um sich mit der Heiligen Schrift und den Psalmen, die in lateinischer Sprache abgefasst waren, beschäftigen zu können.

Unterricht

Im Mittelalter war das eine seltene Kunst, die man nur in Klöstern lernen konnte. Es bestand die Möglichkeit, dass die Eltern ihre Kinder in die so genannte äußere Klosterschule schickten. Das Innere des Klosters durften die Kinder jedoch nicht betreten. Der Unterricht begann nach Vollendung des 7. Lebensjahres. Es herrschten strenge und wenig abwechslungsreiche Unterrichtsmethoden. Man beschränkte sich auf auswendig lernen, nachsprechen und diktieren. Die begabten Kinder erhielten später die Möglichkeit, Unterricht in den sieben freien Künsten wie Redelehre, Rechnen, Musik und Theologie zu erhalten.

Gemeinschaftsleben

Privaträume waren in den Klöstern nicht vorhanden, sondern es gab jeweils einen gemeinsamen Schlaf- und Speisesaal. Nach den Regeln des Benedikt war festgelegt, dass niemand Eigentum besitzen durfte. Alles sollte allen gehören. Im Kloster wurde geschwiegen, auch während des Essens. In dieser Zeit hörte man einem Mitbruder zu, der aus der Bibel vorlas. Ungehorsam wurde hart bestraft. Im Kloster galt jedoch auch das Gebot der Nächstenliebe. So erhielten alle Bedürftigen Nahrung und Unterkunft, Kranke und Hilflose wurden ins Kloster aufgenommen.

Mönch in der Schreibstube

Erntearbeit

?

1. Lernen in der Klosterschule: Suche Informationen aus dem Text. Was würde dir in der Klosterschule nicht gefallen?
2. Welche Bedeutung hatte die Gemeinschaft im Kloster?
3. Erkläre die Behauptung, mittelalterliche Klöster seien wirtschaftliche, kulturelle und religiöse Mittelpunkte gewesen.

Arbeit im Kloster

Da die Klöster sich allein versorgen sollten, gab es viele landwirtschaftliche und handwerkliche Arbeiten zu erledigen. So spezialisierten sich viele Mönche als Drechsler, Schmiede, Sattler und Bierbrauer. Harte Arbeit mussten die Mönche auch auf dem Feld leisten. Besondere Bedeutung erhielten die Schreibstuben und Klosterbibliotheken, in denen für reiche Adlige Bücher kopiert und mit prunkvollen Bildern bemalt wurden. Mönche experimentierten und erreichten Fortschritte in der Nutzung der Wasserenergie und der Erzverhüttung. Die Technik des Bierbrauens wurde in den Klöstern verfeinert. In Klöstern stellte man aus den Heilkräutern des Klostergartens Arzneien her. Außerdem entstanden in Frauenklöstern kunstvolle Handarbeiten. Klöster waren nicht nur religiöse Mittelpunkte, sondern förderten Bildung und Wissenschaft in vielen Bereichen. Noch heute leben viele Mönche nach genau festgelegten Regeln, die angeben, in welcher Reihenfolge sie ihre religiösen Dienste, Arbeits- und Ruhephasen durchführen sollen. Mit einem Gebet fing der Tag an und endete auch wieder mit einem Gebet.

Klöster und ihre Probleme

Der Armut der einzelnen Mönche stand der manchmal ungeheure Reichtum der Klöster krass gegenüber. Er diente nicht immer nur der Erfüllung sozialer Aufgaben wie Krankenpflege und Hilfe für Bedürftige, sondern oft auch der Prachtentfaltung. Die Regeln des heiligen Benedikt wurden zum Teil auf den Kopf gestellt. Schon der heilige Augustin hatte von „faulen Mönchen" gesprochen. Einige Mönche vernachlässigten ihre seelsorgerischen Pflichten und die Klosterregeln und führten ein weltliches Leben. Vergehen wie Unpünktlichkeit und Einschlafen während des Gottesdienstes wurden hart bestraft. Häufig wurde die Ausbreitung von Klöstern nur durch politische und finanzielle Unterstützung der Herrscher möglich. Daraus ergab sich der Anspruch der weltlichen Herrscher, Einfluss auf Klöster zu nehmen. Wenn Äbte oder Äbtissinnen gewählt wurden, schalteten sie sich ein und beeinflussten die Wahl. Die Kirche verlor dadurch ihre Unabhängigkeit.

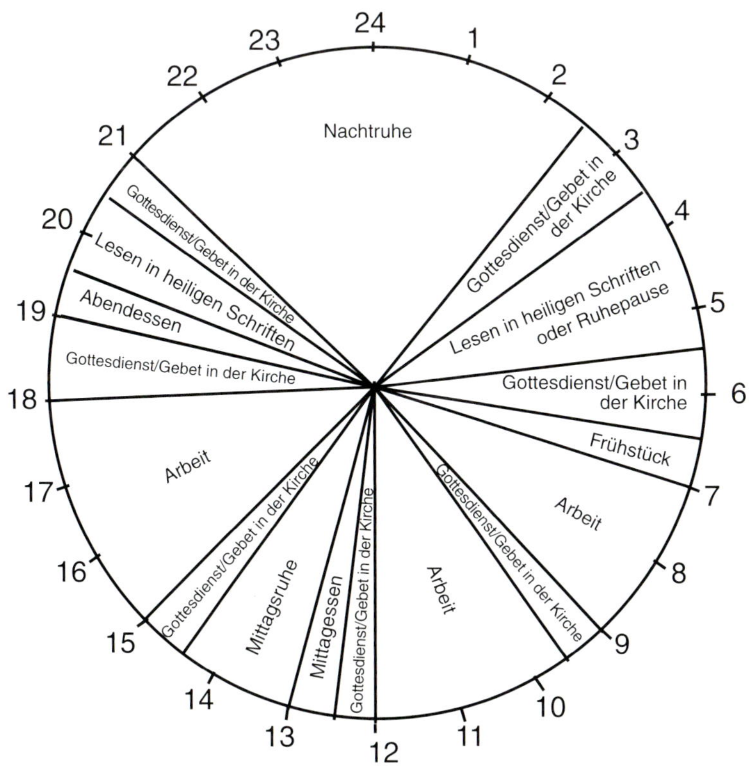

Tagesablauf in einem mittelalterlichen Kloster im Frühjahr. Die Zeichnung entspricht einem Idealmodell. Die tatsächlichen Zeiten wechselten von Gebet zu Gebet.

?

1. Bete und arbeite – Wird diese Forderung auch im Tagesablauf sichtbar? Versuche ungefähr zu ermitteln, wie viel Zeit für religiöse Tätigkeiten, für Arbeit und für Ruhepausen vorgesehen war.
   Tipp: In einer Kopie dieses Schemas kannst du die verschiedenen Bereiche farblich kennzeichnen.
2. Zwei Mönche unterhalten sich über die Probleme der Klöster. Sie sind mit der Situation nicht einverstanden. Schreibe ein Rollenspiel.
3. Unser Novize hat erfahren, dass seine Eltern überlegen, auch seine Schwester in ein Kloster zu geben. Er will ihr seine Erfahrungen mitteilen und ihr einen Rat geben.
4. Suche im Internet nach dem Kloster Maulbronn.
   Schreibe einen Brief, mit dem du Informationen über den Tagesablauf im Kloster erbittest.

Das Kloster – eine Stadt für sich

1 Klosterkirche
2 Dachreiter mit Stundenglocke
3 Stiftergrabkapelle
4 Hof der „Prälatur“ (Prälat = eine Art Reichsfürst)
5 Gästebau
6 Abtsbau (Prälatur)
7 Kanzleien
8 Abt- und Gästeküche
9 Abtskapelle
10 Heilig-Blut-Kapelle
11 Bereiche der Mönche (Konventsgebäude)
12 Schlafräume der Mönche (Dormitorium)
13 Krankenräume
14 Bibliothek
15 Haus der Mönchsbediensteten
16 Kelter
17 Mönchsküche
18 Erholungsraum
19 Speisesaal (Refektorium)
20 Klosterschule für Laien
21 Haus für Neulinge (Novizen)
22 Obstgarten
23 Apotheke
24 Vorratsspeicher, Keller
25 Äußere Klosterpforte
26 Klostergarküche
27 Werkstätte, Schneiderei
28 Stall für Pferde der Gäste
29 Pferde-, Rinder-, Schweineställe und Scheuer
30 Bäckerei und Mühle
31 Schmiede
32 Friedhof für Laien
33 Küferei
34 Einstige Wohnung Kaiser Maximilians I. (1493–1519)

Modell des Klosters Weingarten

?

1. Welche Gebäude kannst du dem Wohnbereich, dem wirtschaftlichen, dem sozialen und dem religiösen Bereich zuordnen? Das Modell auf der nächsten Seite hilft dir, die Gebäude besser zu erkennen.
2. Das Kloster war eine Stadt für sich. Welche Gründe kannst du dafür finden?

In der Textquelle erfährst du etwas über den technischen Fortschritt der Klöster. Suche die Beispiele heraus.

Überall in Deutschland und Europa entstanden Klöster. Die Quelle führt uns nach Frankreich in die Abtei Clairvaux. In der Lebensgeschichte eines Abtes beschreibt ein Mönch, welche Bedeutung der Fluss Aube hat, der durch die Abtei fließt.

Q „Der Fluss tritt durch eine Öffnung in der Klostermauer in das Abteigelände ein. Er stürzt sich zunächst in die Getreidemühle, wo er dazu benutzt wird, das Korn unter dem Druck der Mühlsteine zu mahlen und das feine Sieb zu schütteln, welches das Mehl von den unbrauchbaren Teilen trennt. Dann fließt er in das nächste Gebäude und füllt die Siedepfanne, in der er erhitzt wird, um ihn zur Herstellung von Bier als Getränk für die Mönche zu benutzen, wenn die Weinstöcke nicht genug Trauben hervorgebracht haben. Aber der Fluss hat seine Arbeit noch nicht getan. Er wird nun in die Tuchwalke geleitet. In der Getreidemühle hat er Nahrung für die Brüder bereitet, jetzt ist es seine Pflicht, ihnen zu helfen, ihre Kleidung herzustellen. Er lässt die schweren Hämmer [...] sich abwechselnd heben und senken. Nun tritt er in die Lohgerberei ein, wo er alle Sorgfalt und Arbeit aufwendet, das für die Fußbekleidung der Mönche notwendige Material zu bereiten. Er teilt sich dann in viele kleine Zweige und durchzieht in seinem geschäftigen Lauf die verschiedenen Bezirke. Dabei sucht er überall nach jenen, die seine Dienste zu irgendwelchen Zwecken benötigen; es sei das zum Kochen, zur Drehbewegung, zum Pressen, zur Bewässerung, zum Waschen oder zum Schleifen. Immer bietet er seine Hilfe an, niemals weigert er sich. Um vollkommenen Dank zu erwerben und um nichts ungetan zu lassen, trägt er schließlich noch die Abfälle fort. Wenn er die hintere Klostermauer durchbricht, hinterlässt er alles in Sauberkeit."

(Lebensgeschichte des B. von Clairvaux, geschrieben um 1140; in: J. Radkau u.a., Kraft, Energie und Arbeit, Reinbek 1981, S. 47, geringfügig gekürzt)

Kloster heute

Im Kloster St. Hildegard leben derzeit (2004) 53 Schwestern – die jüngste ist 21, die älteste 89 – in benediktinischer Gemeinschaft. Der ganze Tagesablauf richtet sich auch heute noch nach den Gebetszeiten. Siebenmal versammeln sich die Nonnen zum gemeinsamen Gebet.

Die Arbeit im Kloster St. Hildegard dient einmal dem Lebensunterhalt der Gemeinschaft, zum anderen hat sie eine große Bedeutung für das geistliche Leben. Beim Beten und Arbeiten bilden die Nonnen eine Einheit. Sie sind im Obst- und Gemüseanbau tätig, in der Küche, der Schneiderei, der Schreinerei, der Verwaltung und in der Krankenabteilung. Einige Nonnen widmen sich auch der Hildegard-Forschung. Selbstverständlich sind die Nonnen auch im Bereich der Seelsorge tätig. Gäste sind ebenfalls willkommen und können sich bis zu einer Woche in einem gewissen Rahmen dem klösterlichen Leben anschließen.

Außerdem arbeiten Nonnen im Klosterladen. Besucher können dort neben Büchern, Karten und Keramik auch Dinkelprodukte kaufen. Das Angebot reicht vom Müsli bis zum Klosterlikör. Im Klosterweingut entstehen Weine, die ebenfalls im Klosterladen verkauft werden.

MINDMAP

Mithilfe einer Mindmap kann man ein Vorhaben planen, Texte erarbeiten oder Ergebnisse anschaulich darstellen und präsentieren. Unter einer Mindmap versteht man eine Landkarte (= Map), die aus einem zentralen Thema sowie aus Ideen und einzelnen Gliederungspunkten dazu besteht.

1. Beim Anfertigen einer Mindmap geht man von einem Zentrum aus. Im Zentrum steht das Thema; Beispiel: Kloster.
2. Dann werden die Gliederungspunkte formuliert. Dabei bringt man Ordnung und Struktur in die Übersicht. Gliederungspunkte ergeben sich aus den Fragen, die man an das Thema stellt. Beispiel: Welche Arbeiten wurden im Kloster verrichtet? Daraus ergibt sich der Gliederungspunkt „Arbeit."
3. Die Mindmap wird jetzt schrittweise vervollständigt, wobei man an keine Reihenfolge gebunden ist. Immer, wenn man Informationen findet, kann man sie dem passenden Hauptstrang zuordnen, indem man Nebenstränge anlegt.
4. Zum Schluss sollten Haupt- und Nebenstränge auf ihre Vollständigkeit hin überprüft werden.
5. Die fertige Mindmap dient als Ergebnispräsentation; sie kann Gliederungshilfe und Merkzettel bei Diskussionen sein.

Vorschläge für Hauptstränge:
Arbeit (Krankenpflege, Felder bearbeiten ...), Probleme (Machtstreben, weltliche Einflüsse), Tagesablauf (geregelt, Gebet, Arbeit, ...), Kloster – eine Stadt für sich (Werkstätten, Schule, ...), Klosterregeln, Klostereintritt ...

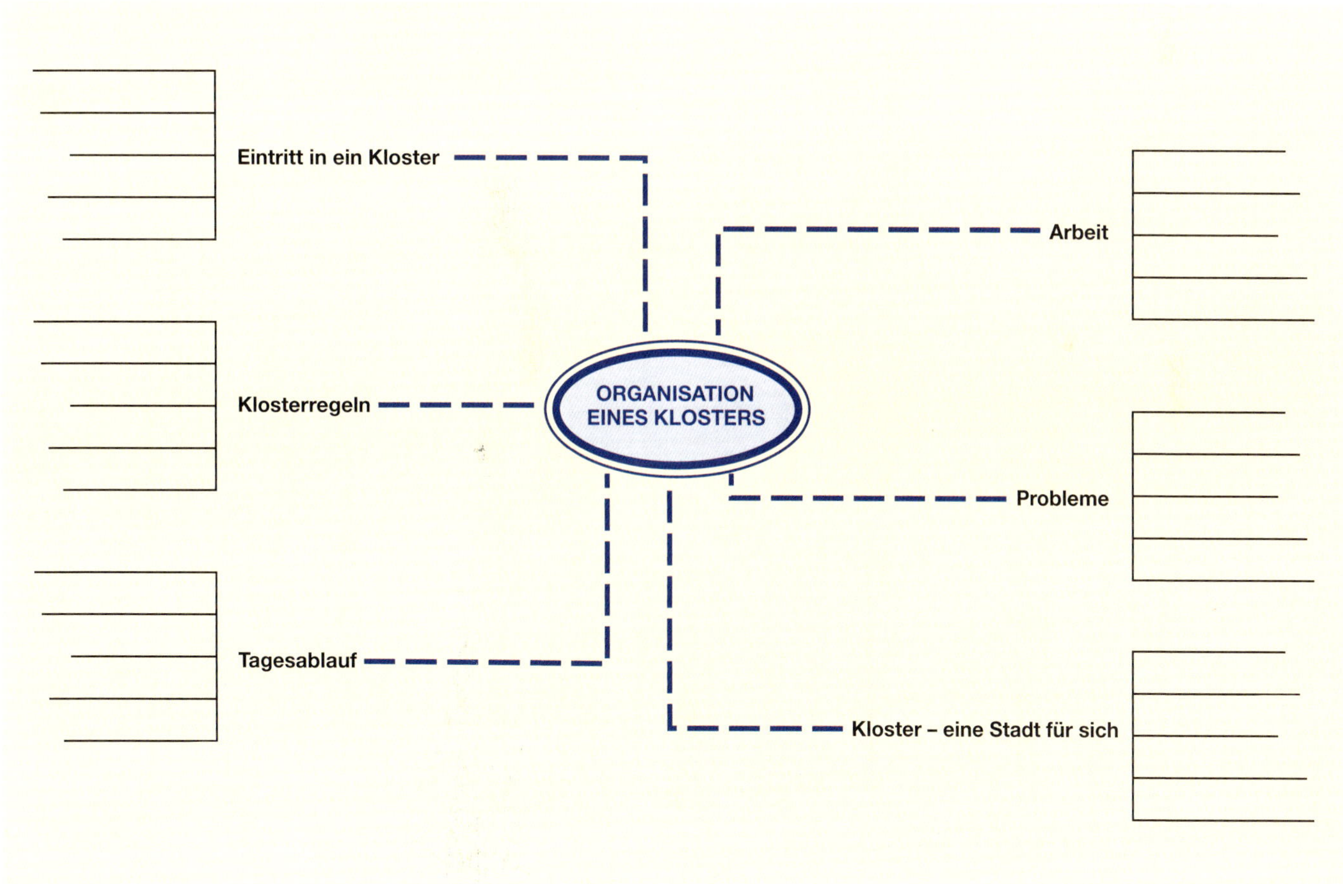

Eine starke Frau im Mittelalter

Das Mittelalter war eine von Männern geprägte Gesellschaft, in der Männer als den Frauen überlegen galten. Sie bestimmten in der Familie und vertraten sie in der Öffentlichkeit. Frauen hatten also nur wenige Rechte. Jedoch gab es auch Frauen, die großen Einfluss auf das kulturelle, politische und wirtschaftliche Leben des Mittelalters ausübten. Meist gehörten sie dem Adelsstand an.
Zu den bekanntesten Frauen des Mittelalters zählt Hildegard von Bingen.

Hildegard von Bingen – ein vielseitiges Talent

Ein Steckbrief

1098: Hildegard wird als zehntes Kind der Adligen Hildebert und Mechthild geboren.
1106: Eintritt ins Kloster
1113/14: Gelübde, Hildegard wird Benediktinerin.
1136: Hildegard wird Äbtissin.
1141: Sie beginnt ihr erstes Buch „Scivias" („Wisse die Wege"), in dem sie ihre Visionen niederschreibt.
1147: Gründung eines eigenen Klosters
1179: Todesjahr

Die Seherin

Früh erkannten die Eltern die seherischen Fähigkeiten Hildegards. „Schon von Geburt wurde meiner Seele die Schau vom Schöpfergott eingeprägt."
In einem Brief schrieb sie: „Von meiner Kindheit an, als meine Gebeine, Nerven und Adern noch nicht erstarkt waren, erfreue ich mich der Gabe der Schau. Ich sehe diese Dinge nicht mit den äußeren Augen und höre sie nicht mit den äußeren Ohren, ich sehe sie vielmehr einzig mit meiner Seele […]".
Hildegard befürchtete, dass man ihren Worten nicht glauben würde. Papst Eugen III. ließ durch eine Kommission die Sehergabe Hildegards prüfen. Diese kehrte mit einem positiven Ergebnis zurück, sodass der Papst persönlich aus dem Werk „Scivias" vorlas.
Außerdem beschäftigte sich Hildegard mit Natur und Umwelt.

Hildegard von Bingen als Äbtissin mit Nonnen

Die roten Wellen, die vom Kopf ausgehen, symbolisieren die Gabe einer Seherin.

Die Umweltbewusste

Bereits im „Buch der Lebensverdienste" beschrieb Hildegard, wie die Geschöpfe, zu denen auch Land und Wasser gehören, eine Klage gegen die Menschen erheben.

Q „Wir, die Elemente, die Lüfte, das Wasser, wir stinken schon wie die Pest […]. Und ich sah, dass das obere Feuer des Firmaments ganze Regenschauer voll Schmutz und Unrat auf die Erde schüttete, die beim Menschen, aber auch bei Pflanze und Tier schleichende Schwären und schwerste Geschwülste hervorrufen. Weiter sah ich, wie aus dem schwarzen Feuerkreis eine Art Dunst auf die Erde fiel, welcher das Grün auf der Erde ausdörrte und der Äcker Feuchte austrocknete […]"

(nach: Hildegard von Bingen, Ein Lebensbild, Buch- u. Kunsthandlung St. Hildegard, S. 4)

Ihre Erfahrungen und Beobachtungen über Pflanzen, Elemente, Bäume, Steine, Fische schrieb sie in neun Büchern nieder.

Die Heilkundige

Hildegard wird als Heilige und als große Heilende und Heilkundige verehrt.

Da Hildegard von Kindheit an bis in ihr hohes Alter mehr oder weniger krank und geschwächt war, besaß sie auch eine besondere Fähigkeit, Kranke zu verstehen und ihnen zu helfen. In ihrem Buch „Heilkunde“ befasste sie sich mit den Krankheiten des Menschen von Kopf bis Fuß und mit den Heilmitteln. Deshalb wurde sie „die erste deutsche schriftstellernde Ärztin“. Sie gab Anweisungen für eine gesunde Lebensführung und betonte besonders das Maßhalten. Die „Hildegard-Medizin“ arbeitete überwiegend mit Naturheilmitteln, also mit Heilpflanzen. Sie scheute sich nicht, magische Wurzeln wie die Alraune, die als Alraunweibchen und -männchen wie kleine Hausgötter verehrt wurden, in ihrer Heilkraft anzuerkennen und zu empfehlen. Gerade in den Klöstern wurden Arzneikräutergärtchen angelegt und Krankenabteilungen eingerichtet. Es ist erstaunlich, dass aus heutiger Sicht diese Mittel zu 80 Prozent richtig angewandt wurden.
Auch durch Naturprodukte wirkt Hildegard von Bingen bis in unsere heutige Zeit. So kann man Teemischungen, Duftmischungen, Gewürze, Suppen und Fruchtgelees in Naturproduktgeschäften kaufen oder sich sogar schicken lassen.
Viele Kräuter dienten den Frauen im Mittelalter auch zur Herstellung von Schönheitsmitteln.

Die vielseitige Hildegard war außerdem auf dem Gebiet der Musik tätig. Sie komponierte 77 Lieder, zu denen sie auch die Texte verfasste. Weltliche Tänze und Instrumente fügte sie in den Gottesdienst ein.

Kultfigur in den USA

„Eine deutsche Nonne entwickelt sich in den Vereinigten Staaten zur Kultfigur: Hildegard von Bingen (1098–1179).
Die […] erste deutsche Mystikerin fasziniert Ökologen, Anhänger von Naturheilkunde sowie Freunde mittelalterlicher Musik. Frauen fühlen sich besonders von ihr inspiriert. […] In Washington zog ein Hildegard-Wochenende vor kurzem 3 500 „Fans“ der deutschen Benediktineräbtissin an. Im Internet gibt es mindestens 25 Hildegard-Websites. In Musikgeschäften befinden sich zehn CDs mit ihren Kompositionen. Ihre Schriften treffen heute die Sensibilität der New-Age-Anhänger, weil sie den Einklang von Körper, Geist und Natur beschwören.“

(Die Welt, 20.1.97)

1. Im Internet findest du unter dem Suchbegriff „Hildegard von Bingen“ viele weitere Informationen.
2. Erzähle über das Leben Hildegards.
3. Welche Bedeutung hatte Hildegard von Bingen früher, welche hat sie heute?

Ausblicke, Einblicke ...

Landwirtschaft gestern – und heute

Drastische Veränderungen in der Landwirtschaft während der letzten 150 Jahre

Ochse, Pferd und Handarbeit bestimmten noch vor einem Jahrhundert die Arbeit eines Bauern. Die technische Entwicklung während des letzten Jahrhunderts hat auch die Landwirtschaft grundlegend verändert. Ein großer Fuhrpark ist heute Standard, mit weniger Arbeitskräften und weniger Land werden heute – zumindest in Deutschland – mehr Agrarprodukte produziert denn je.

Knackiges und makelloses Obst und Gemüse glänzt stets frisch in Supermarktregalen. Das war nicht immer so. Schon seit Jahrtausenden bearbeitet und kultiviert der Mensch die Natur, er veränderte die Naturlandschaft durch Feldbau und Viehhaltung zur Kulturlandschaft. Gleichzeitig war er extrem abhängig von ihr. Naturkatastrophen, Dürreperioden oder außergewöhnlich starken Niederschlägen folgten deshalb nicht selten Hungersnöte. Missernten hatten die Entvölkerung ganzer Landstriche zur Folge. Bauern versuchten auch damals schon, ihr Ackerland optimal zu nutzen; die Dreifelderwirtschaft und ihre Fruchtfolge wurde zur Grundlage für viele Generationen.

Einige Jahrzehnte vor der Industriellen Revolution kam es im 18. Jahrhundert zu grundlegenden Veränderungen der Anbautechniken (Fruchtwechselwirtschaft, Reihensaat und Saatzucht). Traktoren ersetzten in Deutschland die menschliche und tierische Kraft erst nach dem Zweiten Weltkrieg. Durch den Einsatz von Spritzmitteln und Maschinen konnte in den Industrieländern der Ertrag erheblich gesteigert werden. Spezialisierungen sind heute die Regel, enorme Investitionen die Folge. Denn auch wenn immer weniger Bauern Vollerwerbslandwirte sind, sind wir nach wie vor von landwirtschaftlichen Produkten abhängig.

Dagegen leben und arbeiten in den so genannten Entwicklungsländern die Menschen heute noch im Rhythmus der Natur, haben wenig Maschinen und Düngemittel, zerstören aber teilweise durch Brandrodung ihre eigene Lebensgrundlage. Diese Landwirtschaft dient in erster Linie der Selbstversorgung der einheimischen Bauern. Meist bleibt den Bauern aber für ihre eigenen Bedürfnisse nur der schlechtere Boden. Plantagen von internationalen Großkonzernen oder Staatsbetrieben überziehen weite Flächen der guten Böden dieser Länder. Die Agrarpolitik ist so ausgerichtet, dass die Industriestaaten mit billigen Lebensmitteln (Bananen, Kaffee, Kakao) beliefert werden. Riesige Monokulturen zerstören das natürliche Gleichgewicht. Ohne Düngung wächst nichts mehr. Die Menschen der Entwicklungsländer liefern an uns ihre Erzeugnisse – und leiden oft selbst Hunger. Der Anbau von Produkten für die Sicherung der eigenen Ernährung wird vernachlässigt.

Agrarwissenschaft ist mittlerweile in den hoch entwickelten Industrieländern ein Studiengang an der Universität, viele Landwirte haben inzwischen studiert. Für Landwirtschaft gibt es ein eigenes Ministerium. Ziel der Agrarpolitik ist es, Bauern ein angemessenes Einkommen zu sichern und den Konsumenten angemessene Nahrungsmittelpreise zu garantieren. Da die Landwirtschaft in den hoch entwickelten Ländern auch weiterhin durch einen starken technischen Fortschritt geprägt sein wird, wird es immer schwieriger, wirtschaftliches Wachstum zu gewährleisten und gleichzeitig Überschüsse und Überproduktionen zu vermeiden.

Überblick ...

Dörfer

Mittelpunkt eines Dorfes war die Kirche. Wenige Höfe bildeten zusammen eine Dorfgemeinschaft. Die Bauern siedelten an durch die Bodenverhältnisse besonders geeigneten Stellen. Die Dorfgemeinschaft bot Schutz; gemeinsam genutztes Land (Allmende) und gegenseitige Hilfe zeichneten ein Dorf aus. Ein gewählter Dorfvorsteher vermittelte bei Streitigkeiten. Die Dörfer waren abhängig von einem Grundherrn.

Landleben

Das Leben auf dem Land war einfach: Die Großfamilien lebten zusammen in einem Raum, das Essen war einfach und wenig abwechslungsreich, die Kleidung praktisch. Die Bauern lebten „autark", das heißt, sie stellten alles selbst her, was sie benötigten. Ihre Häuser bauten sie aus Stroh und Lehm; sie stellten selbst Werkzeuge und Möbel her und bauten ihre Lebensmittel selbst an. Die Jahreszeiten bestimmten das Leben der Bauern. Feldarbeit war Männerarbeit, Haus, Stall und Garten die Domäne der Frauen. Auch Kinder mussten schon früh mithelfen, eine Schule gab es nicht.

Fortschritte/Dreifelderwirtschaft

Die Bauern mussten immer mehr Menschen ernähren. Technische Fortschritte erlaubten es ihnen, effektiver zu arbeiten. Um 1200 wurde die Dreifelderwirtschaft eingeführt: Sommerweizen, Winterweizen und Brache (Viehweide) wechselten sich auf den Feldern ab. So wurden immer zwei Drittel des Ackerlandes genutzt und Missernten konnten durch die verschobenen Erntezeiten besser ausgeglichen werden.

Grundherrschaft

Adligen und wenigen Bauern mit eigenem Grundbesitz standen Unfreie (Hörige und Leibeigene) gegenüber. Grundherren boten den hörigen Bauern Land und Schutz, diese mussten nicht in den Krieg ziehen. Als Gegenleistung hatten sie zahlreiche Abgaben und Frondienste zu leisten. Leibeigene arbeiteten im Normalfall als Knechte und Mägde für ihren Herrn.
Die hörigen Bauern wurden im Lauf der Zeit immer abhängiger, während manche Leibeigene durch ihre Nähe zum Grundherrn und ihre guten Leistungen und Fähigkeiten zu Dienstmannen und Rittern aufsteigen konnten.

Klöster

Ora et labora – bete und arbeite: Diese beiden Gebote bestimmten das Leben der Mönche und Nonnen, die zusammen in einem von einem Abt oder einer Äbtissin geleiteten Kloster lebten. Tiefe Frömmigkeit und Volksglauben prägten das Mittelalter. Für Kinder aller Schichten bot ein Kloster eine geregelte und sichere Zukunft, wenn auch mit unterschiedlichen Chancen innerhalb des Klosters.
Zu einem Kloster gehörte natürlich eine Kirche; um sie herum wurden zahlreiche Gebäude errichtet: Essens- und Schlafräume, Küchen, Vorratsspeicher, Bibliotheken, Werkstätten, Ställe usw. Viele Klöster waren „eine Stadt für sich".

Leben im Kloster

Eine feste Zeitstruktur prägte das Leben der Nonnen und Mönche. In den strengen Klosterschulen lernten die Novizen (Neulinge) lesen und schreiben, eine im Mittelalter seltene Kunst. Das Gebot der Nächstenliebe prägte die Gemeinschaft, Ungehorsam wurde hart bestraft, persönlichen Besitz gab es für Nonnen und Mönche nicht, Zölibat (Ehelosigkeit) war Pflicht. Der Tag begann und endete mit einem Gebet. Klöster förderten Bildung und Wissenschaft in vielen Bereichen und übernahmen soziale Aufgaben. Nicht selten nutzten reiche Klöster aber ihr Geld auch zur Prachtentfaltung.

Hildegard von Bingen (1098–1179) – eine ungewöhnliche Frau

Das Mittelalter war eine von Männern dominierte Zeit. Hildegard von Bingen gehört zu den wenigen Frauen, die bis heute bekannt sind. Sie war eine Seherin, Schriftstellerin, Heilkundige und Komponistin. Hildegard gründete ihr eigenes Kloster und wurde in den USA und auch in Europa inzwischen zur Kultfigur, denn sie betonte, wie wichtig der Einklang von Körper, Geist und Natur sei.

www.kloster-maulbronn.de
www.maren-winter.de/hoerig.htm
www.orden-online.de/
www.aeiou.at/aeiou.encyclop.k/k474972.htm
www.schwarzwald.net/stories/burgen.html
www.hof-schuerholz.de/history.htm
www.wolfgang-schuhmacher.de/hildegardvonbingenspiritualitaet/bistumhildegard/home.htm

Lernzirkel

Station 1: Lernkartei

Fertige diese Karteikarten an und erkläre die Begriffe auf der Rückseite.

- Leben im mittelalterlichen Dorf
- Hildegard von Bingen
- Allmende
- „autark sein“
- Abt/Äbtissin
- Dreifelderwirtschaft
- Benedikt von Nursia
- Grundherrschaft
- Frondienste
- Ora et labora
- Entwicklungen in der Landwirtschaft
- Leibeigene, Hörige
- Das Kloster – eine Stadt für sich

Station 2: Bildmemory

Erinnere dich an die Zusammenhänge und Ereignisse, bei denen diese Bilder eine Rolle spielten.

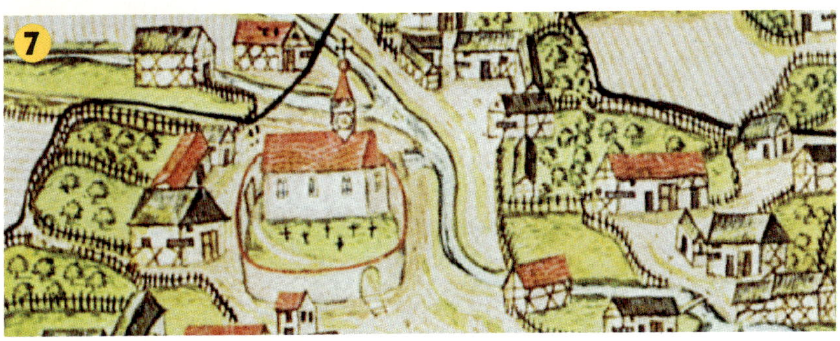

Station 3: Bilder auswerten

Betrachte die Bilder 1–4: Welches Pferd gehört zu welchem Gespann?

Bild 1

Bild 2

Bild 3

Bild 4

Station 4: richtig oder falsch?

Im Mittelalter

1) – war unsere Heimat schon dicht besiedelt.
2) – lagen die Dörfer weit verstreut.
3) – gab es schon viele Millionenstädte.
4) – gab es bereits Erntemaschinen.
5) – lebten die Bauern einfach und bescheiden und hatten hart zu arbeiten.
6) – waren die Menschen auf dem Land sehr reich.
7) – mussten die Bauern Abgaben und Dienste leisten.
8) – arbeiteten nur wenige Menschen in der Landwirtschaft.
9) – war der Ertrag der Landwirtschaft höher als heute.
10) – bedeutete eine Missernte Hungersnot.

Station 5: Informationen richtig zuordnen

Jedes der folgenden Wörter ist richtig einzusetzen:
besitzt, Grundherr, Gerichtsbarkeit, Leibeigener, besitzt, besitzt, über, übernimmt Schutz, Höriger, Aufgaben und Dienstleistungen, erhält zur, Bewirtschaftung

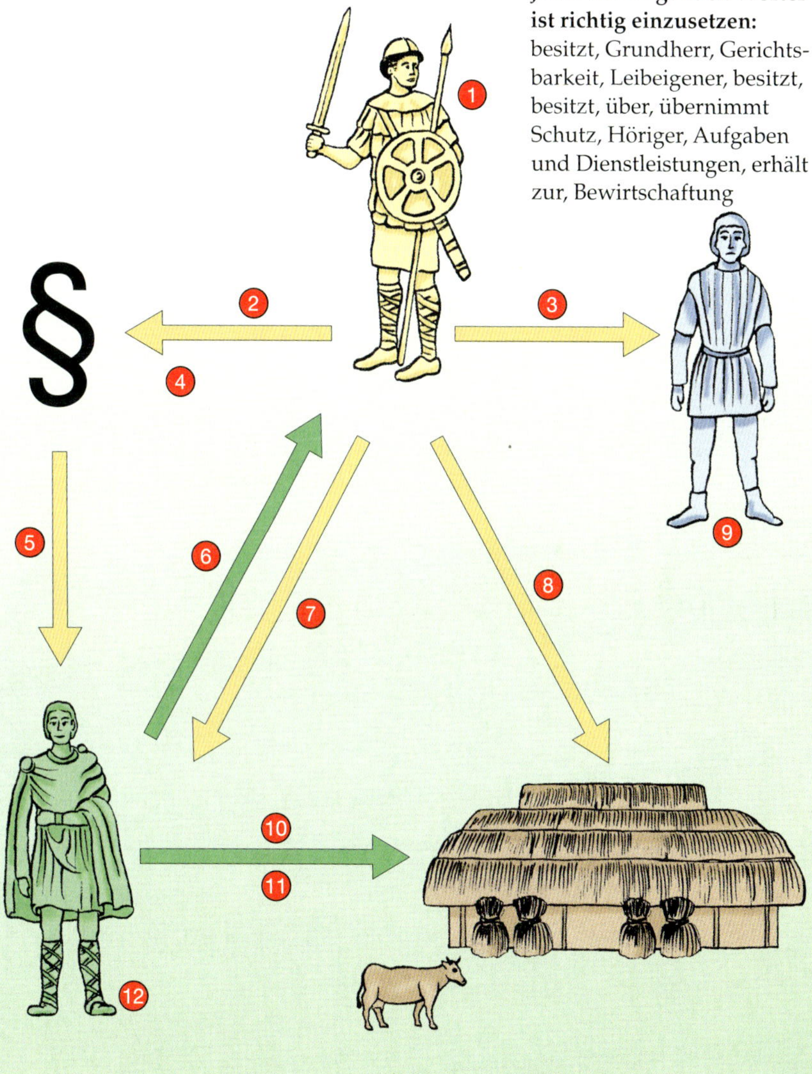

Station 6: Schöne Früchte. Sie alle haben eine Geschichte ...

Auf der Burg: Ritterliches Leben

Standort und Reichtum bestimmen das Aussehen der Burgen

Die Burg des Ritters Götz von Berlichingen: Burg Hornberg bei Neckarzimmern

Vermutlich habt ihr schon einmal vor einer Burg gestanden oder habt sie besichtigt. Überall in Europa stößt man auf Spuren, die die Vergangenheit hinterlassen hat. Zu den eindrucksvollsten Zeugen des Mittelalters zählen Burgen. Von einigen stehen nur noch die Mauerreste, andere wurden wieder aufgebaut und nur wenige sind erhalten geblieben. Burgen entstanden in der Zeit von 1050 bis 1350. Sie üben bis zum heutigen Tag eine Faszination auf uns aus.

?

1. Notiere dir, was du gern über Burgen und Ritter erfahren möchtest.
2. Die Zeichnung zeigt die Konstruktion einer Motte (früheste Form einer Burg). Was ist daran schon typisch für eine Burg?

Bau einer Burg

Bereits vor weit über tausend Jahren suchten die Menschen nach Plätzen, die schwer anzugreifen waren und die ihnen Schutz und Zuflucht vor Überfällen boten. Deshalb entstanden in dieser Zeit die ersten Burgen, die Motten genannt wurden. Sie bestanden aus einem hölzernen Wehr- oder Wohnturm, dem Bergfried, der auf einem aufgeschütteten Erdwall stand. Ein Zaun aus Holzpfählen diente als äußerer Schutzwall. Am Fuße des Burghügels besaßen die meisten Motten einen weiteren palisadengeschützten Bereich, in dem vor allem Ställe und Wirtschaftsgebäude untergebracht waren. Ein Schwachpunkt dieser Burgen lag darin, dass sie aus Holz gebaut waren, dadurch gerieten sie schnell in Brand.

Darum gingen wohlhabende Bauherren dazu über, ihre sehr einfach gebauten Burgen zu verstärken, indem sie den ganzen Bau aus Stein ausführen ließen. So entstand aus der hölzernen Motte eine steinerne Turmburg. Die Verwendung von Stein ermöglichte eine dauerhafte und leichter zu verteidigende Anlage. Zunehmend konnte man außerdem am Bau der Burgen die Macht und den Reichtum ihrer Besitzer erkennen. Im Laufe der Zeit entwickelte sich beim Burgenbau ein Schema, das in ganz Europa zu finden ist. Man kann unterschiedliche Burgtypen unterscheiden: So wurden Burgen auf Bergkuppen und Felsen gebaut. In der Ebene legte man künstliche Seen und Wassergräben an, wenn keine natürlichen Hindernisse vorhanden waren. Je nach ihrem Standort entstanden so Gipfelburgen, Felsenburgen, Insel- oder Wasserburgen. Zungen- oder Spornburgen baute man auf langgezogenen Bergrücken.

?

1. Nenne und beschreibe die unterschiedlichen Burgtypen. Welche Schlüsse lassen sich auf den Reichtum des Besitzers ziehen?
2. Auf welcher Burg würdest du dich am sichersten fühlen? Begründe deine Meinung.

Was gehört zu einer Burg?

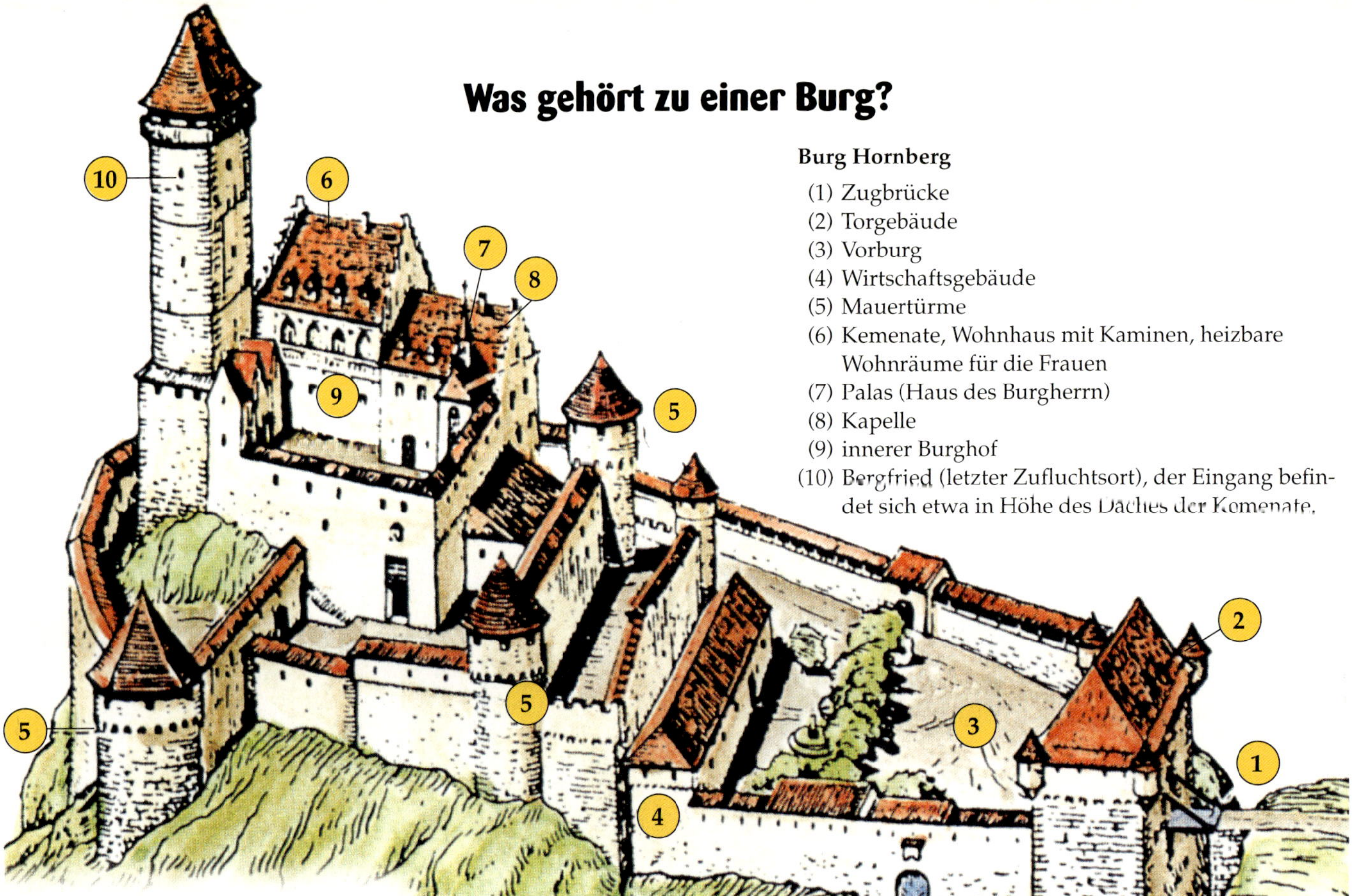

Burg Hornberg

(1) Zugbrücke
(2) Torgebäude
(3) Vorburg
(4) Wirtschaftsgebäude
(5) Mauertürme
(6) Kemenate, Wohnhaus mit Kaminen, heizbare Wohnräume für die Frauen
(7) Palas (Haus des Burgherrn)
(8) Kapelle
(9) innerer Burghof
(10) Bergfried (letzter Zufluchtsort), der Eingang befindet sich etwa in Höhe des Daches der Kemenate.

Die Ritterburgen waren mächtige Befestigungsanlagen und dienten den Herren, ihrer Familie und den Bediensteten, den Knechten und Mägden als Wohnhaus. In kriegerischen Zeiten sollten sie Schutz für die Familie und die vor der Burg lebenden Bauern bieten. Die Wahl eines günstigen Standortes war deshalb von großer Bedeutung für die Verteidigung und für den Fall einer längeren Belagerung. Die Burg sollte uneinnehmbar sein. Schon von weitem kann man oft die Türme einer Burg sehen. Die oben abgebildete Burg zeigt charakteristische Baumerkmale von Burgen.
Bei einem Rundgang durch die Burg könnt ihr einiges entdecken.

„Abwehr, nichts als Abwehr zeigt sich in den wuchtigen Mauern und auch in dem beinahe fensterlosen Bau. Mit zwei Burggräben und zweifachem Mauergürtel stellt sich die Burg dem Feinde entgegen. […] Heute ist die Zugbrücke niedergelassen. Die beiden Balken, mit denen sie an Ketten hochgezogen wird, starren zwischen mächtigen Widerhaken böse wie Stacheln in die Luft. Drohend öffnet sich am Eingang in die Burg über dem Tor die Pechnase, bereit, brennendes Pech und siedendes Öl auf den Angreifer zu schütten. Ein tunnelartiger Durchlass nimmt uns auf. Er ist ein wenig gekrümmt, sodass die Geschosse des eindringenden Feindes an den Wänden abprallen mussten.
Dumpf hallt der Schritt vom niederen Gewölbe. Aber dann ist wieder Licht um uns. Der kleine Burggarten mit dem Ziehbrunnen, der bis auf die Talsohle reichen soll, erscheint im Blickfeld […], Ringförmig umschließen ihn die verschiedenen Gebäude wie der Pallas, die Kemenate, die Wirtschaftsgebäude, die Ställe. Rings um die Burg verläuft der Wehrgang, der sich um die meterdicke Mauer hinzieht. Nur ab und zu kann man durch eine schmale Schießscharte den Blick ins Tal werfen. Tief liegen die Burgverliese im Fels, sodass gewachsener und gemauerter Stein nicht voneinander zu unterscheiden sind.“

(Text gekürzt u. abgeändert aus: Stundenbilder für die Sekundarstufe, Band II, Mittelalter, bsv-Verlag, Nr. 94356, S. 85)

a

b

c

d

e

Rundgang durch eine Burg

Die Bilder stammen alle von der links abgebildeten Burg Hornberg und zeigen, wie sie heute aussieht. Einige Gebäudeteile kann man schnell wiedererkennen, andere sind schwieriger zu finden, verdeckt oder in den Gebäuden.

1. Plane mithilfe der Bilder einen Rundgang durch die Burg und bringe dabei die Bilder in eine sinnvolle Reihenfolge. a findet man in einem der Mauertürme mit der Nr. 5, c ist hinter dem Bergfried versteckt, e befindet sich im Gebäude Nr. 6, g ist der Kellerabgang, i ist die Küche im Gebäude Nr. 7, k ist die Mauer zur Vorburg mit dem Turm, in dem sich das Burgverließ befindet, n ist eine Schießscharte im äußeren Mauerring, o ist der Treppenaufgang zum Rittersaal und Bergfried. Alle anderen Bilder lassen sich zuordnen. Eine Zisterne gibt es nicht mehr. Erker und Sitznischen an den Fenstern der Wohngebäude und der Kemenate sind leider nicht mehr erhalten.
2. Welche Teile einer Burg gehören zum Wohnbereich?
3. Was gehört zu Schutz und Verteidigung einer Burg?
4. Nenne Burgen in deiner Umgebung.

f

g

h

i

j

k

l

m

n

o

Die Eroberung einer Burg

Obwohl die Burgen vielfach gesichert waren, gelang es den Angreifern doch manchmal die mächtigen Befestigungen zu erobern. Die Eroberung einer Burg war teuer und konnte oft sehr lange dauern. Man musste den Ort auskundschaften, ein Lager aufschlagen, umfangreiche Ausrüstung und Kriegsmaschinen herbeischaffen. Außerdem waren zahlreiche Männer nötig, um die Burg zu stürmen. Sieg und Niederlage hingen dabei von den angewandten Belagerungstaktiken ab.

Ein Beispiel soll euch zeigen, wie die Eroberung einer Burg erfolgte:

Q September 1449

„Laut schallt die Stimme des Turmwächters über die Burg: ‚Feind in Sicht!'

Winfried, der Sohn des Turmwächters, eilt an eine der Burgzinnen und blickt ins Tal hinab. Wirklich, da unten zieht eine große Schar von Bewaffneten zur Burg. […] Sie tragen Pickelhauben und jeder hat seine Armbrust umgehängt. […]
Inzwischen haben sich die Verteidiger hinter den Zinnen der Mauern aufgestellt und erwarten den Feind. Die Zugbrücke ist hochgezogen und das Tor aus schwerem Eichenholz, durch Eisenbänder verstärkt, ist geschlossen. Neben den Pechnasen wartet je ein Kübel voll heißem Pech und Öl darauf, auf die Angreifer hinabgeschüttet zu werden. […]
Der Tag vergeht, ohne dass die Angreifer mit ihren Pfeilen der Burg etwas anhaben können.
In der Nacht haben sie leise und heimlich einen Wagen mit Stroh den Berg hinaufgeschoben und so lange Strohbündel in den tiefen Burggraben geworfen, bis er ausgefüllt war. Und jetzt kommt ein „Tier" den Berg hinaufgeschlichen, mit einem langen Hals, einem eisernen Kopf und eisernen Hörnern. […] Es ist ein langer dicker Balken, vorne mit Eisen beschlagen. Er hängt an einem Wagen, der oben mit nassen Häuten überdeckt ist.
Unter diesem Dach stehen die Knechte und schieben den „Widder" ganz nah an die Mauer heran. […] „Der Mauerbrecher!", schreit entsetzt ein Knecht und eilt davon. […]
Die Verteidiger schieben Fässer und altes Holz vor das Burgtor, die Armbrustschützen schießen brennende Pfeile gegen den Mauerbrecher und heißes Pech ergießt sich auf die Angreifer. Aber alles ist nutzlos. […] Jetzt beginnen die Angreifer Brandpfeile in die Burg zu schießen und bald brennt das Dach des Gesindehauses. […] Winfried hört mitten im Lärm die Stimme seines Vaters, die ihn ruft."

(Zit. nach: P. Michael, in: Helmut Christmann (Hg.), Damals im Remstal, Aalen 1967, S. 33ff.)

Durch die Erfindung des Schießpulvers waren die Burgen leichter zu erobern.

Angriff auf eine Burg

Angriff und Belagerung

Wollten die Angreifer eine Burg erstürmen, setzten sie neben Sturmleitern verschiedene Waffen ein. Einige von ihnen sind hier abgebildet.

1. Schreibe ein Gespräch zwischen Winfried und seinem Vater während der Belagerung.
2. Beschreibe die Bilder.
3. Überlege dir, welche Bedeutung der Einsatz von Kanonen hatte.
4. Nutze Bilder und Texte für einen Vortrag über die Eroberung einer Burg.

Die Bewohner der Burg

Als Nächstes wollen wir uns den Bewohnern einer Burg zuwenden. Die Burg diente nicht nur als Festung und Kaserne, sondern sie war auch Wohnsitz des Burgherrn und seiner Familie. Von hier aus verwaltete der Burgherr sein Land, seine Beamten trieben den Zins ein und sorgten für Recht und Ordnung. Der Burgherr war Gerichtsherr und die Gerichtstage auf seiner Burg waren besondere Ereignisse. Hielt er sich auf der Burg auf, zeigte dies die Fahne auf dem höchsten Turm schon von weitem an. An Wappen und Fahne konnte man außerdem erkennen, wem die Burg gehörte. Das Wappen war das unverkennbare und persönliche Kennzeichen des Ritters und seiner Familie, das auch an die Kinder vererbt wurde. Das Wappenbild sollte etwas über den Träger aussagen. Wappenexperten prüften bei Turnieren die Echtheit der Wappen und ob sie den festgelegten Regeln entsprachen. Je wohlhabender ein Burgherr war, desto mehr Bedienstete lebten auf der Burg. So ist es nicht erstaunlich, dass manchmal 60 bis 80 Menschen dort lebten. Die „Großfamilie" in der Burg bestand aus „Herrschaften" und „Dienern". Herrschaften waren etwa durchreisende Ritter. Angehende Ritter, die Knappen, hielten sich ebenfalls an fremden Burgen auf, damit sie die Lebensart der Ritter kennen lernen konnten. Die Besatzung der Burg stellten die Dienstleute dar, die für die Verteidigung verantwortlich waren. Zu ihnen zählte man Waffenknechte, die Wächter, Türmer, Hauptleute und Soldaten. Die dauernde Anwesenheit der Besatzung wäre für den Burgherrn zu teuer geworden. Deshalb wurde das Personal, wenn Gefahr drohte, schnell aus der Umgebung geholt.
Außerdem gehörten Knechte und Mägde zum Haushalt einer Burg. Sie mussten sich um den Haushalt kümmern und das Vieh versorgen. Ihre Unterkunft war sehr einfach. Sie schliefen auf Stroh in der Nähe der Ställe. Bei Gefahr und im Winter konnten sie sich in den Wohnturm zurückziehen, der aber nicht geheizt werden konnte.
Die Burg beherbergte außerdem Aufseher und Schreiber. Sie hatten besondere Aufgaben zu übernehmen, z.B. Anwesenheit bei Gericht oder die Überwachung des Trinkwassers.
Der Seneschall, der für die Verwaltung zuständig war, der Kämmerer, der die Aufsicht über die Kammern hatte, und der Mundschenk, der die Qualität der Speisen prüfte, hatten auf der Burg eine hervorgehobene Stellung. Ständig lebten auch befreundete Witwen und Waisen, arme Mönche und Bettler im Haushalt des Ritters.
Zur Unterhaltung hielten sich Spielleute auf der Burg auf. Sänger und Gaukler zogen meist von Burg zu Burg und überbrachten gleichzeitig Neuigkeiten und trieben ihre Späße.
Auch außerhalb der Burg waren abhängige Bauern, Handwerker und Dienstleute mit der Versorgung der Burg beschäftigt.

Leben auf einer Burg

Das Leben auf einer Burg war weit weniger romantisch, als wir es aus Ritterfilmen und Romanen kennen. Nicht auf jeder Burg spielte sich das Leben gleich ab. Die meisten Ritter verfügten nur über bescheidene Einnahmen und lebten auf ziemlich engem Raum.
Die wenigen Kamine, durch die der Wind pfiff, heizten die zugigen Räume nur unvollständig. Eingerichtet war eine Burg nur mit dem Nötigsten: Tische, Bänke, Truhen, Schemel und Betten. An die schmalen Wohnräume schlossen sich Vieh- und Pferdeställe an, überall stank es und war laut. Es herrschte ein ständiges Kommen und Gehen.
In jedem Geschoss gab es einen oder mehrere Erker, in dem sich ein „heymlich Gemach" („stilles Örtchen") befand. Der Sitz war eine Steinplatte mit einem Loch. Die Aborte der Rittersfamilien lagen am Kaminschacht und waren sogar gemütlich.

Rittersaal

Wer ist wer?

Viele Menschen lebten in einer Burganlage:

1. Der Chefkoch bereitet das erlegte Wild zu.
2. Der Bogenschütze verteidigt die Burg von der Burgmauer aus.
3. Aufgabe des Priesters ist es, die Messe zu lesen und auch die Kinder zu unterrichten.
4. Der Falkner kümmert sich um das beliebteste Hobby des Burgherrn, die Jagd mit dem Falken.
5. Pferdepfleger haben viel zu tun.
6. Der Knecht fegt.
7. Die Magd arbeitet an der Spindel.
8. Die Burgherrin beaufsichtigt die Kinder.
9. Der Burgherr denkt über die Kosten des Burgbaus nach.
10. Der Mundschenk prüft die Qualität der Speisen.
11. Der Armbrustschütze gehört zur Verteidigungsmannschaft.
12. Befreundete Ritter sind zu Besuch.
13. Der Mattenweber legt die Böden aus.
14. Der Burgschreiber erklärt dem Burgherrn einen Brief.
15. Der Aufseher überwacht das Küchenpersonal.
16. Spielleute sollen ein Fest begleiten.

Du siehst hier Zeichnungen der verschiedenen Menschen auf einer Burg und ihre Tätigkeiten. Man hat versucht zu rekonstruieren, wie sie gekleidet waren.

1. Ordne die Beschreibungen der jeweiligen Abbildung zu.
2. Überlege dir weitere Berufe und Aufgabenbereiche, die noch gebraucht wurden.
3. Was würde dir beim Leben auf einer Burg gefallen, was nicht?
4. Zwei Ritter treffen sich und erzählen sich gegenseitig vom Leben auf ihrer Burg. Einer ist zufrieden, der andere nicht. Spielt das Gespräch vor.

Die Erziehung zum Ritter

Wer waren die Ritter?

Während des 12. bis 14. Jahrhunderts hatte der Ritterstand seine Blütezeit. Ritter waren ursprünglich Reiter, die dem König in den Kampf folgten. Sie waren Dienstmannen des Königs. Später wuchsen sie in den Adelsstand hinein und entwickelten eine eigene Lebensform.
Eine vollständige Rüstung kostete so viel wie 45 Kühe, später so viel wie ein Stück Land von 150 ha. Eine vollständige Rüstung wog 25–30 kg. Außerdem brauchte der Ritter Pferde, die zwar teuer, aber unerlässlich waren. So benötigte er ein Reitpferd, ein starkes Kampfross und schließlich ein Lastpferd.
Durch Wappen und Helmzier konnte man sich zu erkennen geben. So war es auch möglich, Freund und Feind auseinander zu halten.

Das Bild zeigt einen Ritter in Prunkrüstung. Der Helm allein konnte über fünf Kilogramm schwer sein. Im Laufe der Zeit wurden die Rüstungen immer schwerer, um noch mehr Schutz zu bieten. Nur ausgewählte Pferde konnten diese Last tragen.

Wie man Ritter wurde

Ein adliger Junge wurde sehr schnell als Erwachsener betrachtet. Mit sieben Jahren verließ er seine Familie und wurde auf einer anderen Burg zunächst Page. Er musste das „Ritter-ABC“ lernen: Reiten, Schwimmen, Bogenschießen, Faustkampf, Vogelfallen aufstellen, Fechten, die Pflege von Waffen und Ausrüstung. Auch lernte er höfisches Benehmen. Er sollte seine Manieren verfeinern, tanzen, Schach spielen und musizieren. Auf feine Tischsitten wurde ebenfalls geachtet.

Tischsitten

Q „(1) Wer sich über die Schüssel legt und schnauft und schmatzt mit seinem Munde, der benimmt sich wie ein Schwein.
(2) Mancher will den abgenagten Knochen wieder zurück in die Schüssel legen. Das ist ungebührlich.
(3) Wenn euch beim Mahle ein Gefäß mit Salz gereicht wird, so sollt ihr nicht mit bloßer Hand hineingreifen, denn das ist nicht anständig.
(4) Es erscheint mir auch als große Missetat, dass viele die unschickliche Angewohnheit haben, mit vollem Mund zu trinken wie ein Stück Vieh.
(5) Wer beim Schneiden den Finger auf das Messer legt, benimmt sich wie ein Kürschner, [aber nicht wie ein höflicher Mensch …].
(6) Ihr sollt nicht mit dem Messer in den Zähnen stochern, wie viele tun […]“

(Zit. nach: J. Siebert, Tannhäuser, Halle (Niemeyer) 1934, S. 194ff.)

?

1. Ritter zu sein war kostspielig: …
2. Wie fühlte man sich wohl in einer schweren Rüstung?
3. Informiere dich im Lexikon über den Begriff „Ritterlichkeit“.
4. Vergleiche die Tischsitten früher und heute.

Im Alter von 14 Jahren wurde der adlige Junge Knappe. Als Knappe begleitete er seinen Herrn in den Kampf, führte dessen Pferd, half ihm in die Rüstung und leistete Hilfe bei Verwundungen. Außerdem verbesserte er sich in den verschiedenen Kampftechniken.
Der Unterricht beschränkte sich darauf, den Knappen so weit zu schulen, dass er den Sinn von Schriftstücken erkennen und im Zählrahmen abziehen und zusammenzählen konnte.
Nicht selten endete das Leben eines Knappen tragisch, denn er durfte seinem Herrn im Kampfgetümmel nicht von der Seite weichen. Mit 21 Jahren wurde er in einer feierlichen Zeremonie und nach dem Rittergelübde, der Schwertleite oder dem Ritterschlag, zum Ritter erhoben.

Q „Da nahm Marke seinen Neffen Tristan und legte ihm Schwert und Sporen an. ‚Sieh', sprach er ‚Neffe Tristan, seit nun dein Schwert eingesegnet ist und du zum Ritter geschlagen wurdest, denke an den Ritterruhm und daran, wer du bist. Deine Herkunft und dein Adel stehen dir immer vor Augen; sei demütig und aufrichtig, wahrhaftig und wohlerzogen, den Armen gegenüber sei gut, den Reichen gegenüber stolz. Schmücke deinen Körper und halte ihn in Ehren, achte […] jede Frau. Sei freigiebig und getreu, und das stets aufs Neue. Glaube mir auf meine Ehre, dass Gold und Zobelpelz nicht besser zu Schild und Speer passen als Treue und Freigiebigkeit. […] Nun fahre in die Welt hinaus, Gott gebe dir Glück und Segen zu deinem Rittertum.'"

(Gottfried von Straßburg, Tristan und Isolde, um 1210; eigene Übertragung)

Tjost

Buhurt

Bedeutung der Turniere

Turniere waren Kampfspiele, die wahrscheinlich erstmals im 11. Jahrhundert stattfanden. Hier übten die Ritter den Kampf zu Pferd für den Ernstfall. Die Teilnahme bedeutete eine große Ehre und war mit einem prächtigen Fest verbunden. Besonders junge Ritter hatten hier die Gelegenheit, sich ins rechte Licht zu setzen und Ansehen zu erringen.

Die Kampfspiele

Man unterschied Buhurt und Tjost. Buhurt war ein Massenkampf zwischen zwei gleich großen Heeren. Gekämpft wurde nur mit stumpfen Waffen. Der Tjost hingegen war ein Zweikampf. Er begann stets mit einem Lanzenstechen. Nicht selten wurde beim Tjost mit scharfen Waffen gekämpft. Turniere waren nicht nur harmlose Waffenspiele. So starben 1240 bei einem Turnier in Köln 40 Ritter und Knappen. Dem Sieger eines Turnieres winkten hohe Preise und große Ehre.

?

1. Die Ausbildung zum Ritter dauerte lange. Was erfährst du darüber?
2. Ein junger Edelmann musste vieles lernen: Kampftechniken und Benehmen. Welche Informationen werden im Text gegeben?
3. Du bist ein Knappe: Schreibe einen Brief an deine Eltern.
4. Welche Eigenschaften musste ein Ritter haben?
5. Welchen Eindruck machen die Bilder auf dich?
6. Teilnehmer und Zuschauer freuten sich auf Turniere. Suche Gründe dafür.

Die Rolle der adligen Frau

Mädchen wurden schon im Alter von 11 oder 12 Jahren verheiratet, und nur wenige heirateten aus Liebe. In Adelsschichten wurden die Ehepartner von ihren Eltern oder Vormündern ausgewählt mit dem Ziel, den Besitz einer Familie zu vergrößern. Oft sah die Ehefrau eines Burgherrn ihren Gatten am Hochzeitstag zum ersten Mal.

Aufgaben der Frau

Von Frauen wurde vor allem erwartet, dass sie ein vornehmes Verhalten und Verständnis für Kunst vorweisen konnten, damit sie den Herrn und die höfische Gesellschaft erfreuen konnten.
Ein Burgherr war manchmal monatelang weg, um Regierungsgeschäfte zu erledigen und Krieg zu führen. In Abwesenheit des Burgherrn übernahm die Herrin dann auch Verwal-

Ein „Aufzug“ in einer Burg mit einem Minnesänger

Schachspiel

tungsaufgaben. Außerdem war sie zuständig für die Überwachung und Organisation des Haushalts. Sie kontrollierte, was an Vorräten von den Bauern einging. Sie ordnete an, was täglich auf den Tisch kam. Außerdem war sie für die Krankenpflege zuständig.
Reichere Edelfrauen konnten sich mit Anweisungen an ihre Dienstmägde begnügen und fanden genügend Zeit für Unterhaltung, Gebet und Handarbeiten. Ärmere Burgherrinnen mussten im Haushalt und auch auf dem Feld kräftig mitarbeiten.
Der Alltag gestaltete sich meist wenig abwechslungsreich für die Burgherrin und so waren Gäste oft sehr willkommen.

Ausbildung der Mädchen

Die Erziehung der Töchter war die Aufgabe der Burgherrin. Wenn die Tochter einer Burgherrin heiratete, sollte sie in der Lage sein, einen Burghaushalt zu führen. Außerdem gehörten zu

Eine Rittersfrau unterweist ihre Tochter.

ihrer Ausbildung Reiten, Falkenjagd, Tanz, Gesang und Dichtung. Mädchen waren meist gebildeter als Jungen, denn sie erhielten Grundlagen im Lesen, in Grammatik und Umgangsformen. Außerdem wurden sie im Sticken, Spinnen und Nähen unterrichtet.
Obwohl die Welt der Ritter eine Männerwelt war, gab es auch ungewöhnliche und gelehrte Frauen.
Im Mittelalter wurden nur wenige Theaterstücke geschrieben. Die bekannteste Stückeschreiberin war Roswitha von Gandersheim, eine deutsche

?

1. Frauen früher und heute. Diskutiert in der Klasse.
2. Mädchen waren gebildeter als Jungen. Suche Gründe für die Behauptung.
3. Frauenalltag auf einer Burg: Welche Informationen erhältst du?

Nonne. Im 13. Jahrhundert konnten einige Frauen der Oberschicht lesen und schreiben, zumeist in Latein und Französisch. Christine de Pisan z. B. verdiente sich nach dem Tod ihres Mannes ihren Unterhalt mit der Schriftstellerei. Sie schrieb mehrere Bücher, in denen sie für die Rechte der Frauen eintrat.

Verehrung der Frau

Bis ins beginnende 12. Jahrhundert hinein wurden bei Festen in den Burgsälen hauptsächlich Heldengeschichten vorgetragen. In diesen Liedern beschränkte sich die Rolle der Frau auf die Bewunderung des Mannes. Im Laufe der Zeit entstand eine Dichtung, die der Liebe viel mehr Platz einräumte. Die Ehe war damals keine Sache von Gefühlen und die Ritter brachten ihren Frauen wenig Achtung entgegen. Daneben gab es die höfische Liebe des Ritters zu einer adeligen, meist verheirateten Frau, die so genannte Minne. Dies war die leidenschaftliche Verehrung für eine vornehme Frau, die für immer unerreichbar blieb. Alle guten und heldenhaften Taten vollbrachte der Ritter nur für seine Angebetete. Diese Verehrung brachten die höfischen Ritter in Liedern zum Ausdruck, in denen ein ideales, unerreichbares Frauenbild besungen wird.
Der Lohn für diese Ritter, die Minnesänger genannt wurden, war die Aufmerksamkeit, die Bewunderung und Zuneigung der Frau.

Q Saget mir ieman, was ist Minne
„Wenn ich es richtig erraten kann, was Minne ist,/ dann ruft ‚JA'! Minne ist zweier Herzen Freude./Tragen sie zu gleichen Teilen, dann ist die Minne da;/trifft dies aber nicht zu, dann kann ein einzelnes Herz sie nicht aufnehmen./Ach, Herrin mein, möchtest du mir doch helfen!
Herrin, allein trage ich an dieser Last zu schwer./Willst du mir helfen, dann hilf beizeiten./Bin ich dir aber völlig gleichgültig, dann sage es offen heraus:/Dann gebe ich den Kampf auf und bin fortan ein freier Mann./ Eins aber sollst du wissen, Herrin, dass niemand schönere Lieder auf dich singen kann."
(Walther von der Vogelweide, um 1200)

Miniaturen aus der Manessischen Liederhandschrift

ICH HABE SCHON EINIGES ERFAHREN. DESHALB KANN ICH VERMUTEN, DASS ...

1. ... in der Burg viele Menschen lebten.
   Begründung ...
2. ... das Leben auf einer Burg nicht bequem war.
   Begründung ...
3. ... zur Belagerung einer Burg besondere Waffen verwendet wurden.
   Begründung ...
4. ... die Knappen viel lernen mussten.
   Begründung ...
5. ... Turniere eine große Bedeutung hatten.
   Begründung ...
6. ... die adlige Frau eine besondere Stellung hatte.
   Begründung ...

?

1. Betrachte die Bilder. Du kannst verschiedene Situationen erkennen.
2. Schreibe einen kleinen Lexikonartikel zum Begriff „Minne".

Ausblicke, Einblicke ...

Die Suche eines Ritters nach Vollkommenheit und Glück

Der mutige Parzival wird nach vielen Abenteuern schließlich König auf der Gralsburg.

Seine Karriere war die eines Ritters, der keine Furcht kennt, der aber erst Mitgefühl lernen muss, um wirklich zu siegen: Parzival. Schon vor rund 800 Jahren verarbeitete Wolfram von Eschenbach Parzivals Heldengeschichte in mittelhochdeutscher Sprache zu einem höfischen Ritterroman. Damals gab es noch keine gedruckten Bücher; hätte es damals schon Bestseller gegeben, wäre der Roman „Parzival" sicher einer gewesen. Bücher waren ein von Hand geschriebener, kostbarer Schatz – aus ihnen wurde bei Hof vorgelesen.

Zunächst wird in dem kompliziert angelegten Roman die legendäre und sagenumwobene festliche Gemeinschaft der Artusrunde vorgestellt. In den Kreis um König Artus wurden nur auserwählte Ritter mit besonderen Rittertugenden wie Ehre, Treue und Tapferkeit aufgenommen. Die Ritter trafen sich regelmäßig an einem großen runden Tisch, daher stammt auch der Name der Artusrunde. Aufgrund seines Mutes wird Parzival schon als Kind in die Tafelrunde aufgenommen, doch bevor er ein richtiger Ritter werden kann, muss er wie alle anderen auch erst eine Ausbildung machen. Als Ritter sucht Parzival schließlich nach dem heiligen Gral. Der Gral ist laut Überlieferung das Gefäß, aus dem Christus beim letzten Abendmahl zusammen mit seinen Jüngern trank und in dem sein Blut während seiner Kreuzigung aufgefangen wurde, also ein ganz besonders heiliges Gefäß. Aufbewahrt wird der Gral in der Gralsburg. Den Weg zur Gralsburg, dem Ort irdischer Vollkommenheit und höchsten Ritterruhmes, findet niemand aus eigenem Antrieb. Parzival kommt – nicht ganz „zufällig" – dort hin. Jetzt hätte er die Möglichkeit, den kranken König und Burgherrn voller Mitleid zu fragen, wie er ihm helfen könne, doch Parzival bleibt stumm. Als er in die Artusrunde zurückgekehrt ist, kommt eine empörte Botin aus der Gralsburg und beschimpft Parzival wegen der unterlassenen Frage. Er fühlt sich als Versager, verlässt die Tafelrunde und irrt jahrelang ruhelos von Land zu Land. Er fühlt sich von Gott verstoßen, erlebt „zwîfel", besteht viele Abenteuer und kehrt schließlich nach einem langen Gespräch mit einem frommen Einsiedler wieder zurück an Artus' Hof. Dort erscheint wieder die Gralsbotin, diesmal verkündet sie ihm, dass die Zeit seiner Prüfungen vorbei und er zum Gralskönig auserkoren sei. Und endlich findet er sein Glück: Auf der Gralsburg angelangt, stellt Parzival endlich die Schlüsselfrage, er fragt seinen von einer unheilbaren Krankheit schwer gezeichneten Onkel: „Sag mir, lieber Oheim, wie kann ich dir helfen?" Der König ist endlich von seinem Leiden erlöst, er überreicht seinem Neffen die Krone und kann in Frieden sterben. Parzival regiert anschließend viele Jahre in frommer Demut und weiser Ritterschaft das Land, an seiner Seite lebt seine schöne Frau.

Parzival auf der Gralsburg

Wolfram von Eschenbach wurde um 1170 geboren, er gehört zu den nachdenklichsten und ideenreichsten Dichtern des staufischen Zeitalters. Geprägt ist sein Werk von geistiger Weite, Ursprünglichkeit, Gottesglauben und hoher, idealisierter Ritterlichkeit. In seinen Werken lebt die Zeit von einst bis heute fort.

Überblick ...

Burgen

Burgen boten Schutz und Zuflucht vor Überfällen und Angriffen. Erste Burgen vor mehr als 1000 Jahren waren aus Holz (Motten). Später entstanden Turmburgen aus Stein, sie waren stabiler und leichter zu verteidigen. Am Bau konnte man Reichtum und Macht des Burgherrn erkennen; so gab es sehr einfache Burgen, aber auch mächtige, großräumige und mehrfach befestigte Burganlagen. Je nach Bauplatz konnte man die Möglichkeiten der Natur nutzen: Burgen wurden immer an schwer einnehmbaren Stellen errichtet, auf Bergen oder umgeben von Wasser.

Aufbau einer Burg

Burgen wurden zum Schutz ihrer Bewohner mit Mauern umgeben; Wach- und Mauertürme und eine Zugbrücke erhöhten die Chancen im Fall eines Angriffes. Das Frauengemach, die Kemenate, war oft der einzige beheizbare Raum der Burg. In manchen Burgen gab es auch einen mächtigen Kamin im Rittersaal. Burgverlies, Wirtschaftsräume, gelegentlich Ställe, Burghöfe und eine Kapelle gehörten zur Burg. Weithin sichtbar war der Bergfried (großer Turm). Auf ihn konnten sich die Bewohner als letzte Zufluchtsstätte zurückziehen. Oft findet man das Wappen des Burgherrn in Stein gehauen an einer gut sichtbaren Stelle.

Verteidigung und Angriff

Trotz ihres uneinnehmbar erscheinenden Charakters wurden Burgen oft angegriffen und auch eingenommen. Hier entschied die Taktik über Sieg und Niederlage. Bei Angriffen suchte auch die Bevölkerung des umliegenden Landes Schutz auf der Burg. Die Waffen und Techniken der Angreifer waren sehr funktional und darauf ausgerichtet, zu zerstören und zu überrumpeln. Häufig gab es geheime unterirdische Gänge; sie wurden auch nicht selten als letzte Fluchtmöglichkeit genutzt.

Bewohner

Auf der Burg lebten meist der Burgherr und seine Familie. Von dort verwaltete er sein Land. Zahlreiche Bedienstete lebten mit ihm auf der Burg, unter einfachsten Bedingungen. Ritter waren häufig zu Gast, ebenso Gaukler und Spielleute, Witwen, Bettler und Mönche. Die Besatzung der Burg – Soldaten, Wächter, Türmer, Waffenknechte – lebte meist nicht auf der Burg selbst, sie wurde erst im Bedarfsfall herbeigeholt.

Von Rittern und Tugenden

Die Blütezeit des Ritterstandes war vom 12. bis zum 14. Jahrhundert. Ein adliger Junge verließ im Alter von 7 Jahren seine Familie und wurde auf einer anderen Burg Page; dort lernte er die Grundfertigkeiten vom Reiten übers Fechten bis hin zum höfischen Benehmen. Mit 14 Jahren wurde der junge Mann Knappe und begleitete einen Ritter in den Kampf. Sieben Jahre später wurde er feierlich zum Ritter erhoben. Die Tugenden der Ritter waren verpflichtend; zu ihnen gehörten Demut, Treue, Freigiebigkeit, Ehrgefühl und Stolz. Ritter trugen wertvolle Rüstungen.

Turniere

Im Massen- oder Zweikampf übten die Ritter bei Kampfspielen den Kampf zu Pferd für den Ernstfall. Beim Zweikampf wurde mit scharfen Waffen gekämpft, nicht selten wurde ein Ritter tödlich verletzt. Hohe Preise und große Ehre für den Sieger machten die Turniere attraktiv. Wer sich unter dem Helm und der Rüstung verbarg, konnte man am Wappen erkennen.

Die Rolle der Frau

Schon im Alter von 11 oder 12 Jahren wurden Mädchen verheiratet. Ehen wurden von den Eltern arrangiert. Die Ausbildung der Mädchen übernahm ihre Mutter; die Mädchen waren meist gebildeter als ihre Brüder, hatten aber weniger Rechte. Sie mussten schon früh lernen, Verantwortung zu übernehmen.

Minne

Besungen und idealisiert wurden in Minneliedern meist verheiratete, unerreichbare Frauen. Es ging nicht um eine etwaige Erfüllung der Liebe, sondern um ein Frauenideal, das besungen wurde. Lohn waren Aufmerksamkeit und Zuneigung der „frouwe“. Viele Lieder, etwa von Walther von der Vogelweide, sind in verschiedenen Handschriften erhalten geblieben und wichtige Zeugen des höfischen Lebens.

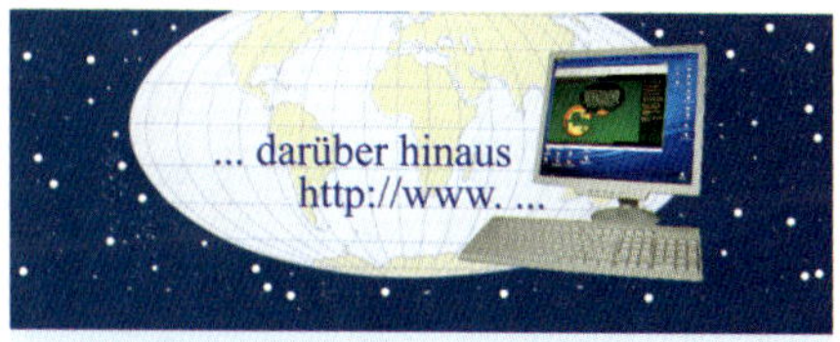

www.neuschwanstein.com
http://home.t-online.de/home/kleinludwigsburg/weltderburgen/downloads/referate/burgen_ritter.pdf
www.schule.at/index.php?url=themen&top_id=172
www.burgenreich.de/burgen.htm
www.welfenburg.de/
www.schultuer.de/HS-KUNDE/MENSCHL/RITTER.HTM
www.e-lisa.at/linkexpress/archiv/2003/030403.asp
www.eckhart.de/index.htm?ritter.htm

Lernzirkel

Station 1: Lernkartei

Fertige diese Karteikarten an und erkläre die Begriffe auf der Rückseite.

- Minne
- Burgtypen
- Die Rolle der Frauen auf der Burg
- Bedeutung von Burgen
- Turnier
- Burgbewohner
- Ritterliche Tugenden
- Ausbildung zum Ritter
- Verteidigung der Burg
- Teile der Burg
- Wappen

Station 2: Ein Lied übersetzen

Du bist min, ich bin din
Des solt du gewis sin
Du bist beslozzen
In minem Herzen; verlorn ist daz slüzzelin
Du muost immer drinne sin

Station 3: Richtig oder falsch

R	F		R	F	
?		– Der Standort von Burgen war unwichtig.	?		– Viele Burgherren lebten in einfachen Verhältnissen und gerieten bei Missernten in Not.
?		– Vorläufer der Burgen hießen Motten.	?		– Burgen waren sehr bequem und komfortabel eingerichtet.
?		– Es gab keine beheizten Räume.	?		– Turniere dienten nur zum Vergnügen.
?		– Burgen dienten auch als Schutz für die umliegende Bevölkerung.	?		– Der Rammbock war eine Waffe.

Station 4: Ablauf eines Turniers

Die Abfolge der Textkärtchen ist falsch. Bringe sie in die richtige Reihenfolge.

a) Aufgabe und Begnadigung eines Kämpfers, friedliches Kampfende.

b) Beginn der Wettkämpfe mit einem Tjost.

c) Schwere Verwundungen eines Ritters bei einem weiteren Tjost.

d) Eintreffen der Zuschauer.

e) Vorstellung der Teilnehmer durch die Herolde.

f) Buh-Rufe und tosender Beifall auf der Zuschauertribüne.

g) Feiern bis zum frühen Morgen.

h) Aufbau des Zeltlagers auf den Feldern.

i) Prüfen der Waffen, Pferde und Wappen durch Kampfrichter.

j) Eintreffen der Teilnehmer mit großem Gefolge.

k) Gegen Abend Ende des Turniers mit Siegerehrung.

l) Der Buhurt mit zwei gleich großen Heerhaufen verwandelt die Wiese in ein Schlachtfeld.

Station 5: Werdegang zum Ritter

Nur wer (1) geboren wurde, konnte ein Ritter werden.

Vier Jahre Dienst als (2) am Hofe eines Ritters waren sozusagen die Lehrzeit.

Ritter wurde man durch den (3) (Schwertleite) eines Herrn.

Nach dem (4) ging man in die Kirche. Während der Messe wurde der (5) in den Ritterstand aufgenommen. Ein Priester segnete sein Schwert, seinen Ritterschmuck und die Sporen.

Höhepunkt und Abschluss bildete ein (6), bei dem der Ritter sein Können zeigen konnte.

Diese Wörter müssen richtig an den Textstellen mit der Zahl eingesetzt werden:
Ritterschlag, Page und Knappe, Turnier, adlig, Ritterschlag, Knappe

In der Stadt: Städtisches Leben im Mittelalter

Städte entstehen

Städte gab es schon im Altertum bei den Ägyptern, Griechen und Römern. Bei uns in Deutschland bauten die Römer die ersten Städte. Nachdem das Römische Reich zu Ende gegangen war, zerfielen die Städte, weil die Germanen es vorzogen, in kleinen Dörfern und verstreut liegenden Siedlungen zu leben. Seit dem 11. Jahrhundert wuchsen kleine rasch zu größeren Ortschaften und dann zu Städten zusammen.

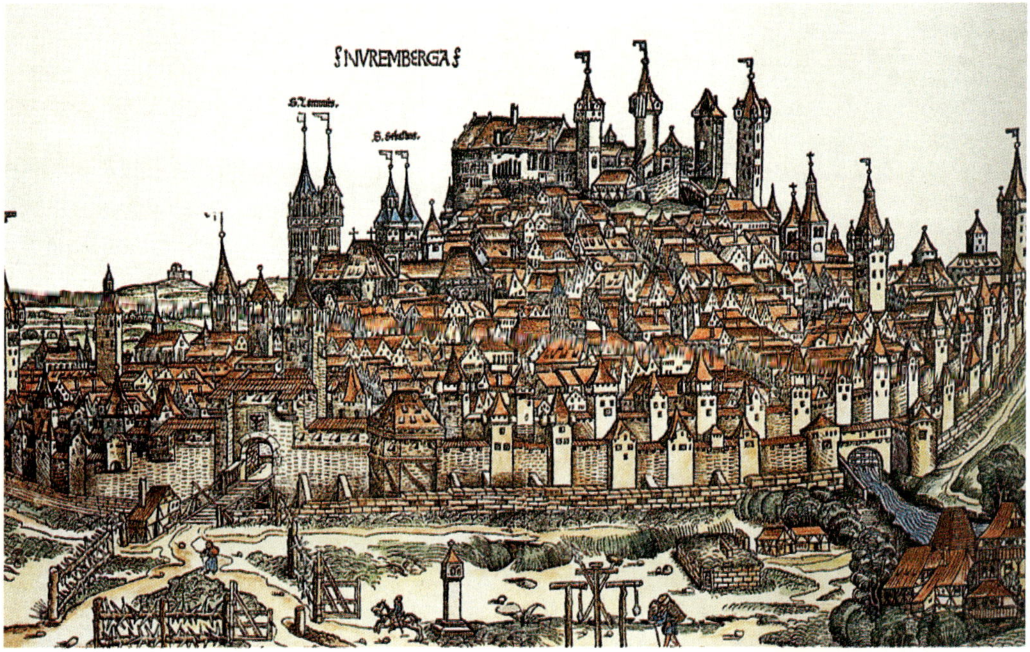

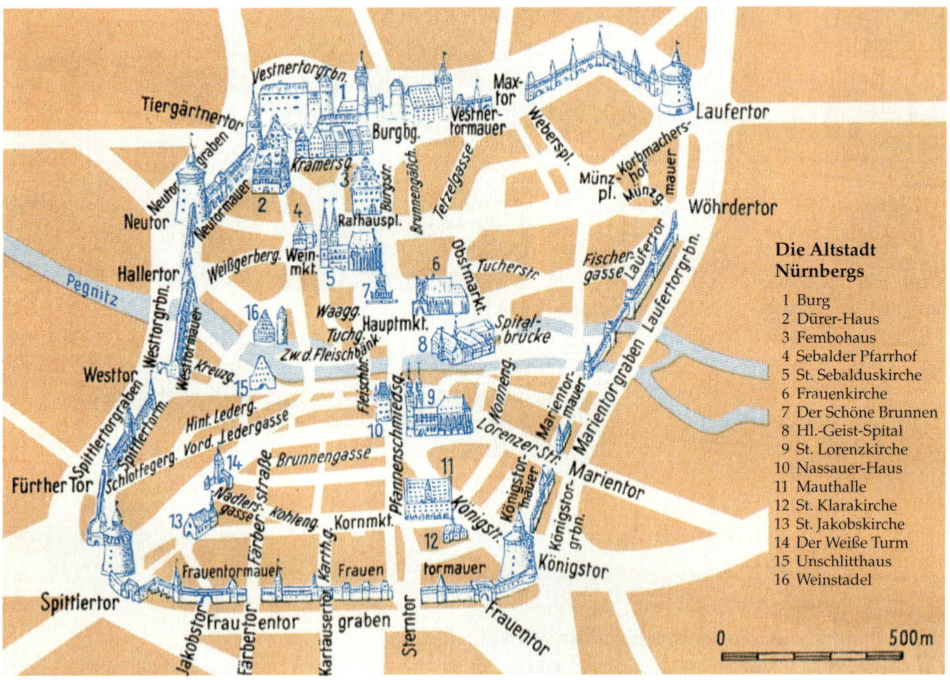

?

1. Die Bilder zeigen eine Ansicht der Stadt Nürnberg aus dem Mittelalter und einen Stadtplan. Du kannst Merkmale einer mittelalterlichen Stadt erkennen, die aber auch in heutigen Städten noch zu finden sind.
2. Begib dich auf eine Entdeckungsreise in Nürnberg. Bei deinem Stadtrundgang stellst du wichtige Gebäude vor. Achte auch auf die Straßen- und Gassennamen.
   So kannst du beginnen:
   Von der Burg hat man eine gute Übersicht über die Stadt und die engen Gassen. Wenn du der Burgstraße folgst, gelangst du zum Rathausplatz …

Städtegründungen

Außerdem wurden nun Städte planmäßig gegründet. Die Auswahl des Standortes wurde dabei genau berücksichtigt.

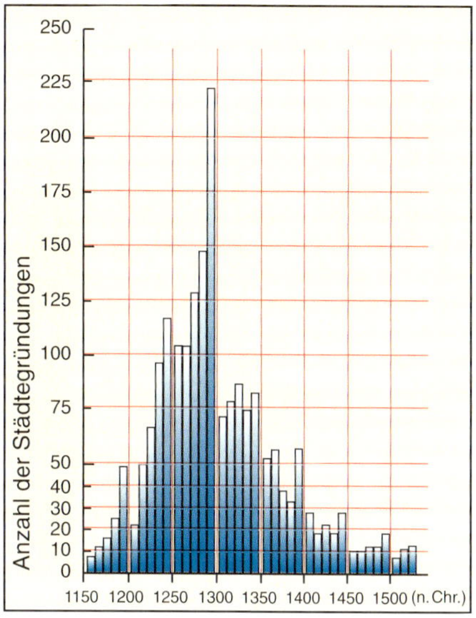

Eine der ältesten Stadtgründungen reicht in das Jahr 1120 zurück, als durch Herzog Konrad von Zähringen die Stadt Freiburg entstand:

Q „Allen lebenden und zukünftigen Geschlechtern sei bekannt, dass ich, Konrad, auf meinem eigenen Besitz Freiburg einen Markt errichtet habe im Jahre des Herrn 1120. Nachdem ich Kaufherren der Umgebung zusammengerufen habe, habe ich beschlossen, diesen Markt zu gründen [...] Jedem Kaufmann habe ich ein Grundstück zum Bau eines eigenen Hauses gegeben und bestimmt, dass von jedem dieser Hausgrundstücke jährlich am St.-Martins-Tag mir und meinen Nachfolgern ein Schilling Zins gezahlt werden soll ... Es sei bekannt, was ich nach den Wünschen und Bitten der Kaufleute festgelegt habe:

(1) Ich verspreche allen jenen, die zu meinem Markt kommen, Frieden und Schutz. Wenn einer in diesem Bereich beraubt worden ist und er nennt den Räuber, soll er den Schaden ersetzt bekommen.
(2) Wenn einer meiner Bürger stirbt, soll seine Frau mit seinen Kindern alles besitzen ohne jeden Einspruch, was er hinterlassen hat.
(3) Allen Kaufleuten der Stadt erlasse ich den Zoll.
(4) Meinen Bürgern will ich keinen anderen Vogt (Verwalter) oder Priester geben außer den, den sie selbst gewählt haben.
(5) Wenn ein Streit unter den Bürgern entsteht, soll nicht von mir und meinen Richtern darüber entschieden werden, sondern nach Gewohnheit und Recht aller Kaufleute.
(6) Jeder, der in diese Stadt kommt, kann sich frei niederlassen, wenn er nicht der Leibeigene irgendeines Herrn ist und diesen auch anerkennt als seinen Herrn. Der Herr aber kann seinen Leibeigenen in der Stadt wohnen lassen oder aus der Stadt wegholen lassen, wie er will. Wenn aber ein Leibeigener seinen Herrn verleugnet, kann der Herr mit sieben Zeugen beweisen, dass der Leibeigene ihm gehört. [...]
Wer aber über Jahr und Tag in der Stadt gewohnt hat, ohne dass irgendein Herr ihn als Leibeigenen gefordert hat, der genießt von da an sicher die Freiheit."

(Zit. nach: H. de Buhr, Sozialgefüge und Wirtschaft des Mittelalters am Beispiel der Stadt, (Hirschgraben) Frankfurt/M. 1973, S. 17)

?

1. Mithilfe der Bilder kannst du erklären, warum gerade an diesen Plätzen Städte gegründet wurden.
2. Werte das Säulendiagramm aus: Wozu sagt es etwas aus? Welche Schlussfolgerungen kann man ziehen?
3. Für wen haben solche Stadtgründungen Vorteile und warum?
4. Was unterscheidet einen Stadtbürger von einem Dorfbewohner?

Der Markt – Handelszentrum in der Stadt

Marktplatz und Stadtmauer waren die Merkmale, welche die Stadt von den ländlichen Siedlungen unterschieden. Der Marktplatz war der Mittelpunkt der mittelalterlichen Städte. Am Marktplatz standen das Rathaus, meist eine prächtige Kirche, die Häuser der reichen Kaufleute und Handwerker, aber auch weitere offizielle Gebäude wie Gericht, Münze, Zollamt und Waage. Hier befand sich auch der Stadtbrunnen.

Die Stadtbewohner verfügten über Vorrechte und Freiheiten, die den Landbewohnern unbekannt waren. Das Stadtrecht beinhaltete das Recht, einen Markt abzuhalten, und nur hier durfte Handel getrieben werden; so blühten in der Stadt Handel und Gewerbe.

Auf den Märkten verkauften Kaufleute, Fernhändler und Handwerker ihre Waren. Die Bauern aus dem Umland boten ihre Erzeugnisse an. Neben dem Hauptmarkt entstanden Spezialmärkte wie der Kornmarkt, der Viehmarkt oder der Wachsmarkt.

Wichtig war, dass der Preis auch dem Warenwert angemessen war und dass keine Betrügerei stattfinden sollte.

An Markttagen wurde eine rote Fahne am Rathaus hochgezogen.

Markt in einer mittelalterlichen Stadt

Marktplatz in Freiburg

?

1. Betrachte die Rekonstruktionszeichnung (auf Grundlage von Quellen und Funden entstandene Zeichnung) und schreibe auf, welchen Gesamteindruck das Marktgeschehen auf dich macht.
2. Überlege, was zu einem geordneten Marktablauf gehört. Ihr könnt in Gruppen arbeiten und eine Mindmap dazu anlegen.

Marktordnung

Damit an Markttagen ein reibungsloser Ablauf gesichert war, erließ die Stadt eine Marktordnung. Die Verordnung sollte dafür sorgen, dass der Markttag friedlich verlief. Eine Marktpolizei mit einem Marktvogt als Oberaufseher war für die Einhaltung der Marktregeln zuständig. Gewicht und Qualität der Erzeugnisse wurde festgelegt, die Aufsicht über den Fisch-, Fleisch- und Bierhandel eingeführt. Verstöße gegen die Marktordnung wurden streng bestraft.

Wie streng eine solche Marktordnung war, könnt ihr an derjenigen des Herzogs Heinrich I. von Niederbayern für Landshut 1256 erkennen:

Bestrafung eines betrügerischen Bäckers

Q „(1) Wir verbieten, Schwerter und Dolche innerhalb der Stadt zu tragen.
(2) Wucherer, Vorkäufer und Preisabredungen verbieten Wir bei einer Strafe von 5 Pfund und erklären sie überdies für rechtlos.
(3) Wir ordnen an, dass 2,5 Pfund Rindfleisch für 1 Pfennig verkauft werden, ebenso Hammelfleisch oder 3 Pfund Ziegenfleisch. Die es anders halten, sollen der Stadt 6 Schilling und dem Richter 60 Pfennig zahlen.
(4) Wir ordnen bezüglich derjenigen, die Waren in die Stadt bringen, an, dass außerhalb des öffentlichen Marktes kein Kauf stattfinden darf. Wer gegen diese Gebote verstößt, soll der Stadt 6 Schillinge und dem Richter 60 Pfennig geben. Hat er kein Geld, wird ihm die Hand abgeschlagen.
(5) Wir ordnen an, dass zwei gute und mittelgroße Würste für 1 Pfennig abgegeben werden sollen; sie dürfen nur aus reinem Schweinefleisch sein. Von krankem Fleisch dürfen keine gemacht werden. Wer dagegen verstößt, soll 1 Pfund zahlen und für die Dauer eines Jahres vom Handwerk ausgeschlossen werden.
(6) […] und minderwertiges Fleisch darf nur 7 Fuß vom Fleischmarkt entfernt verkauft werden, desgleichen das Fleisch für die Juden. Wer das übertritt, soll 5 Pfund zahlen und ein Jahr lang dem Fleischmarkt fern bleiben.
(7) Wir bestimmen, dass zwei Brote jeder Art, wohl geknetet, gesalzen und gesiebt, für 1 Pfennig verkauft werden sollen. Gerste darf nicht mit Semmelroggen vermischt werden. Brezeln dürfen nur aus Weizenmehl gemacht werden. Wer das dreimal übertritt, soll 1 Pfennig zahlen und für ein Jahr von seinem Handwerk ausgeschlossen werden.
(8) Wir bestimmen, dass die Bürger einen Eimer italienischen Wein (ca. 60 Liter) für 5 Schillinge ausschenken, die mittlere Sorte für 55 Pfennige. Einen Eimer Bier sollen sie für 18 Pfennige öffentlich verzapfen. Wer selbst braut, soll den Eimer für 15 Pfennige abgeben.
(9) Lotterbuben jeder Art, fahrende Schüler mit langen Haaren lassen Wir in der Stadt nicht zu."

(Zit. nach: Quelle zur Wirtschafts- und Sozialgeschichte mittel- und oberdeutscher Städte im Spätmittelalter, hg. von Gisela Möncke, (Wissenschaftliche Buchgesellschaft) Darmstadt 1982, S. 49f.)

Wie drastisch die Strafen waren, sieht man an der Bestrafung von Bäckern, dem so genannten „Schupfen". Der schuldige Bäcker wurde in einen Korb gesetzt, der an einer Hebelstange befestigt war, und in Wasser untergetaucht.

?

1. Suche drei Vorschriften aus der Marktordnung heraus und stelle sie in eigenen Worten deinen Mitschülern vor.
2. Beurteile die städtische Marktordnung.

Die Menschen – Stadtgesellschaft im Mittelalter

Achte beim Betrachten der Bilder auf die Details und schau dir auch die Gesichter der Menschen an!

?

1. Ordne den Bildern die passende Unterschrift zu: Bettler, Glockengießer, Patrizierfamilie, Bärenführer, Tagelöhner, Magd und Knecht, jüdischer Arzt.
2. Wie unterschieden sich die Menschen durch Kleidung, Wohnung, Tätigkeit, Arbeitsplatz und finanzielle Verhältnisse voneinander?

Stadtluft macht frei – nicht gleich

Die Menschen in der Stadt waren persönlich frei. Diese Aussicht war sehr verlockend, denn auf dem Land unterstanden sie einem Grundherrn, waren Hörige, Unfreie. Wenn sie ihrem Grundherrn entfliehen konnten und es ihm nicht gelang, sie zurückzufordern, dann erlangten sie nach „Jahr und Tag“ ihre persönliche Freiheit und konnten sich dauerhaft in der Stadt niederlassen.

In der Stadt waren aber auch nicht alle Menschen gleich. Beruf, Recht und Vermögensverhältnisse ließen eine soziale Schichtung entstehen.

Die wohlhabenden Patrizier stammten meist aus reichen Kaufmannsfamilien, die durch den Fernhandel reich geworden waren. Auch die Beamten des Stadtherrn zählten dazu, ebenso der reiche Landadel, der in die Städte zog. Der Oberschicht gehörten nicht einmal zehn Prozent der Bevölkerung an.

Nur gelegentlich wurden reiche Bürger in die Oberschicht aufgenommen. Die Kinder sollten innerhalb der eigenen Schicht heiraten.

Die Mittelschicht bestand überwiegend aus Handwerkern, Händlern und Ackerbürgern sowie einfachen Beamten. Die Handwerker stellten in der Stadt die größte Bevölkerungsgruppe dar.

In der Stadt lebten auch viele Bedienstete, die als Knechte und Mägde, auch als Tagelöhner arbeiteten. Zur Unterschicht gehörten Menschen mit unehrlichen Berufen. Zu ihnen zählten der Scharfrichter, der Henker, der Totengräber, aber auch Musikanten und Schauspieler. Die Menschen der Unterschicht waren häufig auf die milden Gaben der Bürger angewiesen.

Die Unterschicht besaß keine Bürgerrechte, denn diese waren mit Grundbesitz und der Zahlung von Steuern verbunden. Meistens bezahlten weniger als zwanzig Prozent der Einwohner Steuern. Nur wer das Bürgerrecht besaß, durfte sich Bürger nennen und an der Wahl des Bürgermeisters und der Mitglieder des Stadtrates teilnehmen.

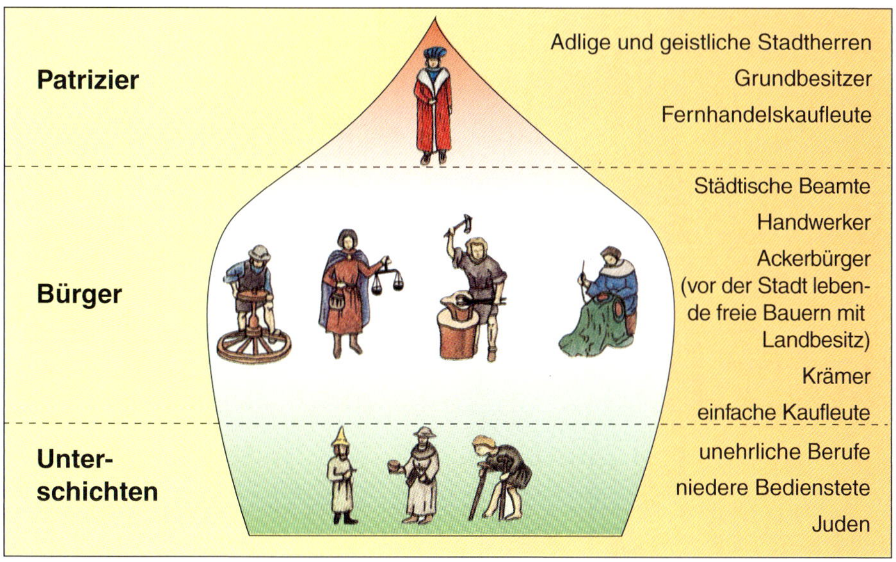

Soziale Gliederung der Stadtbevölkerung im Mittelalter

ICH HABE SCHON EINIGES ERFAHREN. DESHALB KANN ICH VERMUTEN, DASS …

1. … es egal war, wo man Städte gründete.
   - Stimmt …
   - Stimmt nicht …

   Begründung …
2. … die Stadtgründung dem Stadtherrn Vorteile brachte.
   - Stimmt …
   - Stimmt nicht …

   Begründung …
3. … der Markt eine große Bedeutung hatte.
   - Stimmt …
   - Stimmt nicht …

   Begründung …
4. … jeder auf dem Markt seine Waren anbieten konnte, wie er wollte.
   - Stimmt …
   - Stimmt nicht …

   Begründung …
5. … nicht jeder ein Bürger in der Stadt werden konnte.
   - Stimmt …
   - Stimmt nicht …

   Begründung …
6. … die Stadtbevölkerung große Unterschiede zur Landbevölkerung aufwies.
   - Stimmt …
   - Stimmt nicht …

   Begründung …

Juden – eine ausgegrenzte Minderheit

Ansiedlung der Juden

Schon zu Zeiten der Römer gab es jüdische Siedlungen in Deutschland. Aber erst aus dem 9. Jahrhundert nach Christus finden wir Nachweise, dass es jüdische Gemeinden in Deutschland gab. Hier sind besonders die Städte Worms, Köln, Mainz, Frankfurt und Speyer zu nennen.

Jüdischer Geldverleiher

Rechte der Juden

Noch im 10. Jahrhundert unterschieden sich die Rechte und Pflichten der Juden kaum von denen der anderen Bevölkerungsschichten.
Im 11. Jahrhundert verschlechterte sich jedoch ihre rechtliche Lage. Aufgrund einer neuen Vorschrift mussten sie andere Kleidung tragen als die übrigen Stadtbewohner. Juden durften außerdem keinen landwirtschaftlichen Besitz und keine Häuser erwerben. Sie durften seit dem 12. Jahrhundert auch kein Handwerk mehr ausüben, da die Zünfte nur Christen aufnahmen. Nachdem sie von den christlichen Kaufleuten auch mehr und mehr aus dem Fernhandel verdrängt wurden, blieb fast nur der Geldverleih gegen Zinsen, um den Lebensunterhalt zu verdienen. Der Papst hatte den Christen untersagt, Geld zu leihen und dafür Zinsen zu nehmen. So wurde die Zinseinnahme für viele Juden lebensnotwendig. Gleichzeitig wurden sie dadurch aber in der Öffentlichkeit unbeliebt. Sie wurden als Wucherer beschimpft, verfolgt und sogar getötet. Seit dem späten Mittelalter mussten Juden immer wieder unter grausamen Verfolgungen leiden. In manchen Städten lebten die Juden in eigenen Stadtvierteln oder Gassen. Das stärkte ihr Zusammengehörigkeitsgefühl.
Meist war der Bildungsstand der Juden höher als der der übrigen Stadtbewohner. Schon früh lernten ihre Kinder schreiben und lesen, um die religiösen Schriften studieren und verstehen zu können. Als Fernhändler kamen sie häufig mit anderen Kulturen in Berührung und eigneten sich auch deren Wissen an. So gab es unter ihnen viele Ärzte und Gelehrte.

Die Speyrer Juden- und Getto-Ordnung (1468) regelte das Leben der Juden so:

Q „In dieser Urkunde befiehlt der Bischof von Speyer den Juden der Stadt, die folgenden Bestimmungen strikt einzuhalten: Grundsätzlich müsse sich ihre Kleidung von der der Christen unterscheiden; ferner seien alle Juden über fünf Jahre verpflichtet, einen gelben Ring, jüdische Frauen zwei blaue Streifen auf ihrem Oberkleid anzubringen. Gesellschaftlichen Umgang mit christlichen Bürgern sollten sie meiden. Keineswegs dürfen sie ihren Geschäften an christlichen Feiertagen nachgehen, auch sollten sie sich in der Karwoche nicht in der Öffentlichkeit zeigen. Mit Nachdruck verweist der Bischof darauf, dass jüdische Bürger nur in entlegenen und deutlich abgesonderten Stadtvierteln wohnen dürfen."

(A. Nachama / G. Sievernich, Jüdische Lebenswelten, Katalog, Berlin 1991, S. 110)

Die Rekonstruktionszeichnung zeigt, wie ein mittelalterlicher Jude gekleidet war.

?

1. Was erfährst du über Ansiedlung, Berufe und Kleidung der Juden?
2. Beschreibe die rechtliche Lage der Juden in den verschiedenen Zeiträumen.
3. Der Jude Nathan schreibt einen Brief an seinen Freund Aaron. Er beginnt:
   „Lieber Aaron, du solltest wissen, wie man hier als Jude lebt. Also manchmal komme ich mir vor wie ein Außenseiter …"
   Schreibe den Brief zu Ende.

Juden werden verfolgt

Im 11. Jahrhundert kam es zu den ersten Judenverfolgungen in den Städten am Rhein. Seitdem mussten Juden immer wieder unter grausamen Verfolgungen ihrer Mitmenschen leiden. Es gab Christen, die behaupteten, die Juden hätten die Luft und das Wasser vergiftet und dadurch die tödliche Pestkrankheit ausgelöst. Juden gab man die Schuld an Naturkatastrophen, Hunger, Krieg und Krankheiten.
In den folgenden Texten könnt ihr typische und allgemein gültige Ansichten der damaligen Zeit finden.
Die Feindseligkeit gegenüber den Juden erreichte einen Höhepunkt, als 1348/49 in Europa die Pest ausbrach.

In einem Bericht aus dem Jahre 1349 über die Judenverfolgung heißt es:

Q „Im Jahre 1349 war das größte Sterben, das je gewesen [...] Wegen der Pest wurden die Juden in der Welt verleumdet und bezichtigt, sie hätten es verursacht, indem sie Gift in Wasser und Brunnen getan [...].
Als nun in Straßburg alles Volk ergrimmt war, versperrte man die Judengasse und setzte bewaffnete Leute davor [...] An diesem Freitag fing man die Juden in Straßburg, und am Samstag verbrannte man sie auf einem hölzernen Gerüst in ihrem Kirchhof. Was man den Juden schuldig war, galt als bezahlt.
[...] Das Geld war auch die Ursache, warum die Juden getötet wurden, wären sie arm und die Landesherren ihnen nichts schuldig gewesen, so hätte man sie nicht verbrannt."

(Zitiert aus: Kleinknecht/Krieger, Die deutsche Stadt im Mittelalter, Oldenbourg, Bd. 3, S. 309f.)

Fulda, 1235

Als in Fulda an Weihnachten 1235 mehrere Kinder bei einem Mühlenbrand ums Leben kommen, werden Juden beschuldigt, die Kinder umgebracht zu haben. Sie sollen aus dem Blut der Kinder einen Heiltrank hergestellt haben. 34 Mitglieder der jüdischen Gemeinde werden sofort hingerichtet. Kaiser Friedrich II. lässt den Fall untersuchen. Ein Jahr später spricht er die Juden von jeder Schuld frei und bezeichnet die Beschuldigung als Aberglauben. Doch auch in der folgenden Zeit kommt es immer wieder zu ähnlichen Beschuldigungen.

Stürmung der Judengasse

Angeblicher Ritualmord von Juden an einem Kind

?

1. Untersuche die Texte und das Bildmaterial:
   a) Welche Beschuldigungen werden gegen die Juden erhoben?
   b) Sind diese Beschuldigungen glaubhafte Gründe für die Verfolgung – oder kannst du andere Gründe feststellen?
2. Juden waren im Mittelalter eine Minderheit. Welche Minderheiten gibt es in unserer heutigen Gesellschaft?

Arbeiten in der Stadt – Handwerker und Zünfte

Die Einwohner der Städte und der umliegenden Dörfer waren auf die Erzeugnisse der verschiedenen Handwerker angewiesen. In jeder Stadt konnte man Bäcker, Metzger, Schmiede, Schneider und Schuster finden. Für alle Berufe brauchte man eine Ausbildung, denn die Spezialisierung des Handwerks schritt schnell voran. Es reichte nicht mehr aus, nur einen Schmied zu haben. Bald gab es Huf-, Kupfer-, Gold- und Waffenschmiede.

Zünfte – Gemeinschaft der Handwerker

Jeder, der einen handwerklichen Beruf ausüben wollte, musste Mitglied einer Zunft sein. Gemeinsam in der Zunft konnten die Handwerker ihre Interessen besser vertreten. Die Zünfte gaben sich eine Zunftordnung, in der sie Regelungen ihres Handwerks festlegten. In Leipzig gab es im 14. Jahrhundert 40 verschiedene Zünfte, ein Jahrhundert später bereits 88.

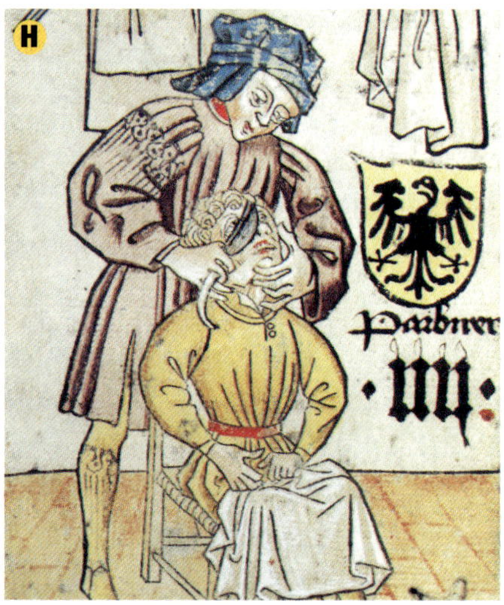

?

1. Auf den Abbildungen kannst du viele Handwerksberufe erkennen und etwas über die jeweilige Arbeit erfahren.
   Beschreibe die Personen, ihre Tätigkeit und die Einrichtung der Werkstatt.
2. Vergleiche mit der Arbeit auf dem Land.
3. Überlege, wie in den heutigen Handwerksbetrieben gearbeitet wird.

Manche Zünfte erlaubten auch Frauen, Mitglied zu werden. Manchmal konnte man sogar reine Frauenzünfte vorfinden.

Zunftordnung der Krämer (Kleinhändler) von Zürich 1330 (Auszug)

Q „In Gottes Namen, Amen. Es sei allen zu wissen, dass wir, die Krämer von Zürich, nach des Bürgermeisters und der Bürger zu Zürich gutem Rat und Geheiß, eine Zunft und Gesellschaft gebildet haben, unserem Handwerk zur Förderung und der Stadt Zürich zum Nutzen und zur Ehre, wie im Folgenden geschrieben steht:
(1) Man soll jährlich zweimal an Johannistagen zur Sonnwende und nach Weihnachten einen Zunftmeister wählen.
(2) Wer in diese Zunft aufgenommen werden will, es sei Mann oder Frau, der soll ein Ehrbarer und aus dem Berufe sein und namentlich keine Zwietracht in die Zunft bringen. Dünkt es dem Zunftmeister und den sechs Beisitzern, dass die Aufnahme erfolgen kann, so hat er der Zunft 25 Pfund zu geben.
(3) Will ein Geselle in diesem Beruf Meister werden, der soll zunächst drei Jahre gelernt und zwei Jahre als Knecht Lohn empfangen haben.
(4) Es soll auch kein Krämer mehr als einen Lehrknecht nehmen bei Strafe. […]
(6) Es darf niemand irgendeine Ware oder Sache auf dem Markt in Zürich verkaufen, der nicht zur Zunft gehört. […]
(9) Wenn ein Fremder in die Stadt kommt, darf er nicht länger als zwei Wochen seine Ware anbieten. […]
(15) Die Witwe eines Zunftgenossen darf so lange das Zunftrecht behalten, wie sie Witwe bleibt. Nimmt sie einen Mann, der nicht zur Zunft gehört, muss der sich vorschriftsmäßig in die Zunft einkaufen. […]
(21) Wenn ein Zunftgenosse stirbt, aber so arm ist, dass er nicht bestattet werden kann, dann soll man ihn dort bestatten, wo er es begehrt.“

(Zit. nach: K. Gatz, Kauffahrer, Krämer und Handelsherren, Hannover 1949, S. 128f., bearbeitet)

Das Amtshaus der Knochenhauer in Hildesheim 1529 (1945 zerstört, heute völlig restauriert)

?

1. Im Quellentext erfährst du etwas über die Aufgaben der Zünfte. Ordne sie nach folgenden Überschriften: wirtschaftliche Aufgaben, gesellschaftliche Aufgaben, soziale Aufgaben, politische Interessen.
2. Was sollen die prachtvollen Zunfthäuser ausdrücken?
3. Überlege, welche Vor- und Nachteile das Zunftwesen hatte.

WIE BEARBEITET MAN TEXTQUELLEN?

Ihr habt schon mit Textquellen gearbeitet. Jede Textquelle lässt sich nach dem gleichen Muster auswerten. Erinnert euch:

1. Satz für Satz lesen.
2. Nachschlagen oder Erfragen unbekannter Wörter.
3. Fragen an den Text genau formulieren, z.B. zu der Quelle auf dieser Seite:
   a) Welche Bedingungen sind an die Aufnahme in eine Zunft geknüpft?
   b) Was wird über den Verkauf von Waren gesagt?
   c) Welche Regelungen sieht die Zunftordnung im Todesfall eines Zunftmitglieds vor?
   d) Welche unterschiedlichen Bereiche werden in der Zunftordnung angesprochen?
   e) Warum wurden Zunftordnungen erlassen?
4. Prüfe jeden Satz daraufhin, ob du etwas zu den gestellten Fragen findest.
5. Ergebnisse sammeln.

Zur Darstellung und Präsentation der Ergebnisse könnt ihr eine Mindmap erstellen. Erinnert euch oder informiert euch darüber nochmals auf S. 163.

Auch das regelt die Zunft

Die Ausbildung im Handwerk dauerte oft drei bis fünf Jahre. Meistens waren die Kinder bei Beginn ihrer Ausbildung 10 bis 12 Jahre alt. Sie lebten im Haus des Meisters zusammen mit dessen Familie, anderen Lehrlingen und Gesellen. Sie bildeten eine Wohn- und Arbeitsgemeinschaft und fanden hier vollen Familienanschluss. Der Lehrling war durch einen Lehrvertrag abgesichert, trotzdem wurde seine Ausbildung oft vernachlässigt. Wenn die Eltern kein Lehrgeld an den Meister zahlen konnten, musste der Lehrling noch ein Jahr länger lernen, d.h. kostenlos für den Meister arbeiten.

Nach Abschluss der Lehre musste der Geselle für etwa drei bis sechs Jahre auf die Wanderschaft gehen. Er kam dadurch viel herum und lernte neue Techniken seines Handwerks in anderen Städten kennen.

Wie ein Lehrlingsleben aussah, kannst du aus den Bestimmungen der Bäckerzunft ersehen. Sie lassen sich auch auf andere Zünfte übertragen.

Q „Zuerst muss der Lehrling acht Reichstaler bezahlen, bevor er in das Lehrlingsverzeichnis der Zunft eingetragen wird. Anschließend wird ihm Folgendes vorgelesen:

(1) Der Lehrling muss seinem Lehrherrn gebührenden Respekt entgegenbringen, wie es sich für einen Lehrling gehört.

(2) Er muss auf Verlangen seinem Herrn, dessen Frau und dem Gesellen die Schuhe putzen.

(3) Außerdem muss er im Haushalt helfen, wenn in der Werkstatt nichts zu tun ist.

(4) Er soll nichts weitererzählen, was sich im Hause seines Lehrherrn ereignet. […]

(6) Er darf an Werk- und Sonntagen das Haus seines Herrn nicht ohne dessen Erlaubnis verlassen. Wenn er diese hat, soll er sie nicht missbrauchen und zur festgesetzten Zeit wieder im Hause sein.

(7) Er soll seinem Lehrherrn nichts entwenden, um es zu vertauschen, zu verschenken oder für sich selbst zu behalten. Außerdem soll er auf die Korn- und Mehlwaage gut aufpassen, wenn er zur Mühle geschickt wird.

(8) Wenn nun ein Lehrjunge seine drei Lehrjahre ehrlich verbracht hat, wie es üblich ist, so soll ihm das Amt (die Bäckerzunft), wenn er seine drei Wanderjahre verbracht hat und sich in der Stadt niederlassen will, um eine Bäckermeisterswitwe oder eines Meisters Tochter zu heiraten, die Aufnahme in die Zunft gegen die Bezahlung der festgesetzten Dienstgelder gewähren."

(Sprachlich modernisiert nach: Stadtarchiv Herford, Akte B 985, S. 133)

?

1. Was muss ein Lehrling tun? Was darf er nicht? Welche Rechte hat er?
2. Lehrlingsausbildung früher und heute – vergleiche.

Werkstatt mit Verkaufsraum

Zünfte und ihre Zeichen

Zu jeder Zunft gehörte ein Zeichen, an dem man erkennen konnte, welches Handwerk sie vertrat. Vor jeder Werkstatt hing ein Zunftzeichen.

A

B

C

D

E

F

G

H

I

J

K

L

Ordne die Berufe den Wappen zu:
(1) Müller, (2) Sattler, (3) Bierbrauer, (4) Metzger, (5) Fischer, (6) Schuhmacher, (7) Bäcker, (8) Hutmacher, (9) Barbier, (10) Schneider, (11) Weber, (12) Gerber

Frauen in der Männerwelt der mittelalterlichen Stadt

Das Leben der Frauen war geprägt durch die Stände. Frauen reicher Bürger, Handwerkerfrauen, einfache Mägde oder Frauen aus der Unterschicht besaßen längst nicht alle die gleichen Rechte.

Hafnerin an der Töpferscheibe

Recht und Politik

Die Frauen unterstanden der Rechtsgewalt des Mannes. Sie waren vom Vater oder Ehemann abhängig. Vor Gericht wurden sie von ihnen vertreten.
Der Mann besaß sogar das Recht, die Frau zu züchtigen. Die Frau war von sämtlichen politischen Ämtern ausgeschlossen. Sie konnte nicht im Rat der Stadt, in der Verwaltung oder im Gericht tätig sein.

Ehe und Familie

Anders als heute gab es im Mittelalter bei Paaren vor der Ehe in der Regel kaum persönliche Beziehungen. Obwohl das Kirchenrecht die freie Einwilligung beider Partner als Voraussetzung für eine gültige Ehe ansah, wurden viele Verbindungen von den Eltern des Paares arrangiert. Das Frankfurter Gesetz von 1611 über Eheberedungen, Heiratsbriefe und Eheleute legte das Verfahren bei der Eheschließung und die Vermögensrechte in der Ehe fest. Da bei der Eheschließung oft finanzielle Aspekte im Vordergrund standen, feilschten die Eltern lange um die Höhe der Mitgift, falls eine solche vorhanden war. Im Ehevertrag konnten Handwerkertöchter, die das einzige Kind waren, verpflichtet werden, den Altgesellen zu heiraten, um so im elterlichen Betrieb zu bleiben.

Man heiratete innerhalb des eigenen Standes. Wegen der hohen Sterblichkeit waren mehrere Eheschließungen üblich.
Mädchen wurden meist im Alter von 12 bis 14 Jahren verheiratet.

Arbeitswelt

Die beruflichen Möglichkeiten änderten sich von Stadt zu Stadt. Frauen aus der Unterschicht verdienten ihren Lebensunterhalt meist als schlecht bezahlte Mägde oder auch als Prostituierte.
In Köln gab es reine Frauenzünfte, z.B. die Zunft der Seidenweberinnen. Der Textilhandel war fest in den Händen von Frauen. Hier gab es selbstständige Meisterinnen. In anderen Handwerksbereichen leiteten sie nach dem Tod ihres Mannes die Werkstätte weiter. So gab es Meisterinnen bei Sattlern, Fassbindern und sogar im Schmiedehandwerk. Sie galten als vollwertiges Mitglied und übernahmen auch Aufgaben innerhalb der Zünfte. In der Basler Bauleutezunftordnung heißt es: „In dieser Zunft gelten die Frauen so viel wie die Männer."

Tabelle 1: Gewerbe mit erwerbstätigen Frauen in Hamburg, 1340–1400

Gewerbe	Zahl der Gewerbetreibenden	davon Frauen
Gänsehöker	38	35
Grützmacher	9	1
Schlachter	171	1
Schuhmacher	93	1
Wandbereiter	15	1
Wollweber:		
– allgemein	2	1
– schmales Tuch	12	12
Leineweber:		
– allgemein	8	7
– breites Werk	14	6
– schmales Werk	17	11
Apotheker	11	1
	= 390	= 77

?

1. Was wurde von den Frauen erwartet? Was durften sie, was durften sie nicht?
2. Eine Frau erzählt von ihrem Leben in der mittelalterlichen Stadt. Was würde sie berichten?

Frauen beim Spinnen (15. Jahrhundert)

UMGANG MIT TABELLEN UND STATISTIKEN

1. Beschreibung:
Zunächst müssen die inhaltlichen Merkmale erfasst werden. Ihr solltet euch Klarheit darüber verschaffen, welche Fragen die Tabelle überhaupt beantworten will, für welche Zeit und für welchen Zeitraum die Angaben gelten. Auskünfte geben die Überschriften und Legenden. Tabelle 1 gibt Auskunft darüber, wie viele gewerbetreibende Frauen es in der Zeit von 1340–1400 in der Stadt Hamburg gab und in welchen Bereichen sie tätig waren. Es lässt sich ein Vergleich zu den erwerbstätigen Männern herstellen.
Tabelle 2 …

2. Auswertung:
a) Wie stellt sich die Gesamtentwicklung dar? Die bisherigen Ergebnisse werden im Zusammenhang beschrieben und bewertet.
Tabelle 1: Über den gesamten Zeitraum gab es mehr erwerbstätige Männer (390), jedoch schwankend in den einzelnen Berufsbereichen.
Tabelle 2 …
b) Wie lässt sich die Entwicklung erklären? Warum waren die Frauen bei den Gänsehökern und bei den Wollwebern zahlenmäßig gleich vertreten? Warum in anderen Bereichen so unterschiedlich?
Tabelle 2 …

3. Kernaussage zusammenfassen.

Amtsbrief der Kölner Garnmacherinnen vom 14.4.1397

Q „§ 1 Zum Ersten, welche Person oder Magd das Garnamt in Köln lernen will, die soll vier Jahre dienen […], damit sie lerne, Kaufmannsgut zu machen und zu bereiten. Und sie soll in den vier Jahren nicht mehr als zwei Frauen dienen. […] Und sie soll sogleich dem Amt sechs Schilling für ihren Eintritt geben.
§ 2 […] Welche Frau oder Tochter ein Lehrmädchen gedingt hat, wie es vorgeschrieben ist, die soll es dem Amt innerhalb von acht Tagen mitteilen und den Namen des Mädchens einschreiben lassen, damit man allezeit klar weiß, dass das Mädchen ihre Zeit gedient hat, wenn es sich später niederlassen will, um ihr Amt selbstständig auszuüben.
§ 3 Weiterhin, wenn eine Person ihre vier Jahre gedient hat und sich […] niederlassen will, um selbstständig zu arbeiten, so sollen die Frauen, die darauf vereidigt worden sind, ihre Arbeit prüfen, ob es Kaufmannsgut ist oder nicht. Ist es dann solche Arbeit, dass man den Kaufmann damit beliefern kann, so darf sie ihr Amt betreiben und gibt sofort zwei Gulden, bevor sie das Amt beginnt und sich damit niederlässt. Und wenn eine im Amt geboren ist, so soll sie nur die Hälfte zahlen.
§ 5 Und welchem Mann seine Frau stirbt, der Mann darf das Amt mit seinem Gesinde weiter ausüben."

(Zit. nach: P. Ketsch, Frauen im Mittelalter, Nr. 200, S. 177f.)

Tabelle 2: Beschäftigte auf Würzburger Baustellen zwischen 1428 und 1524 und ihr täglicher Durchschnittslohn

Zeit	Arbeiterinnen	Lohn	Arbeiter	Lohn
1428–1449	323	je 7,7 Pf.	13	je 11,6 Pf.
1450–1474	1472	je 9,0 Pf.	381	je 12,6 Pf.
1475–1499	209	je 8,3 Pf.	131	je 11,2 Pf.
1500–1524	429	je 9,2 Pf.	237	je 12,7 Pf.

?

1. Welche Regelungen stehen im Amtsbrief? Was wollte man damit erreichen?
2. Würdest du die Kölner Garnmacherinnen als „selbstständig" bezeichnen? Nimm Stellung dazu.

Herrschaft in der Stadt

Die Städte hatten im Mittelalter einen Stadtherrn, dem sie unterstanden. Das konnte ein Adliger, ein Bischof oder sogar der König sein. Seit dem 11. Jahrhundert kam es oft zu Kämpfen zwischen den wohlhabenden und selbstbewussten Bürgern und dem Stadtherrn. Sie forderten mehr Mitbestimmung. Im Laufe der Zeit gelang es ihnen, sich von der Alleinherrschaft zu befreien und selbst die Macht zu übernehmen. Seit dem späten Mittelalter leiteten vielerorts Ratsherren die Geschicke der Stadt.

Das mittelalterliche Rathaus von Marktgröningen

Über die Vorgänge in der Bischofsstadt Köln im Jahre 1074 berichtet der Mönch Lampert von Hersfeld:

Q „Der Erzbischof feierte Ostern zu Köln, mit ihm der Bischof zu Münster [...] Als dieser sich zum Aufbruch rüstete, wurden des Erzbischofs Bedienstete beauftragt, für seine Reise ein passendes Schiff zu besorgen. Diese sahen sich um, beschlagnahmten das Schiff eines reichen Kaufmanns [...], ließen die Waren herauswerfen und befahlen, es für die Zwecke des Erzbischofs auszurüsten. Als die Schiffsknechte sich weigerten, drohte man ihnen mit Gewalt, [...]. Jene berichteten, so schnell sie konnten, dem Schiffsherrn und fragten ihn, was zu tun sei. Er hatte einen erwachsenen Sohn, der an Kühnheit und Kraft hervorragte und sehr beliebt und geschätzt war. Dieser raffte seine Knechte und jungen Leute aus der Stadt zusammen, stürmte zum Schiff und verjagte die Knechte des Erzbischofs. [...] Als man dem Erzbischof meldete, dass die Stadt durch einen schweren Aufstand erschüttert werde, [...] drohte er voller Zorn, die aufständischen jungen Männer bei der nächsten Gerichtssitzung mit der gebührenden Strafe zu züchtigen. Die Vornehmen schmieden unnütze Pläne, das unruhige Volk, auf Umsturz bedacht, ruft die ganze vom Teufelsgeist ergriffene Stadt zu den Waffen. [...] Am Nachmittag gegen Abend stürmten sie aus allen Teilen der Stadt zum Palast des Erzbischofs, greifen ihn, der dort auf einem belebten Platz mit dem Bischof von Münster speiste, an, schleudern Speere, werfen Steine, töten einige seiner Begleiter, prügeln und verletzen die Übrigen und schlagen sie in die Flucht. [...] Der Erzbischof muss fliehen, erscheint aber nach vier Tagen mit einem Heer vor der Stadt." [...]

(Lampert von Hersfeld, Chronik a. 1074, übers. v. W. Trillmich, Wissenschaftliche Buchgesellschaft)

Die reichen Kaufleute gehen als Sieger hervor, denn 1122 muss der Bischof nachgeben. Sie richten einen städtischen Rat als Vertreter der Bürgerschaft ein. Köln bekommt eine eigene Verfassung und Selbstverwaltung. An der Spitze der Stadtregierung steht der Bürgermeister. Bedeutende Rechte wie Münze, Verteidigung, Gericht und Zölle zu erheben erhält die Stadt.
Auch durch Wohlstand zu Ansehen gekommene Handwerker, die mit ihrem Steueraufkommen den Bau von prächtigen Kirchen und Rathäusern ermöglichten, forderten zunehmend mehr Mitbestimmung im Rat der Stadt. Vom Stadtregiment waren sie bisher ausgeschlossen gewesen. Dagegen wehrten sie sich seit dem 14. Jahrhundert verstärkt.

?

1. Schreibe einen kurzen Bericht über die Ereignisse in Köln.
2. Die Bürger der Stadt verteidigen ihr Vorgehen. Verfasse eine Verteidigungsrede.

Malerei aus dem Ratsbuch der Stadt Augsburg

Was geschah z.B. in Augsburg?

Q „Eine große Menge bewaffneter Leute kam auf dem Rathausplatz zusammen und forderte die Einführung einer zünftischen Verfassung [...] Sie versprachen alles friedlich zu regeln und verlangten das Buch, in dem das Stadtrecht aufgezeichnet war, das Stadtsiegel sowie die Schlüssel zur Sturmglocke. [...] Dann gingen alle, die Reichen und die Armen, auf den Rathausvorplatz hinaus und schworen dort, dass die Stadt eine zünftische Verfassung bekommen solle. [...] Aus allen Handwerkern der Stadt sollen sich 18 Zünfte bilden. Jede soll einen Zunftmeister haben, der dem Rat angehört. Jedes Jahr soll der Rat alle wissen lassen, wofür die Steuergelder verwendet wurden [...] Es wird auch zugesagt, dass keine zusätzlichen Steuern mehr erhoben werden."

(Zit. nach: Die Chroniken der deutschen Städte, Bd. 4, Göttingen 1965, S. 21f.)

Stadtregierung im 15. und 16. Jahrhundert

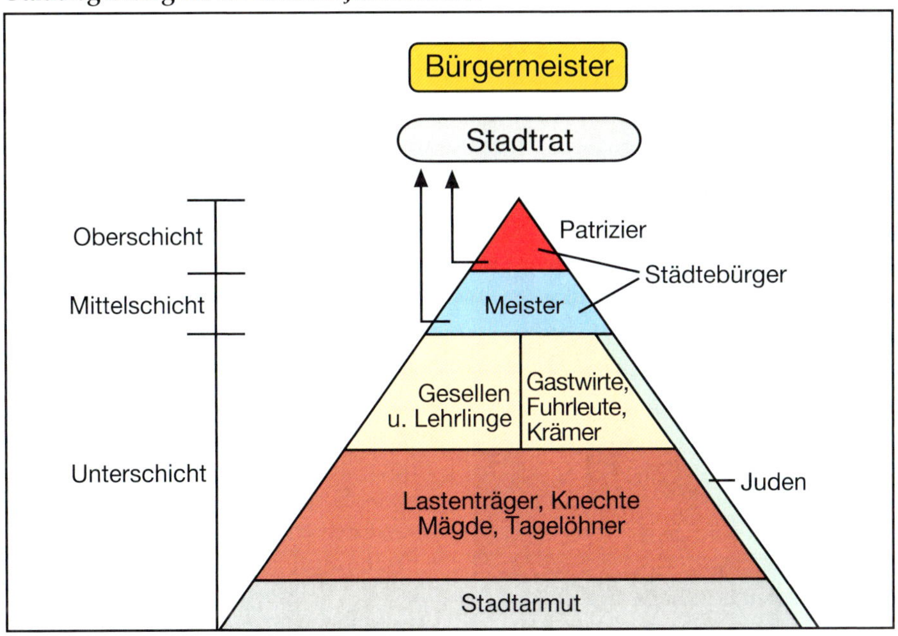

SCHAUBILDER RICHTIG DEUTEN UND LESEN

Wenn ihr ein Schaubild auswertet, solltet ihr die folgenden Arbeitsschritte beachten:

1. Verstehen:
a) Welches Thema hat das Schaubild?
b) Welche Symbole (Kästchen, Pfeile, Farben) sind darin enthalten?
c) Was sollen sie darstellen?

2. Untersuchen:
Welche Aussage macht das Schaubild zum Thema oder zur Problemfrage?
- Welche Gruppen gibt es in der Stadt?
- Welche Gruppe oder Person steht an der Spitze, welche ganz unten?
- Welche Gruppen oder Personen dürfen in der Politik mitbestimmen, welche nicht?

3. Beschreiben:
Jetzt könnt ihr das Schaubild mit eigenen Worten beschreiben, also in einen gesprochenen oder geschriebenen Text übersetzen.

?

1. Welche Gruppen gibt es in der städtischen Ordnung?
2. Wer hat viel, wer wenig, wer gar keine Macht?
3. Berichte, was sich in Augsburg abgespielt hat.
4. Vergleiche Augsburg mit Köln.
5. Erkläre den Begriff „zünftische Verfassung".

Ausblicke, Einblicke ...

Ausnahmezustand im Mittelalter

Epidemien und Seuchen kehrten immer wieder – und raubten Menschenleben

Pocken, Pest, Typhus, Cholera, Tuberkulose – ihre Erreger reisten einst um die ganze Welt und suchten sich ihre Opfer auf dem Land ebenso wie in den Städten. Zu den Grunderfahrungen der Menschheit gehören auch heute noch Epidemien. Während jedoch heute Krankheiten in der Regel mit allen zur Verfügung stehenden medizinischen Mitteln bekämpft werden und ihnen teilweise auch vorgebeugt werden kann, standen die Menschen früher Seuchen fast hilflos gegenüber. Vieles rund um Seuchen bleibt rätselhaft und unerklärlich: wann sie auftreten beispielsweise, wen sie treffen oder warum sie manche Menschen verschonen.

Täglich 6 Kilometer arbeitete sich die Pest in den Jahren 1349/50 vorwärts, sie war nicht aufzuhalten, die Menschen waren ihr hilflos ausgeliefert. Ganz Deutschland wurde innerhalb kürzester Zeit von der Pest, dem so genannten „Schwarzen Tod", erfasst. Hochgradig ansteckend griff die todbringende Krankheit 1347 vom Byzantinischen Reich nach Ägypten über und breitete sich weiter aus nach Italien. Auch die Alpen waren für sie kein Hindernis. In Mitteleuropa und bis hin nach Island wurde fast kein Ort verschont, ein Massensterben war die Folge. In manchen Städten starb die Hälfte der Einwohner, in manchen Dörfern sogar die ganze Bevölkerung. Nach 1350 verebbte die Epidemie vorläufig, doch sie blieb allzeit bereit, wieder aufzulodern. Insgesamt forderte die Pest in diesen wenigen Jahren 25 Millionen Tote, das entspricht etwa einem Drittel der damaligen Bevölkerung. Die Menschen hatten Angst, der blitzartige Verlauf der Krankheiten erschreckte sie. Man empfand die Seuchen als Gottesstrafe für sündhaftes Leben, in einigen Städten – wie in Nürnberg – machten die Menschen dagegen Außenseiter wie die Juden für die Pest verantwortlich. Ihnen wurde vorgeworfen, sie hätten die Brunnen vergiftet, und man jagte sie aus der Stadt oder tötete sie. Langfristig ging durch die vielen Todesfälle die Zahl der Siedlungen zurück; in den Städten fehlte es an Arbeitskräften; schlagartig sammelten wenige überlebende Erben enorme Besitztümer.

Mehr noch als der Tod an sich schreckte die Menschen im Mittelalter der unvorbereitete, schnelle Tod. Die Menschen lebten in tiefer Religiosität und Frömmigkeit; sie glaubten an das Fegefeuer, an ein ewiges Leben im paradiesischen Himmel und an die Verdammnis in der Hölle. Wenn sie nun alleine sterben mussten, ohne Priester, ohne für sie betende Angehörige, ohne ein letztes Mal Buße tun zu können, fürchteten sie das Fegefeuer und unsägliche Qualen in der Hölle. Innerhalb von ein bis zwei Tagen konnten während der Pestepidemie Infizierte sterben, Priester kamen nicht mehr, Angehörige ließen die Sterbenden alleine. Auf dem Höhepunkt der Epidemie wurden die Toten auf Karren vor die Stadt gebracht und in Massengräbern verscharrt. Und keiner wurde von der Krankheit verschont, auch Junge und Gesunde nicht, ebenso wenig Reiche und Angesehene.

Erst nach und nach erkannten die Menschen verschiedene Ursachen für die Seuchen. Sie entdeckten, dass Lepra und Tuberkulose durch schlechte Ernährung und entsprechende hygienische Verhältnisse begünstigt werden, dass Cholera und Typhus durch verseuchtes Trinkwasser übertragen werden und die Pest durch Ratten und deren Flöhe. Manche der Krankheiten finden heute keinen Nährboden mehr, andere kommen nur begrenzt an manchen Orten der Erde vor; viele können – unter anderem die Pest – sogar geheilt werden, sofern sie rechtzeitig behandelt werden.

Bestattung von Pestopfern 1349 in Tournai. Hier hatte man noch Zeit, Särge anzufertigen. Mit Zunahme der Seuche setzte man die Toten in Massengräbern bei.

Überblick ...

Städte entstehen

Ab dem 11. Jahrhundert wuchsen in Deutschland Siedlungen und Dörfer zu Städten zusammen. Außerdem wurden Städte neu gegründet. Dabei wurden die Vorteile berücksichtigt, die verschiedene Standorte boten (Standortfaktor).
Eine Stadt bot ihren Bewohnern Schutz (Stadtmauer), Rechtssicherheit, Rechtsprechung und einigen auch Mitbestimmung.
Leibeigene, die „über Jahr und Tag" in der Stadt lebten, ohne dass ihr Herr sie zurückgefordert hatte, wurden frei.

Stadtherren – Ratsherren

Der Stadtherr war zunächst ein Adliger, ein Bischof oder sogar der König. Selbstbewusste und wohlhabende Bürger und Handwerker forderten aber mehr und mehr Mitbestimmung. Im Lauf der Zeit befreiten sie sich von der Alleinherrschaft der Stadtherren; im späten Mittelalter wurden Stadträte aus den Reihen der Ober- und Mittelschicht und Ratsherren (Bürgermeister) gewählt.

Markt

Im Mittelpunkt der Städte gab es große Marktplätze. Nach dem Stadtrecht durften nur in Städten Märkte abgehalten und Handel getrieben werden. Eine Marktordnung regelte den Ablauf und Einzelheiten, Verstöße wurden vom Marktvogt teilweise schwer bestraft.

Die Stadtbevölkerung

Patrizier machten zehn Prozent der Bevölkerung aus, sie waren wohlhabend. Zu ihnen gehörten Fernhandelskaufleute, die Beamten des Stadtherrn, Grundbesitzer und der reiche Landadel, der in die Städte zog.
Zur Mittelschicht gehörten einfache Beamte und Händler, Handwerker und Ackerbürger.
Zur Unterschicht zählten Knechte und Mägde, Taglöhner, Scharfrichter, Henker und Totengräber, Musikanten, Schauspieler und Juden. Die unterständischen Gruppen besaßen keine Bürgerrechte, sie durften also nicht an der Wahl des Bürgermeisters und der Mitglieder des Stadtrates teilnehmen.

Juden – verfolgte Minderheit

Ab dem 11. Jahrhundert verschlechterte sich die Lage der Juden: Eine besondere Kleiderordnung grenzte sie aus; sie durften kein Land und keine Häuser erwerben, seit dem 12. Jahrhundert auch kein Handwerk mehr ausüben und aus dem Handel wurden sie ebenfalls verdrängt. Schließlich blieb nur noch Geldverleih gegen Zinsen übrig. Das machte sie unbeliebt. Juden mussten seit dem späten Mittelalter Feindseligkeiten erdulden; sie wurden für Unglücke und Seuchen verantwortlich gemacht und mussten immer wieder grausame Verfolgungen erleiden. In den Städten lebten sie oft in eigenen Stadtvierteln oder Gassen.

Handwerker und Zünfte

Jeder Handwerker – Bäcker, Schmied, Metzger, Schneider usw. – musste in einer Zunft sein. Jede Zunft hatte ein eigenes Zunftzeichen. Zünfte legten Regeln für das Handwerk sowie das Mit- und Nebeneinander der Handwerker fest; ein Zunftmeister wurde gewählt.
Schnell gab es Spezialisierungen und damit mehr Zünfte. Wert wurde auf strenge und gute Ausbildung gelegt. Nach drei Lehrjahren musste der Geselle bis zu sechs Jahre lang auf Wanderschaft gehen.

Das Leben der Frauen

Frauen unterschiedlicher Schichten hatten unterschiedliche Rechte und Lebensbedingungen. Sie alle aber durften keine politischen Ämter übernehmen, nicht wählen und sie waren von Vätern oder Ehemännern abhängig. Ehen wurden innerhalb der Stände geschlossen und häufig von den Eltern arrangiert; oft wurde auch um die Mitgift gefeilscht.
Die beruflichen Möglichkeiten von Frauen waren sehr eingeschränkt. Aber es gab auch Ausnahmen: So gab es zum Teil selbstständige Meisterinnen, z.B. im Textilhandel oder in der Seidenweberei.

www.lmg.pcom.de/aktuell/stadtma/stadt1.htm
www.wissen.swr.de/sf/begleit/bg0049/mit022.htm
http://brydesworld.fateback.com/magate/ma_texte/stadt.html
www.ralf-arndt.de/geschichte_mittelalter.html#stadt

Lernzirkel

Station 1: Lernkartei

Fertige diese Karteikarten an und erkläre die Begriffe auf der Rückseite.

- Stadtregierung
- Frauen in der Stadt
- Ständegesellschaft
- Markt und Marktrecht
- Stadtentstehung
- Juden und Minderheiten
- Das Bild der mittelalterlichen Stadt
- Menschen in der Stadt
- Handwerker, Zünfte und Berufe

Station 2: Bildmemory

Erinnere dich an die Zusammenhänge und Ereignisse, bei denen diese Bilder eine Rolle spielten.

1

2

3

4

5

6

7

8

9

Station 3: Rundfunkredaktion – Rollenspiel (vier Teilnehmer)

Diese drei Bewohner einer mittelalterlichen Stadt werden zu einer Talkshow eingeladen. Das Thema:

Stadtleben und gesellschaftliche Stellung

1. Ein „Interviewer“ erstellt einen Fragenkatalog für die einzelnen Personen.
2. Jede der beteiligten Personen, die jeweils von einem Schüler/einer Schülerin gespielt werden, bereitet sich auf das Thema vor und überlegt, was sie zum Thema antworten würde.
3. Die vier Schüler/innen spielen die Szene vor der Klasse vor.
(Notizzettel sind zugelassen!)

Station 4: Lückentext „Stadt und Land“

Es bestanden große Unterschiede beim Leben in der Stadt und auf dem Land. So waren die Menschen in der Stadt persönlich (1), während die Bauern (1) oder (1) waren. Sie mussten verschiedene (1) und (1) leisten. Über ihnen stand der (1), der für sie den (1) übernahm.
Fortschritte in der Landwirtschaft durch neue Geräte wie den (1) verbesserten die Lage der Bauern. Durch die (1) konnten sie größere Erträge erzielen. Ihre Überschüsse verkauften sie auf dem (1) in der Stadt. Hier blühten Handel und Handwerk. Den größten Anteil an der Stadtbevölkerung hatten die Handwerker. Sie schlossen sich in (1) zusammen. In der Stadt gab es große (1) Unterschiede.
Wahrzeichen der Stadt waren (4) und (1). Städte waren nicht zufällig entstanden, sondern sie wurden planmäßig an besonderen Standorten gegründet, z.B. (3).

Setze diese Begriffe richtig in den nebenstehenden Text ein. Die Zahl in der Klammer sagt aus, wie viele Begriffe fehlen.

Dreifelderwirtschaft
frei
Marktplätze
an Flussübergängen
hörig
Stadtmauer
leibeigen
an Hafenbuchten
Abgaben
soziale
um Pfalzen und Burgen
Dienste
Grundherr
Räderpflug
Markt
Zünften
Steintürme
Stadttore
Rathaus
Schutz

Register